Barbara Darius · Ich liebe dich

ÜBER DAS BUCH:

Dagmar Eickhorn, 31 Jahre, freie Fotografin, hat den Mann ihrer Träume gefunden. Es ist der knackige Szene-Schwarm Michael Kamm, der Mann mit dem Abenteurer- und Piratenflair. Bis über beide Ohren ist Dagmar verliebt, und rosarot schimmert der Beziehungshimmel. Oder doch nicht? Plötzlich entstehen seltsame Turbulenzen. Ein Zerwürfnis folgt. Dagmar versteht sich und die Welt nicht mehr. Böse Mächte am Werk? Ihr Verstand zerrüttet? Was tun? Auch der Wellensittich Otto von Bismarck kann keinen Trost spenden. Die Freundinnen sind ratlos.
Da taucht ein unscheinbarer Kerl aus einem Provinznest in Dagmars Leben auf. Ein überkorrekter Versicherungsjurist, ein Langweiler, wie Dagmar findet. Doch der vermeintliche Biedermann sendet beunruhigende Strahlen aus. Und Dagmar muß feststellen, daß es in ihr plötzlich drüber und drunter geht ...

ÜBER DIE AUTORIN:

Barbara Darius, geboren 1951 in Solingen, wollte dereinst Prinzessin, Winnetou, Fury, Mrs. Paul McCartney und Mrs. John Lennon werden. Auch eine Identität als Rosa Luxemburg, Ehefrau, Weltreisende oder Wimbledon-Siegerin kam in Frage. Entschieden hat sie sich dann für die Journalistenkarriere. Sie ist heute Exklusiv-Autorin der Zeitschrift *Cosmopolitan* und lebt im Rheinland.

Barbara Darius

Ich liebe dich

Der Roman

Ullstein

Ullstein Buch Nr. 34779
im Verlag Ullstein GmbH,
Frankfurt/M – Berlin

Originalausgabe

Umschlaggestaltung:
Theodor Bayer-Eynck
Umschlagillustration:
Nikolai Punin, c/o Irmeli Holmberg

Printed in Germany 1991
Gesamtherstellung:
Ebner Ulm
ISBN 3 548 34779 7

Juli 1991

Die Deutsche Bibliothek –
CIP-Einheitsaufnahme

Darius, Barbara:
Ich liebe dich: Roman / Barbara Darius. – Orig.-Ausg. –
Frankfurt/M; Berlin: Ullstein, 1991
(Ullstein-Buch; Nr. 34779: Ullstein-Sachbuch)
Enth. außerdem: Ich liebe dich / Martina Gaschae
ISBN 3-548-34779-7
NE: Gaschae, Martina: Ich liebe dich; GT

Rainer:

Die Serenissima läßt schön grüßen!

KAPITEL 1

»See you later, alligator . . .«

(Bill Haley, Schmacht-Locke)

In der Reife ihrer fast 31 Jahre war sie weit entfernt davon, ein religiöser Mensch zu sein. »Wenn es einen Gott gibt, dann ist er ein erbärmlicher Versager!« pflegte sie mindestens einmal pro Woche die Schreckensnachrichten in *Tagesschau* oder *Heute-Journal* zu kommentieren.

An das Wirken blinder Zufälle aber mochte sie auch nicht mehr glauben. In irgendeiner finsteren Ecke der Galaxis mußte er hausen, der Geist voll Tücke und Arglist, dessen einziger Daseinszweck darin bestand, Dagmar Eickhorns Leben mit ausgesuchten Bösartigkeiten zu würzen. Sein Einfallsreichtum nötigte ihr inzwischen eine gewisse Hochachtung ab. Vor zwei Jahren hatte er sie in der Galerie von Frau Wesendonck ausrutschen und vor Düsseldorfs versammelter Vernissagen-Schickeria in der Pracht ihres geliehenen Cocktailkleids die Wendeltreppe herunterpoltern lassen. Seit jenem denkwürdigen Abend nannte sie ihn Gamma Zwo.

Gamma Zwo hatte, wie Dagmar gleich beim Einbiegen in die Schlickenrather Straße anerkennend feststellen konnte, auch heute wieder ganze Arbeit geleistet. Üblicherweise war es in dieser Gegend von Düsseldorf-Oberbilk tagsüber kein Problem, einen Parkplatz zu ergattern. Jedenfalls dann nicht, wenn man vom Auto bis zum Haus nichts anderes als ein Handtäschlein zu transportieren hatte. Dann konnte man sicher sein, direkt vor der Haustür eine Parklücke zu finden, groß genug für einen Sattelschlepper. Gamma Zwo aber mußte die vier prallgefüllten Plastiktüten, dazu den schweren Marktkorb und den üppigen Strauß Sonnenblumen in Dagmars fernöstlichem Altflitzer entdeckt haben: Auf der Schlickenrather Straße hätte man nicht einmal mehr ein Dreirad parken können. Bravo.

Mißmutig umkreiste Dagmar den Block; die gewohnt angespannte Finanzlage ließ derzeit keine Erweiterung ihrer Knollensammlung zu. Von ihren Hungerhonoraren als Free-Lance-Fotografin 1047 Mark Kaltmiete für die obligatorischen 3 Zi, Kü, Bad im dritten Stock ohne Fahrstuhl abzuzweigen und dabei noch für Freunde und Auftraggeber die Potemkinsche Inszenierung von der kühn aufstrebenden Freiberuflerin durchzuhalten, das war eine artistische Glanzleistung. Ein Drahtseilakt, der allerdings mit unschöner Regelmäßigkeit in einer schmerzhaften Bauchlandung endete. Dann sah sie sich genötigt, einen weiteren Canossa-Gang zu ihrem Kreditsachbearbeiter oder, noch schlimmer, zu ihrem Vater anzutreten, um sich mittels ihrer Unterschrift auf ein paar Schuldscheinen für die nächsten Wochen von den ärgsten Bedrückungen entsorgen zu lassen.

Doch selbst in den schwärzesten Momenten ihres Lebens, wenn sie keine andere Perspektive als die Abgabe der eidesstattlichen Versicherung vor sich sah und sich deshalb versucht fühlte, ihre Kameras in einer demonstrativen Performance auf dem Karlsplatz zu zertrümmern und sich dann entweder eine Festanstellung als Taxifahrerin oder einen reichen Gönner zu suchen – selbst dann flüsterte ihr immer noch ein zartes Stimmchen aus dem Großhirn zu, daß sie nicht aufgeben durfte. Daß sie es eines Tages doch noch bringen werde. Vielleicht nicht ganz bis zur Stamm-Mutter eines Presseimperiums (Dagmar nannte sich selbst gern eine Realistin), möglicherweise auch nicht bis zur schwindelerregenden Gagenhöhe eines Helmut Newton, aber zumindest doch zu einer Existenzform ohne so störende Elemente wie Mahnbescheide und Gerichtsvollzieher. Ein Jaguar und eine Haushälterin könnten auch nicht schaden. Letztere würde sich mit rührender Sorgfalt um die kleine Jugendstilvilla mit Rheinblick in Oberkassel kümmern, so daß Dagmar in ihrer karg bemessenen, aber straff durchorganisierten Freizeit endlich einmal dazu käme, ihren Machiavelli sowie die Auktionspläne von Sotheby's zu studieren und gelegentlich auf dem einen oder anderen Wohltätigkeitsball zu glänzen.

Nicht daß ihr etwas daran lag, dem schnöden Mammon nur um noch schnöderer Statussymbole willen hinterherzuhecheln. Jedoch lechzte ihr Herz nach Erfolg und Lebensart und Kultiviertheit. Und nach einer Servolenkung. Ihren störrischen Japangreis in die endlich erspähte und gegen zwei weitere Anwärter ertrotzte Lücke zu zwängen, kostete sie fast ebensoviel Schweiß, als hätte sie ihn eigenarmig an die Bordsteinkante geschoben.

An den Ankauf eines halbwegs zeitgemäßen Beförderungsmittels war aber nicht zu denken. Seit drei Wochen hypnotisierte sie das Telefon, in der vergeblichen Hoffnung, es zum Klingeln zu bewegen. Sie versetzte sich mittels telepathischem Kraftakt in die Persönlichkeiten aller ihr bekannten Fotoredakteure und suggerierte ihnen hartnäkkig den zündenden Gedanken »Man sollte sofort die Eickhorn anrufen und ihr einen lukrativen Auftrag geben!« Allabendlich übte sie sich im Bett in positiver Vorsatzbildung. »Ich werde reich und glücklich!« betete sie sich so lange vor, bis sie auch die letzten Anflüge von Schläfrigkeit vertrieben hatte und wieder aufstehen mußte, um sich eine warme Milch mit Honig einzuverleiben und bis drei Uhr morgens trivialste Phantasy-Stories, voluminöse Krinolinen-

Schnulzen oder gern auch tragische Künstlerbiographien zu verschlingen. Seit Mozart war kein Talent so verkannt worden wie das ihre.

Natürlich wäre alles viel einfacher gewesen, wenn sie sich mit Michael die Miet- und Haushaltskosten geteilt hätte. Unzählige Male schon hatte sie in den letzten anderthalb Jahren heftigst den Zaunpfahl geschwungen, auf daß er ihr endlich den Vorschlag mache, zusammenzuziehen. Sie hatte ihm stundenlange Vorträge über konsequentes Verhalten als solches gehalten. Sie hatte über das dialektische Verhältnis von Inhalt und Form philosophiert, unter besonderer Berücksichtigung der Tragikomik von Männern, die wie Peter Pan oder Michael Jackson nie erwachsen werden wollen.

Aber all ihre mehr oder minder zarten Andeutungen waren an ihm abgeperlt wie Regenschauer an seiner ledernen Motorradkluft. Hin und wieder hielt auch er leidenschaftliche Brandreden, gegen Leute, die sich dumm und schwach und kleinbürgerlich in ihren Betonnestern gegen die Risiken des Lebens verschanzten. Er jedoch, Michael Kamm, wollte sich nicht ängstlich ducken. Er wollte den Kopf hochtragen, ungebeugt, in Freiheit und Würde. Mit anderen Worten: Er wollte bei seiner Großmutter wohnen bleiben, die ihn im ersten Stock ihres Hauses in seinem hochkünstlerischen Chaos siedeln und im Keller sein Studio betreiben ließ. Unentgeltlich.

Dagmar zerrte die vier Tüten und den Korb aus dem Wagen, klemmte sich die fast mannshohen Sonnenblumen – hätten's nicht auch ein paar handliche Moosröschen getan? – waagerecht unter den linken Arm und trat den Heimmarsch an.

Wenn alles so weiterlief, würde sie mit vierzig den gebückten Gang und die sorgenzerfurchte Stirn des Holzweibleins aus ihrem Kinderbuch sowie die langen Arme eines Waldgorillas haben. Am schwersten aber wog die Erkenntnis, daß sie das Recht auf Jammern und Wehklagen verwirkt hatte. In grauer Vor- und Tanzstundenzeit hatte mal ein Knabe vor dem Schultor auf sie gewartet und sich schüchtern erboten, ihr die gewichtige Mappe mit Dierckes Weltatlas nach Hause zu tragen. Weil er aber Hans-Wilhelm hieß und das Bemerkenswerteste an ihm sein aufgeregt hüpfender Adamsapfel war, hatte sie ihn mit einem barschen »Das kann ich selbst!« eiskalt abblitzen lassen.

Gamma Zwo mußte sich voll der Vor- und Schadenfreude kichernd die Hände gerieben haben. Denn seither hatte Dagmar nicht nur stolz die Verantwortung für ihr Leben getragen, sondern auch, weitaus weniger beglückt, anläßlich der diversen Neuorientierungen in ihrer wechselhaften Biographie, zig Bruttoregistertonnen von Möbeln, Bücherkisten und Kamerakoffern durch die Rheinlande geschleppt. Von den Güterzugladungen von Obst, Fleisch, Gemüse, Nudeln und Schokotoffees und den Hektolitern Cola und Wein ganz zu schweigen.

Wenn Michael das Bedürfnis verspürte, sich zu belasten, ging er ins Fitneßcenter Hanteln stemmen. Wenn Dagmar aber, wie heute morgen, mit Einkaufzetteln für Vier Gänge-Menüs wedelte, wurde er pragmatisch. »Warum machst du nicht einfach ein paar Schmalzstullen?« – Im Charakterfach des freudig auf Einsatz drängenden Ritters war Michael eine glatte Fehlbesetzung. Aber dafür hatte er andere Meriten. Achtzig Kilo Lebendgewicht, auf einen Meter dreiundneunzig angenehmst verteilt, einen schwarzen Schopf, so dicht und weich wie das Fell eines Neufundländers, dazu genau die Art von Grinsen, mit dem sich die Cinemascope-Piraten aus Hollywood das Entermesser zwischen die Zähne klemmen, bevor sie sich auf die feindliche Fregatte schwingen.

Korsaren aber lassen sich bekanntlich nur selten um die Ecke in den Supermarkt schicken – Dagmar hatte irgendwann beschlossen, daß kleinmütiges Gezänk über die Parität in der Haushaltsführung weit unter ihrer Würde lag, und Michael statt des Mülleimers die Duplikate ihres Haus- und Wohnungsschlüssels in die Hand gedrückt. Eine passende Gelegenheit, dafür im Gegenzug auch seine Schlüssel zu seinem Domizil bei der Oma anzumahnen, hatte sich indessen noch nicht ergeben. Bei einem Mann vom Schlage Michaels war, wie bei einer Raubtierdressur, pädagogisches Feingefühl gefordert. So einen mußte man kommen lassen, in aller Freiwilligkeit.

Die Schlickenrather Straße Nummer 6 war ein typisches Mietshaus aus den späten Zwanzigern, als man jedwedem Stuckschnörkel entsagt und einzig und allein auf den Charme des rechten Winkels gebaut hatte. Folglich sah auch der jetzige Besitzer, eine Erbengemeinschaft aus Krefeld, wenig Sinn darin, die schmucklose Fassade zu neuem Glanz aufpinseln zu lassen. Neben den Nachbarhäusern, deren Gründerzeitpracht aus Blumengirlanden, flatternden Puttos und gestrengen Göttinnen in putzigem Pastell prunkte, nahm es sich aus wie ein schmutzigbrauner Sandkasten-Topfkuchen inmitten einer Versammlung von Hochzeitstorten aus den Konditoreien der Königsallee. Doch Dagmar hatte längst aufgehört, sich darüber zu ereifern. Hinter einer solchen Fassade erwartete niemand Antiquitäten oder Perser. Ihre weißgekalkten Wände und ihr karges Mobiliar konnte sie so allen Besuchern glaubhaft als innenarchitektonischen Minimalismus verkaufen: »In einem Raum sollen die Menschen wirken!« Daß vier mit Flohmarkt-Tand und Nippes vollgestopfte Umzugskartons im Keller lagerten, gleich neben ihrer Reliquiensammlung aus alten Poesiealben, Tagebüchern, Liebesbriefen, leeren Duftwasser-Flakons sowie erinnerungsseligen Kino-, Theater- und Ansichtskarten, das wußte noch nicht einmal Michael.

Vor der Haustür setzte Dagmar ihre Tüten ab und versuchte, die Sonnenblumen mittels einer geschickten Hüftbeugung in aufrechter Position zu halten, während sie mit ihrer zur Tierklaue verkrümmten Linken bei sich selbst Sturm klingelte. Rein statistisch gesehen, mußte sie doch in dieser Woche ihr Plansoll an Pech bereits erfüllt haben: Warum also nicht hoffen, daß Michael entgegen seiner Ankündigung, erst gegen sechs zu erscheinen, schon oben war? Doch nichts tat sich, jedenfalls am Türdrücker. Lediglich die Sonnenblumen machten sich selbständig, und beim Versuch, sie behende aufzufangen, stieß Dagmar eine der Tüten um, woraufhin zwei Kilo Bintje fürs Gratin munter über den Bürgersteig kullerten.

Dagmar spürte, wie aus ihrem Bauch eine schwarze Wutblase aufstieg. Doch bevor sie den ohnehin schon amüsiert gaffenden Passanten auch noch das Spektakel einer jungen Frau bot, die auf offener Straße nach Rumpelstilzchen-Manier Sonnenblumen und Kartoffeln zu Brei zerstampfte, atmete sie lieber dreimal ganz tief durch. Ihr Adrenalin konnte sie ebensogut auf ihrer Tour in den dritten Stock abarbeiten.

Eigentlich hatte Dagmar vor, sich oben in der Wohnung als erstes in den schmalen Schlauch zu verfügen, der von der Erbengemeinschaft hochstaplerisch als Küche bezeichnet wurde. Doch dann streifte ihr Blick von der Diele aus flüchtig den Eßtisch, und sie erstarrte wie weiland Lots Weib. Die Festtafel für sechs Personen, die sie schon mittags liebevoll dekoriert hatte, hatte sich während ihrer Abwesenheit in eine Mülldeponie aus zerfledderten Servietten und umgestürzten Gläsern verwandelt. Der Schänder stolzierte gerade gravitätisch über den Tatort, schubste dreist eine weitere Tischkarte in den Abgrund und verrichtete noch schnell seine Notdurft in einen Dessertlöffel. Otto von Bismarck!

Otto von Bismarck war ein Geschenk von Gamma Zwo. Eine Niedertracht. Von Kindesbeinen an hatte sich Dagmar einen Kakadu gewünscht, einen jener königlichen Vögel, die repräsentativ auf einer Stange hocken und zierlich an einem Apfelstückchen knabbern. Für einen Kakadu hatte das Budget nie gereicht; statt dessen hatte vor vier Jahren mal ein Vetter zweiten Grades mit einem Käfig in der Hand bei Dagmar vorgesprochen: Ob sie nicht für die Dauer eines kleinen Trips seinen Hausfreund in Pflege nehmen könnte. Die Spur des Vetters hatte sich in Nepal verflüchtigt, der Hausfreund aber war bei ihr geblieben und gemahnte sie tagtäglich an die Sinnlosigkeit von grandiosen Wunschvorstellungen. Denn Otto von Bismarck war zwar auch weiß und saß auf einer Stange, aber er war alles andere als repräsentativ. Genaugenommen war er sogar die personifizierte Persiflage eines Kakadus. Otto von Bismarck war ein gemeiner Wellensittich. Und gerade in der Mauser – die ehemalige Festtafel war übersät mit weißem Flaum.

Ein mit all dem Frust der letzten Wochen gedonnertes »Mistvieh!« ließ den Vogelfürst der Finsternis erst vor Furcht ganz dünn werden und dann, unter Hinterlassung einer weiteren Federwolke, auf die Gardinenstange stieben. Einen Wellensittich ausgerechnet in der Mauser zu erschrecken, ist jedoch wenig ratsam; Otto von Bismarck erleichterte sich erneut, diesmal unter der Einwirkung des Schocks zähflüssig und auf die zartbeigen Vorhänge. Alsdann blickte er sich um, erkannte die Überlegenheit seiner strategischen Position (die Treppenleiter war im Keller) und wurde prompt wieder frech. Gesträubten Nackengefieders schimpfte er auf seine unfreiwillige Besitzerin hinab, mit dem einzigen Wort, das er, ohne die Phantasie seiner Zuhörer zu überfordern, beherrschte. Von der luftigen Höhe der Gardinenstange her klang es Dagmar klar und deutlich entgegen. »Eierkopp!«

Normalerweise hätte spätestens jetzt, als sich eine Frau mit einem erwachsenen Wellensittich zankte, Dagmars Zorn einem Heiterkeitsausbruch erster Güte Platz gemacht. Doch dies war kein normaler Tag. Irgend etwas hatte sie schon beim Betreten der Wohnung irritiert. Nun schlug ihr Trommelfell Alarm. Aus dem Schlafzimmer drang leises Murmeln und Gelächter. Eine Männerstimme. Michael.

In Sekundenbruchteilen war die Wutblase wieder im Bauch. Als Dagmar die Tür zum Schlafzimmer aufriß, war sie schon in Höhe der Kehle und nahm ihr die Luft. Da lag er, ihr Korsar, wie immer in kreatives Schwarz gehüllt, das Künstlerzöpfchen schon leicht verwuschelt, breit über ihr Bett geflätzt und grinste blöde in den Telefonhörer. Die Wutblase explodierte exakt im Zentrum ihres Großhirns, die Welt ging unter.

»Du **Arsch**!« – Die Welt nahm wieder Konturen an; nichts tat so gut wie ein Kraftwort zur rechten Zeit.

Das Grinsen gefror auf Michaels Lippen, für einen kurzen Moment konnte Dagmar sich an dem Anblick leicht hervortretender Augäpfel weiden. Doch einen Wimpernschlag später war seine Mimik bereits von Schock auf »mühsame Selbstbeherrschung« umgestellt.

Postwendend wurde es Dagmar leicht mulmig. Hinter ihrer Stirn lief im Zeitraffer ein Film ab: Michael im Zentrum der Tresenbesatzungen aller Düsseldorfer Szenekneipen. Michael, der überall Beliebte. Michael mit Models, so schlank und groß wie zwanzigjährige Buchen, die geradezu verrückt danach waren, unentgeltlich in seinem Studio für Mode- oder Porträtsessions zu posieren. Sie selbst, Dagmar Eickhorn, die Unscheinbare, immer an der Peripherie, im

Verbund mit einigen Schwulen, die auch nicht bei ihm landen konnten, darin einig, daß dies die Inkarnation des Dreamboys war. Dann, vor genau neunzehn Monaten, Michael, wie er vor aller Augen in *Bim's Marktwirtschaft* auf sie zusteuerte. Auf sie, Dagmar, viel zu klein und viel zu pummelig. »Wie ich höre, hast du letztens auch diesen eingebildeten Singefuzzi gemacht. Hat er dir huldvoll eine home-story gewährt, oder hat er dich auch in der Hotel-Lounge abgefertigt?« Als nächste Einblendung Michael, ein paar Liter Alt später, nackt in ihrem Bett. Neben ihr, auf ihr, unter ihr. Sie hatte sich nicht satt sehen und fühlen können an diesem Körper; am liebsten wäre sie aufs Dach geflattert, um wie ein stolzgeschwellter Hahn ihr Glück über Düsseldorf-Oberbilk zu krähen. Und schließlich Michael, wie er einige Wochen später seine Kondome demonstrativ in den Mülleimer warf, was ja heutzutage fast so gut wie eine Verlobung war. Ausgerechnet diesen Mann auf das Unflätigste zu beschimpfen – welcher Teufel ritt sie?

Mit dem zweiten Wimpernschlag wandte Michael ihr den Rücken zu. Nur professionelle Michael-Kamm-Kenner hätten die leicht kratzigen Untertöne in seinem sonoren Bariton bemerkt:

»Sorry, Susi-Schätzchen, aber ich hab hier ein kleines Problem. Ich melde mich nächste Woche wieder, okay? . . . Ja, dickes Bussi zurück!«

Der Hörer wurde in Zeitlupe auf die Gabel gelegt. Der Mann aus den Movies hatte Augen wie Eispickel:

»Du hast wohl nicht alle Tassen im Schrank!«

Dagmars kurze Reueanwandlung wurde ob des soeben Gehörten von einer neuen Wutwoge überrollt:

»Wer ist Susi-Schätzchen?!?«

»Du tickst wohl nicht richtig. Kommst hier reingetobt wie eine Furie . . .«

»Ich habe nicht getobt, ich habe dich bloß sachlich einen Arsch genannt. Heute morgen erzählst du mir groß und breit, daß du den ganzen Tag arbeiten mußt. Und nun liegst du hier fett im Bett mit Susi-Schätzchen! Und ich schleppe mir derweil das Kreuz krumm, damit gnä' Herr mit seinen Freunden zu Abend speisen kann. Ich klingle mir die Finger wund, aber gnä' Herr ist es schon zu mühselig, den Türdrükker zu betätigen, geschweige denn ein paar Tüten hochzutragen! Zum Ausgleich aber lassen gnä' Herr das Untier fliegen, das mir die ganze Tafeldekoration zerfetzt und besudelt. Es ist einfach bodenlos!«

»Selbst dir kann ja wohl nicht entgangen sein, daß ich telefoniert habe. Und deshalb machst du hier einen Aufstand, als hätte ich gerade deine Mutter umgebracht?«

»Meine Mutter ist schon seit fünf Jahren tot. Aber das kannst du ja nicht wissen. Du hörst mir ja nie zu, wenn ich dir was erzähle.«

»Ich glaub, ich spinne! . . .«

»Wer ist Susi-Schätzchen!« – Ihre Stimme klang selbst in ihren eigenen Ohren unangenehm schrill.

»Moment mal, Mädel, bevor du völlig durchdrehst, wollen wir doch mal einiges klarstellen. Erstens: Ist die Idee, für ein paar Leute zu kochen, nun ausschließlich auf deinem Mist gewachsen oder nicht?«

»Kannst du nicht mal beim Thema bleiben? Du sagst mir, du arbeitest, statt dessen drohnst du hier herum!«

»Wenn du hier die große Gastgeberin à la Gabriele Henkel spielen willst, dann verlang gefälligst nicht von mir, daß ich dabei den Butler mime. Zweitens sind das deine Freunde.«

»Bodo vom Bruch? Dieser mit Stummheit geschlagene Idiot? Mit so was pflegst doch nur du dich zu umgeben, weil er zu dir aufschaut wie zum Trump Tower. Mit Bodo vom

Bruch könntest du mich wochenlang einsperren, ohne daß ich ...«

»Nun halt mal die Luft an. Du hast Bodo doch nur eingeladen, damit **deine** Sabine einen ›Tischherrn‹ hat. Wer glaubst du eigentlich, wer du bist – Queen Mom?«

»Ich glaube gar nichts. Ich weiß nur, daß ich immer noch nicht weiß, wer Susi-Schätzchen ist!«

»Warum klingelst du eigentlich, wenn du weißt, daß niemand hier ist? Du bist geistig verwirrt, das ist es! Einerseits hältst du mir vor, daß ich gesagt habe, ich muß arbeiten, andererseits klingelst du. Du bist doch im Prinzip eine intelligente Frau, du mußt doch merken, daß hier was nicht stimmt. Außerdem **habe** ich gearbeitet.«

»Ah, mit Susi!«

»Genau. Susi Krypatschek kennt in München eine Menge Leute, darunter diverse Art-Directoren diverser Edelblätter. Lebst du eigentlich auf dem Mond? Ein Wort von Susi auf der richtigen Party, und ich krieg vielleicht den Fuß in die richtige Tür!«

»**München**! Hast du etwa von **meinem** Apparat aus mit **München** telefoniert?«

»Drei Jahre bist du jetzt in dem Job. Du weißt genau, daß allein in Düsseldorf 500 freischaffende Fotografen mehr oder minder unbeschäftigt rumlungern. Aber du hast immer noch nicht kapiert, daß du in unserem Metier ein Nichts bist ohne Beziehungen. Unter Freiberuflern geht's nun mal nicht zu wie im Mädchenpensionat: Da gilt das Faustrecht.«

»**München**. Vor zwei Monaten haben sie mir das Telefon gesperrt, und du führst hier fürstliche Ferngespräche!«

»So wie du gestrickt bist, gehörst du gar nicht in diesen Job. Du solltest lieber sehen, daß du eine schöne Festanstellung bei einem Paßbildfotografen kriegst. Mit bezahltem Urlaub und Weihnachtsgeld. Und komm mir nur ja nicht wieder mit deinem Gejammer von der armen, aber ehrlichen Künstlerin. Solange du noch so einkaufen kannst, daß du einen Packesel brauchst, kann's um deine Finanzen nicht allzu tragisch bestellt sein. Du mußt bloß immer aus allem ein Drama machen.«

»Klar, dir kann Geld ja egal sein. **Du** lebst ja wie die Made im Speck. Irgendeine füttert dich schon, entweder deine Oma oder ich.«

»Nun paß mal gut auf, Mädel. Ich sag dir das bestimmt nicht gern. Aber irgendeiner muß dir das mal endlich verklickern. Du machst groß einen auf freie Frau. Aber ganz tief innen drin, da bist du auch bloß 'ne ängstliche Tussi, die ständig nörgelt, weil sie keinen Dummen findet, der ihr alles abnimmt. Du bist eine Maus, die es chic findet, sich als Löwin zu verkleiden. Ein wandelnder Etikettenschwindel. Eine nickelige Kleinkrämerin mit dem Habitus einer postrevolutionären russischen Großfürstin. Candle-Light-Dinner! Tischkarten! Sitzordnungen für Leute, die du mindestens jeden zweiten Tag siehst! Aber dann kommst du mir mit dem Ortstarif! Du kannst mich mal!«

»Mit der Nummer als großer Psychoanalytiker machst du dich ziemlich lächerlich. Das einzige, was du vielleicht analysieren kannst, sind die Prügeleien im Eisstadion. Eishockey ist doch so ziemlich das einzige, von dem du was verstehst. Geh ins Museum, und laß dich ausstopfen! Düsseldorfs Supermacho, bei dem alle zwischenmenschlichen Kontakte nur auf eines rauslaufen – auf den Bodycheck!«

»Und noch was, Mädel. Wenn ich mir ein keifendes Weib ansehen will, das über zwei Mark fünfzig einen hysterischen Anfall kriegt, kann ich zu meinen Eltern gehen. Die Szene hier ist das allerletzte. – Ich Idiot! Da komme ich extra früher her, damit ich dir bei den Vorbereitungen helfen kann, und lande mitten in einer Provinzposse. Aber mich kannst du jetzt von der Liste deiner Knallchargen streichen: Ciao, Bella!«

Zwei Türen knallten, Schritte verhallten auf der Steintreppe. Dagmar verharrte eine Zeitlang reglos. In den verspiegelten Türen des Kleiderschranks sah sie sich selbst, viel zu klein, viel zu pummelig, die Lippen noch schmaler, noch blasser als sonst. »Und hör bloß auf, mich immer Mädel zu nennen«, sagte sie tonlos zu der traurigen Gestalt im Spiegel.

Ohne recht zu wissen, was sie tat, ging sie schließlich ins Wohnzimmer, las Michaels Tischkarte vom Boden auf, sammelte die Reste seiner Serviette und die silberne Tortenspitze ein, die sie in Ermangelung von Platztellern zu decken pflegte, wenn's festlich werden sollte. Otto von Bismarck war zwischenzeitlich freiwillig in seine Behausung zurückgekehrt und zupfte friedlich an einem Hirsezopf. Vorsichtig, um den Vogel nicht ein weiteres Mal zu erschrecken, schloß Dagmar die Bauertür. Von Otto von Bismarck konnte man nicht behaupten, daß er nachtragend war: Als Dagmar mit den Lippen an den kalten Käfigstangen leise Kußgeräusche produzierte, kam er eifrig und unter Aufbietung all seiner komischen Würde heranbalanciert, um seinen kostbarsten Besitz mit ihr zu teilen. Den warmen, vorgekauten Hirsebrei. Es war rührend und niederschmetternd zugleich: Ihr Leben lag in Trümmern, und bezeichnenderweise hatte das einzige Wesen, das ihr auch in Armut und Einsamkeit Zuneigung entgegenbrachte, nicht mehr als schätzungsweise 10 Gramm Hirn im Kopf.

Apropos Intelligenz – Michael lag wohl richtig mit der Feststellung, daß in ihrem Schädel einiges schieflag. Die letzte Viertelstunde ließ keine andere Erklärung zu, als daß sie eine Volldebile war. Da verzehrte sie sich seit ihrem 10. Lebensjahr, als sie zum ersten Mal unter der Bettdecke *Vom*

Winde verweht gelesen hatte, nach Rhett Butler, diesem wilden Draufgänger mit dem doch so unverdrossen liebenden Herzen. Die Oberzicke Scarlett O'Hara hingegen, die rund tausend Seiten lang ein solches Juwel verschmähte, nur weil sie sich ein saft- und kraftloses Phantom wie diesen Schlappschwanz Ashley Wilkes in den unverdientermaßen hübschen Kopf gesetzt hatte, diesen Inbegriff weiblicher Dämlichkeit hätte sie bei jedem Lesen erneut an die Wand klatschen können. Exakt 24 Burschen waren von Dagmar seit ihrer Pubertät gewogen und im Vergleich mit Rhett Butler zu langweilig befunden worden. Und was tat sie mit Nummer 25, dem ersten und einzigen, der es mit der literarischen Lichtgestalt aufnehmen konnte? Sie vergrätzte ihn auf immer und ewig.

Neunzehn Monate ihres Lebens hatte sie darauf verwendet, Michael Kamm einigermaßen handzahm zu machen – aber jetzt war sie Amok gelaufen. Und das letztendlich bloß, weil sie keinen Parkplatz gefunden hatte!

Doch Gamma Zwo, der bestimmt gerade eine Salve Freudenkometen ins All abfeuerte, sollte sich noch nicht im finalen Triumph suhlen können. Sie würde **nicht** die Gäste anrufen und das Essen absagen, um sich masochistisch dem Elend und den Selbstanklagen hinzugeben. Sie hatte heute ihre letzten 150 Mark auf dieser Welt konsequent auf den Kopf gehauen, weil 150 Mark im teuren Düsseldorf exakt so viel wert waren wie das Spielgeld aus dem Monopoly-Karton. All die guten Dinge jetzt verrotten zu lassen, kam einer bedingungslosen Kapitulation gleich. Die aber würde sie nicht unterzeichnen. Jedenfalls nicht heute abend. Oft genug war ihr von Freunden vorgehalten worden, daß sie eine unverbesserliche Perfektionistin sei; heute würde sich zeigen, ob sie auch die Kunst der Verdrängung vollendet beherrschte.

Mit einem Ruck wandte sie sich von dem ob der ungewöhnlichen Zuwendung begeistert keckernden Sittich ab und marschierte in Richtung Plattenspieler. Die Scheibe mit den Rock-'n'-Roll-Oldies aus den 50er Jahren war jetzt genau das Richtige, um sie für die anstehende Hektik am Herd in Fahrt zu bringen. Den Hirsebrei aber wischte sie sich taktvollerweise erst vom Mund, als sie außerhalb des Gesichtskreises von Otto von Bismarck im Küchenschlauch stand. Die Sonnenblumen brauchten dringend Wasser.

Nach zwei Stunden Wirbelns zwischen Töpfen, Kleiderschrank und Schminkspiegel streute Dagmar, im schwarzen Mini und mit zwei baumelnden Straß-Mickymäusen an den Ohrläppchen, gerade noch eine letzte Ladung Silberflitter über die Festtafel, als Usch und Thomas Bornheimer eintrafen. Das heftige Verlangen, sich in Uschs Arme zu werfen und an der Schulter ihrer ältesten Vertrauten hemmungslos loszuschluchzen, unterdrückte sie mit aller Kraft. Ihr sorgfältig aufgeschminktes Gesellschaftslächeln wurde nur noch etwas starrer, als sich ihr Gastgeschenk nach dem Zerreißen von Lackfolie und lila Schleife als der Superseller der Saison entpuppte. *Wenn Frauen zu sehr lieben* – ausgerechnet!

»Das mußt du unbedingt lesen!« sagte Usch, deren Sammlung von Psychologie-, Frauen-, Partnerschafts- und Zeitgeistliteratur jede mittlere Leihbibliothek in den Schatten stellte. Uschs theoretische Kenntnisse in allen Fragen der Zwischenmenschlichkeit waren profund, hatten sich jedoch bei der Umsetzung in die Praxis nicht immer bewährt: Fast zwei Jahrzehnte lang war die stolze 68er-Veteranin aus all ihren Experimenten mit diversen Formen menschlichen Zusammenlebens als Gebeutelte hervorgegangen. Im Frühjahr hatte die 38jährige Studienrätin für Englisch und Erdkunde zum ersten Mal in ihrem Leben vor dem Standesbeamten gestanden. Mit Thomas, geborenem Schmitz, gelerntem Werkzeugmacher, 10 Jahre jünger: Uschs Selbstverständnis als Mitglied der gesellschaftspolitischen Avantgarde war nach wie vor ungebrochen. Auch wenn derzeit schon halb Düsseldorf wußte, daß bei Bornheimers der Haussegen mächtig schiefhing.

»Du bist doch die Expertin«, murmelte Dagmar etwas lahm und beeilte sich, den Sekt (deutsch, aber immerhin handgerüttelt) in die Flöten (Preßglas, aber von langgestreckter Eleganz) zu füllen. Den eiskalt Prickelnden in einem Zug in sich hineinzugurgeln, wirkte erfrischend und belebend. Wann eigentlich sollte man zur Alkoholikerin werden, wenn nicht an einem Abend wie diesem?

Bodo vom Bruch, flott in taubengrauem Zweireiher und schwarzem Hemd, comme il faut krawattenlos, überreichte nach zwei artig französischen Begrüßungsküßchen einen grellbunten, überdimensionierten Knallbonbon. Dagmar erwies sich als zu schwach, die beiden Enden aus Kreppapier auseinanderzuziehen, woraufhin Bodo und Thomas die Gunst der Stunde nutzten, um mit milder Gönnermiene ihre Manneskraft unter Beweis zu stellen.

Der Bonbon war erstaunlich stabil. Usch erging sich in einschlägigen Sarkasmen, doch als schon niemand mehr daran glaubte, gab er plötzlich nach. Ein unerwartet heftiger Knall entlockte Dagmar einen peinlichen Juchzer, ein wirbelnder Konfettiregen ergoß sich in die Flöten, und ein zunächst nicht zu identifizierendes Flugobjekt schoß auf den Vogelbauer zu, dessen schockierter Bewohner nach heftigem Flattern gleich dreimal hintereinander seinen begrenzten Wortschatz auf die Versammlung hinabschimpfte. Selten hatte Otto von Bismarck mit seinem »Eierkopp!« Dagmar so trefflich aus der Seele gesprochen: Das UFO, das nun schlaff über dem Käfig hing, war nichts anderes als eine gewaltig große Männerunterhose. Boxershorts. Weiß mit roten Herzchen.

»Na ja, ich hab gedacht, wenn der Mike die trägt, hast du auch deinen Spaß dran«, versuchte Bodo vom Bruch seinen Mißgriff in die Scherzkiste zu erklären, bevor er ohne Verzug gleich in den nächsten Fettnapf tölpelte: »Wo steckt der Mike überhaupt? Er wollte doch erst nächste Woche nach München!«

Statt ihn einer Antwort zu würdigen, hielt Dagmar ihm nur kalt lächelnd ihre leere Flöte hin, die der somit vom Gast zum Mundschenk Degradierte auch prompt bis zum Rand nachfüllte. Mit dem steil hochschnellenden Promillepegel – vor jeder anstehenden Ausschweifung an der Kalorienfront hielt Dagmar tagsüber strengste Nulldiät – legte sich ein angenehm leichter Nebel über ihr zentrales Nervensystem. War es möglich, daß sie, statt die Hauptrolle in einer Tragödie zu spielen, nur als Komparsin in einem Boulevardstück agierte? Und neigten nicht vielleicht alle nur deshalb dazu, in ihrem Leben ein Melodram nach dem nächsten zu inszenieren, weil die Mitwirkung beim Slapstick so wenig Oscarverdächtig war? – Mitten in Uschs packenden Monolog über den Wahnsinnsstreß einer Klassenfahrt nach Florenz hinein mußte Dagmar kichern. Als dann die letzte der Geladenen ihren Überraschungscoup landete, war der Schnellschwips schon so weit gediehen, daß die Rasanz der Ereignisse beinahe die gleiche Wirkung auf sie hatte wie eine Fahrt auf der Loopingbahn.

»Sieh mal, was ich dir mitgebracht habe«, sagte Sabine Sträter und schob etwas Langes, Dünnes vor sich her in die Diele. »Den hier habe ich eben im *In like Flynn* gefunden – du weißt doch, in dieser neuen Kneipe, die der Bernd heute am Hafen aufgemacht hat – da mußte ich natürlich noch schnell vorbeischauen –, du bist doch nicht böse, daß ich etwas spät dran bin? – Jedenfalls, der hier heißt Kurt, er hat erst diesen Montag bei der *Turm*-Versicherung angefangen und kennt in Düsseldorf noch keine Menschenseele. Ich hab mir gedacht, du hast dein gutes Werk für heute bestimmt noch nicht abgehakt – sei also nett zu ihm. Er kommt aus Winsen an der Luhe, aber sonst ist er ganz niedlich. Ich mußte sogar extra mit ihm am Bahnhof vorbeifahren, weil er partout nicht ohne Blumen kommen wollte. – Ist eigentlich der Bodo schon da? Ich muß ihm unbedingt ...« Sabine, dieser in der Düsseldorfer Szene unverzichtbare Aktivposten, wehte ab ins Wohnzimmer, bevor Dagmar auch nur den Unterkiefer wieder hochraffen konnte.

Der Lange, Dünne versuchte sich in einer leicht linkischen Verbeugung und lächelte verlegen: »Guten Abend, Frau Eickhorn. Sichelbach ist mein Name, Kurt Sichelbach. Entschuldigen Sie, daß ich hier so hereinplatze, aber Frau Sträter meinte, daß Sie ein sehr gastfreies Haus führen. Wenn ich jedoch total ungelegen komme, dann werfen Sie mich bitte sofort hochkant wieder hinaus.«

Ein Mann mit einem feudalen Strauß weißer Lilien in den Händen war eine Premiere in Dagmars Leben und konnte somit gar nicht ungelegen kommen. Selbst dann nicht, wenn sein Äußeres so wenig beeindruckend war: Das schon etwas schüttere, mausfarbene Haar war streng gescheitelt, die Goldrandbrille betont unauffällig, die überaus korrekte Blazerkombination schlicht indiskutabel. Der Typ roch nicht nur nach einem eher konventionellen After-Shave, sondern auch nach Aktendeckeln, Beschlußvorlagen und abgestandenem Bürokaffee. Andererseits war »gastfreies Haus« Balsam in den heute so geschundenen Ohren. Das klang nach Salon und Society und verpflichtete zu einer einwandfreien Haltung voll Würde und Weltgewandtheit. Zudem waren die Speisen und Getränke des Abends eh für sechs Personen berechnet; die durch Michaels Abgang entstandene schmerzliche Lücke an der Tafel schloß sich auf denkbar elegante Art: »Herzlich willkommen!« – selbst Frau Henkel hätte nicht souveräner strahlen können.

Die Euphorie nach dem – wievielten eigentlich? – Aperitif wurde bis zum Hauptgang noch erheblich gesteigert. In Winsen an der Luhe schien der verschwenderische Einsatz von Deko-Tand und Silberflitter zum Essen nicht üblich zu sein: Herr Sichelbach (ihm nicht gleich das Du anzubieten, erhob den Abend mit Freunden irgendwie zu dem, was in der Klatschspalte als »gesellschaftliches Ereignis« geführt wird) bestaunte das Arrangement aus Kerzen und perlmuttig schimmernden Christbaumketten als »stimmungsvoll«. Den Feldsalat mit Walnüssen würzte Sabine mit heiteren Anekdoten aus der *Frau von Welt*-Redaktion, wo sie sich allwöchentlich neue tragische Verstrickungen rund um Stephanie von Monaco aus den Fingern saugen mußte. Das anschließende Kerbelsüppchen war so samtig, daß selbst Usch, die nur selten einen derart günstigen Einsatz zum Loswettern gegen **die Medien** verpaßte, sich friedfertig mit ein paar eher lustlosen Geißelungen begnügte und sich statt dessen dem Elsässer Riesling zuwandte, den sie, nach Erzeugung kundiger Schlürf- und Gurgelgeräusche, als »knackigen Sauser« einstufte. Der Toast, den der sichtlich animierte Herr Sichelbach dann »Auf die Gastgeberin!« ausbrachte, überzeugte Dagmar vollends davon, daß sie die letzten 150 Mark auf dieser Welt nicht fehlinvestiert hatte. Sie zu verprassen und zu verschlemmen und daran auch noch andere in großzügiger Weise teilnehmen zu lassen, das hatte zweifellos Stil. Die ganz große Klasse einer Ernst-Lubitsch-Heldin, die mit Grandezza einen letzten, großen Einsatz im Casino zu Monte Carlo wagt.

Obwohl sie noch keine Lubitsch-Heldin gesehen hatte,

die selbst kochen mußte, wurde ihr Noblesse-oblige-Hochgefühl noch nicht einmal durch die unförmigen Thermohandschuhe getrübt, die sie sich im Schlauch überstreifte, um Lammragout und Gratin aus dem Backofen bergen zu können. Der Abend lief gut, wenn nicht gar hervorragend: Das Stimmengewirr aus dem Wohnzimmer schwoll urplötzlich zu einem wahren Getöse heiterster Geselligkeit an, das sogar das Brausen des Heißluftherds klar übertönte. Wahrscheinlich hatte Thomas wieder einen seiner erstklassigen Kanzlerwitze zum besten gegeben – sie beeilte sich, Fleisch, Kartoffeln und Marktgemüse in gefälliger Formation auf der großen Platte anzurichten. Sie wollte schnell wieder teilhaben an der Hochstimmung am Tisch. Doch als sie im Türrahmen stand, in lächelnder Vorfreude auf all das Lob und die Anerkennung, mit der sie jetzt überschüttet werden würde, da schenkte ihr niemand auch nur die geringste Beachtung.

Die allgemeine Aufmerksamkeit konzentrierte sich auf eine ganz andere Person. Auf einen Menschen, der gar nicht hierhin gehörte. Der sich klammheimlich durch die Wohnungstür und an dem Schlauch vorbeigeschlichen haben mußte. Der mit dem gewaltigen Getöse als die Sensation des Abends begrüßt worden war. Der ihr wieder mal die Show gestohlen hatte. Und der sich Bodos Glas schnappte, um ihr fröhlich zuzuprosten. »Hallo, mein Schatz!« – Michael: schier berstend vor guter Laune. Michael: in der selbstverständlichen Attitüde des Hausherrn und Chef-Animateurs.

Gedanken und Gefühle explodierten wie das Feuerwerk zum Abschluß der Kirmes auf den Rheinwiesen. Erleichterung, weil er ihr offensichtlich die Schmähungen vom Nachmittag vergeben hatte. Rage, weil er die Stirn hatte, hier aufzukreuzen, ohne daß sie ihm vergeben hatte. Beruhigung, weil sie nun doch keine in Schmach und Schande Sitzengelassene war. Ärger, weil er so verdammt sicher war, daß sie ihn nicht sofort in hohem Bogen aus dem Fenster werfen würde. Stolz, weil der Mann aus den Movies, der Dreamboy, nicht von ihr lassen konnte. Ingrimm, weil er wieder mal alle Konflikte unter den Teppich fegte. Verwirrung, weil sie nicht wußte, ob sie ihn küssen oder ihm die Platte auf den Kopf hauen sollte. Scham, weil ihr in dieser Situation nichts Besseres einfiel, als hier stumm und starr als das Denkmal der ewigen Deppin im Türrahmen zu stehen. Besorgnis, weil das Fleisch kalt wurde.

»Darf ich Ihnen das abnehmen? . . .« Herr Sichelbach hatte sich erhoben und zog ihr vorsichtig die Platte aus den Händen. Aber das nahm Dagmar ebensowenig wahr wie den nun doch einsetzenden Applaus der Gäste. Wichtig war nur, daß Michael jetzt den Arm um sie legte, einen herzhaften Schmatzer auf ihre rechte Backe plazierte und ihr ins Ohr raunte: »Meinst du, du kannst noch irgendwo Teller und Besteck für mich auftreiben?« – Rhett Butler war auf die Schlickenrather Straße zurückgekehrt, nur das zählte.

Michael Kamm war der Mann ihres Lebens, so viel stand fest. Sie paßten wunderbar zusammen, hatten den gleichen Beruf, die gleichen Interessen, das gleiche Temperament. Okay, es gab da noch ein paar Unebenheiten auszubügeln (die Ereignisse von heute würden noch in aller Ausführlichkeit zu debattieren sein!), aber sie hatten ja auch noch Jahre Zeit für die Feinabstimmung. Rücksichtnahme, Zuverlässigkeit und Verständnis für ihre schwierige Situation konnte er lernen, sie mußte nur pädagogisch geschickt vorgehen. Auf alle Fälle galt es, sich hier und heute jede weitere Zickigkeit zu verkneifen. Philemon und Baucis, die einander mit sagen-hafter Beständigkeit bis ins hohe Greisenalter liebten, winkten ihr mit zittriger Hand vom Olymp aus zu und wiesen ihr den Weg in die Zukunft: Irgendwo im Küchenschrank mußte doch noch eine von den silbernen Tortenspitzen herumliegen!

Der weitere Verlauf des Gastmahls versank in den Schwaden von Sekt, Riesling, Rotem und Trester. Aus all dem Gelächter und Redeschwall blieb Dagmar später nur erinnerlich, daß sowohl Usch als auch Sabine sie beiseite zogen und mit besorgter Miene nacheinander in verblüffend identischem Wortlaut Auskunft darüber heischten, was denn hier eigentlich laufe. Beide hatte sie mit Grinsen und Achselzucken beschieden; nach all den Turbulenzen des Tages, nach all den Seelenloopings wußte sie nun, wie sich eine Honigwabe nach dem Schleudern fühlt. Hohl.

Herr Sichelbach, der sich doch so gut amüsiert hatte, blies seltsamerweise als erster zum Aufbruch; als Direktimport aus den Nordlanden mangelte es ihm wohl noch an der stählernen Kondition, mit der man am Rhein ein Fest bis zum letzten Rest auswrang. Offensichtlich trat man in Winsen an der Luhe auch nur im Rudel ab: Herr Sichelbach drängte die anderen geradezu, ebenfalls zu gehen. Daß er beim Abschied doch tatsächlich seine gotische Gestalt zu einem Handkuß zusammenklappte, kommentierte Michael, als sich die Tür hinter dem Trupp geschlossen hatte, mit der ihm eigenen Treffsicherheit: »Ein Spießer.«

Später, im Bett, beschränkten sich Dagmars Wünsche darauf, die Decke zwischen sich und die Welt zu ziehen und in gnädige Bewußtlosigkeit abzutauchen. Michaels Bedarf an Sensationen aber war immer noch nicht gedeckt. Er gab den Dressman in der neuen Herzchenhose, paradierte vor dem Spiegelschrank auf und ab und parodierte die Posen der Bodybuilder. Dann bleckte er seine Piratenzähne, verbiß sich in dem Smiley-T-Shirt Größe XXL, das sie als Nachthemd trug, schüttelte wild knurrend den Kopf und eröffnete damit das Junge-Neufundländer-Spiel.

In anderen Nächten hatte sie das Junge-Neufundländer-Spiel immer besonders geschätzt, denn es war sehr feucht und sehr laut und sehr lustig. In anderen Nächten hatte sie immer gelacht und gekichert, wenn Michael, fiepend wie ein Welpe, seinen schwarzen Schopf in ihrem weichen Unterbauch vergrub, wenn er an ihrem Po knabberte, wenn er ausgiebig schnüffelnd die Fährte aufnahm, bevor er schließlich – mit seinem tiefen, überzeugten »**Wuff**!« – in die heiße Phase stieg.

Doch heute fühlte sich Dagmar viel zu müde und ausgelaugt, um an diesem munteren Treiben Gefallen zu finden. Schlimmer noch: Je feuriger seine Aktionen wurden, desto mehr machte sich ein unerklärlicher Widerwillen in ihr breit. Aus den Nebeln des Alkohols und der Erschöpfung stiegen Erinnerungen, Fetzen von Sätzen, Zitate: ... ängstliche Tussi ... Maus ... keifendes Weib ... Festanstellung bei einem Paßbildfotografen ... Indes, das Bild, das er sich von ihr machte, konnte sie später geraderücken. Außerdem hatte er das alles ja nur gesagt, weil sie ihn provoziert hatte. Energisch pfiff Dagmar ihre Gedanken zurück. Alles war wieder gut. Auch wenn er es noch nie direkt zugegeben hatte: Michael liebte sie. Den besten Beweis spürte sie ja gerade in sich!

Nein, dies war nicht der richtige Zeitpunkt für eine harsche Zurückweisung. Für heute hatte sie genug geberserkert, jetzt war taktische Klugheit angesagt.

Um ihn nicht erneut zu befremden, rang sie sich ein paar Stöhner ab. Als sein Rhythmus in das schnelle, harte Stakkato überging, das sie schon so oft aus Zeit und Raum katapultiert hatte, da zog sie in kühler Berechnung an den Muskelsträngen, die ihr Becken hoben. Und als er sich schließlich mit seinem heiseren, langgezogenen Schrei aufbäumte, der immer mehr Rs als As enthielt, da schaffte sie es sogar, ihr Innerstes ein paarmal so zusammenzuziehen, daß er den Sog spüren mußte. – Wenn ihr bislang, mit welchem Mann auch immer, nicht nach dem Austausch von Intimitäten zumute gewesen war, dann hatte sie dies ihrem Lover entweder mehr oder minder zartfühlend erklärt oder ihn, durch seine Leidenschaft fast ein wenig gerührt, in wohlwollender Duldung machen lassen. Dies hier jedoch war eine Welturaufführung. Der erste Theaterorgasmus der Dagmar Eickhorn.

Aber der Mann ihres Lebens hatte diese kleine Gefälligkeit doch redlich verdient. Weich und warm und lieb lag er neben ihr, zauste sie zart am Ohrläppchen und war mit sich und dem Universum im Einklang. »Siehst du, jetzt geht es dir doch schon viel besser, mein Schatz«, sagte er, bevor er sich mit dem traditionellen »Und träum was Süßes« aus der Welt verabschiedete.

Bei dem üblichen Tempo, mit dem er in den Tiefschlaf sank, brauchte Dagmar gar nicht so lange in das Kissen zu beißen. Ohne fürchten zu müssen, ihn zu wecken, konnte sie getrost losschluchzen. Und ohne recht zu wissen, warum.

KAPITEL 2

»Give me the future with a modern girl«

(Meatloaf, Heavy-Metal-Mann)

»Na, Alter, immer noch beleidigt?« – Michael Kamm klopfte mit dem Zeigefinger an den Vogelbauer, um seinen Gast aus der Reserve zu locken. Aber vergeblich: Otto von Bismarck schmollte. Er hüllte sich in Schweigen. Die Stange, auf der er seit 36 Stunden trübetimpelig hockte, verließ er nur, um hin und wieder, der nackten Not gehorchend, ein paar Körnchen zu picken. Mit einem angewiderten Zug um den Schnabel. Ansonsten gab er sich melancholischen Meditationen hin und ließ sogar sein Spielzeug, den Spiegel und das Glöckchen, links hängen.

»Okay, Alter, dein Wille geschehe. Wenn du hier unbedingt einen auf Märtyrer machen mußt, dann ist das ausschließlich dein Problem. Es war weiß Gott nicht meine Idee, dich bei mir einzuquartieren. Du kriegst zu essen und zu trinken, okay? Aber merk dir eines: Ich laß mich nicht erpressen! Mit Psychoterror haben bei mir schon ganz andere auf Granit gebissen. Der Käfig bleibt zu, basta. Mit Herumfliegen läuft hier nichts. **Meine** Bude wirst du nicht versauen. Und wenn dir das nicht paßt, kannst du ja an den Tierschutzverein schreiben.«

Eigentlich eine Zumutung, daß er von Dagmar zum Sittich-Sitting abkommandiert worden war. Je nun, sie hatte nach langer Durststrecke endlich mal wieder einen Auftrag bekommen, wahrscheinlich dank intensiven Einwirkens von Sabine Sträter auf ihre Kolleginnen aus der Bildredaktion. Dieser abgehalfterte Möchtegern-Mime, der nach zwei, drei Vorprogrammserien im deutschen TV unter heftigem Yellow-Press-Tamtam als Star gefeiert worden, dann größenwahnsinnig gen Hollywood gezogen und jetzt, nach seiner ruhmlosen Bauchlandung dort, wieder kleinlaut nach Schwabing zurückgekehrt war, hatte eine neue Freundin. Die *Frau von Welt* gedachte dieses Ereignis zu dem Rührstück *»Wolf Müller-Leberecht: Liebe ist wichtiger als Karriere«* hochzujubeln; Dagmars Aufgabe bestand darin, diesen Schwachsinn mit einer Farbdoppelseite von dem Mimen mit seiner neuen Mieze (womöglich Schwäne fütternd im Nymphenburger Park, igitt!) zu bebildern.

Aber das war ja wohl noch lange kein Grund für Dagmar, hier anzutanzen und ihm das Vieh einfach in die Hand zu drücken. Genaugenommen erfüllte das sogar den Tatbestand der Nötigung. Sie hatte ihn vorher weder nach seinem Einverständnis gefragt noch auch nur den Versuch gestartet, ihren Vogel bei einer ihrer Busenfreundinnen zu deponieren, die sich doch sonst immer überschlugen, wenn es ums Betutteln und Behätscheln ging. Dabei gab's für ihn wahrlich Wichtigeres zu tun, als sich um einen Piepmatz mit einem lächerlich großspurigen Namen (bevor Dagmar ihn umtaufte, hatte er wie jeder andere anständige Vertreter seiner Gattung Kiki oder Koko oder so ähnlich geheißen) zu kümmern. Selbst ohne dieses Ehrenamt stand er weiß der Himmel schon genug unter Druck. Jeden Morgen mußte er zu absolut unchristlicher Uhrzeit aus dem Bett in die Nobelvororte düsen, um im fotogenen, weil diffusen Oktoberfrühlicht die letzten Fotos für den Kunstkalender *Düsseldorfer Türen* zu machen, von dem eine Privatbank sich im nächsten Jahr mehr Kunden erhoffte.

Außerdem drängelte sich auch noch jede Stunde die kleine Werbeagentur auf seinen Anrufbeantworter, weil er mit diesen faden Studioaufnahmen von dieser noch faderen Mehlpampe, die demnächst als neue Instant-Soßen-Sensation auf den eh längst übersättigten Markt schwappen sollte, etwas in Verzug geraten war.

Michael gab dem Käfig einen unsanften Schubs, warf sich auf das kleine weiße Sofa, das mit seinen schwarzen Flecken und asymmetrischen Rundungen entfernt an eine grasende Kuh erinnerte, und beschloß, daß eine kreative Pause angesagt war. Sittich, Türen und Soße – wie tief konnte man eigentlich noch sinken?

Da war man Fotograf geworden (und zwar ein verdammt guter!), weil man mit dem unbestechlichen Auge der Kamera die Realität einfangen wollte. Das Leben selbst, in all seiner grausamen Widersprüchlichkeit. Vorigen Winter hatte er Bilder von Stadtstreichern gemacht, die sich allnächtlich in den geheizten Eingängen der Luxusmeilen ihre armseligen Hütten aus Pappkarton bauten. Aber diese Motive wollte keiner sehen, geschweige denn kaufen. Die konnten ruhig weiter unten in seinem Archiv vermodern. Die *Düsseldorfer Türen* hatten makellos zu sein, schnörkelig und schnuckelig. Glanzvolle Fassaden. Es war eine Schande, sich dafür hergeben zu müssen.

Wenn er nur Zeit und Geld hätte: Was für Bilder könnte er festhalten! Bilder, die die Welt bewegten! Die die Masse aus ihrem trägen Stumpfsinn wachrüttelten! Bilder: knallhart und schwarzweiß!

Der Profizocker auf der Grafenberger Galoppbahn in seinem speckigen Popelinemäntelchen, der mit gierigen Augen in dem vermieften Videoraum die Rennen auf den Monitoren verfolgt, während draußen auf dem gepflegten Rasen die Stallbesitzersgattin im Sonnenschein ihren Designerhut spazierenträgt. Das Elend in den Asylanten-, Aussiedler- und DDR-Botschafts-Flüchtlingsheimen. Die Kämpfe in Soweto, die Ausrottung der Amazonasindianer, die Crack-Babies von Harlem oder wenigstens die unerträglichen Strapazen für Mensch und Maschine bei der Rallye Paris–Dakkar: das waren Themen für Michael Kamm, den Mann an der Front. Sein Rüstzeug lag parat – aber wo blieb die Herausforderung, die Bewährung, das Abenteuer? In der dritten Welt verhungerten sie, und er mußte derweil Soße fotografieren – der Gipfel der Demütigung.

Unterforderung hieß das große Problem der Zeit. Nirgendwo gab es mehr Raum zum Atmen, nirgendwo mehr weiße Stellen auf dem Globus, nirgendwo mehr eine Wildnis, um darin eine Blockhütte zu bauen. Statt dessen eilten alle geschäftig wie die Ameisen von einer engen Betonbox in die nächste, füllten die Leere ihrer Existenz mit wichtigtuerischem Wirbel und ersetzten die wirkliche Action mit endlosen Labereien. Dabei waren die Typen, die pünktlich Freitag mittags ihren Nadelstreifen mit dem Denim vertauschten und viel Geld dafür hinblätterten, um mit einem Survival-Trainingstrupp durch den Teutoburger Wald streifen und Regenwürmer am Lagerfeuer rösten zu dürfen, bei weitem die Schlimmsten. Die hatten noch nicht mal begriffen, daß ihnen nur noch Attrappen zwischen den Beinen baumelten.

Angeekelt schleuderte Michael das teure Lifestyle-Magazin, in dem er nebenbei geblättert hatte, beiseite. Nichts als Tand und Talmi und süßliches Gewäsch! Was er jetzt zum Ausgleich brauchte, war der ehrliche, saubere Gestank von Motoröl und der einfache, aufrechte Druckbeat einer Power-Gruppe. Also ab in die Garage, den Tuner bis zum Anschlag aufdrehen und sich die alte BMW R 50 vorknöpfen: Der Art-Director von der Werbeagentur konnte ihn mal, und zwar kreuzweise. Die Welt würde eben noch einen Tag länger auf die Soßensensation verzichten müssen.

Wie immer, so erfüllte ihn auch jetzt das Basteln an der

guten, treuen Maschine aus den 50er Jahren mit tiefer Befriedigung. Das Wummern der Bässe (die Oma war bei ihrem Canasta-Kränzchen und sowieso schwerhörig) setzte Visionen von der aufregendsten Sorte frei. Easy Rider, aber mit Happy-End. Einmal im Leben auf der Maschine quer durch die USA brettern, westward ho!, auf schnurgerader Highway-Piste, mit keinem anderen Ziel als dem Sonnenuntergang. Und im Beiwagen eine Wahnsinns-Blondine, deren lange, glatte Mähne im Fahrtwind peitschte wie eine Fahne. Eine von der Sorte, die frei war und doch ein Vollblutweib, deren Taille man, selbst wenn sie über der Kluft den gefütterten Nierenschutz trug, problemlos mit zwei Händen umspannen konnte. Keines der üblichen Klammeräffchen. Sondern eine wirklich moderne, kompromißlose Frau. Aber die machten sich ja so rar wie die weißen Elefanten. Wenn es überhaupt welche gab.

Denn die Wahrheit war doch, daß die Mädels sich immer nur auf modern schminkten und kostümierten. Sie kamen dahergestelzt, scheinbar selbstsicher, oft appetitlich in Leder oder Lack. Manche von ihnen konnten sogar auf den Besitz des Führerscheins Klasse eins verweisen. An den Tresen hielten sie mit, tranken, lachten und machten auf Mut.

Aber allerspätestens nach dem zweiten, dritten Mal im Bett ließen sie ihre Masken fallen. Die Wuchtbrummen schrumpften zu Zwerghasen. »Sag mal, wie siehst du eigentlich so unsere Beziehung?« – damit ging's los. Immer. Dann wurden die einen kitschig und die anderen kritisch. Das Resultat war stets dasselbe: Ebenso end- wie sinnlose Labereien über Seelenbefindlichkeiten, über Traumata im Kindergarten, über Männlein und Weiblein und Arbeitsteilung und Rollenverhalten. Auf deutsch, sie wollten einem permanent im Eingemachten herumwühlen. Ihre Analysen und Aufarbeitungen einer längst verstaubten Vergangenheit

(»... deine Mutter hat dich völlig vermasselt!«) unterbrachen sie nur, um sich Sorgen um die noch ungelegten Eier der Zukunft zu machen (»Wie stehst du dazu, wenn ich schwanger werde? ...«). Die Gegenwart fand für sie nicht statt.

Einziger Zweck all der Übungen aber war, einen an die Kandare zu nehmen, zu gängeln, zu zügeln. Einen so kirre zu machen, daß man, zum handlichen Päckchen verschnürt, in ihre engen und muffigen Beziehungskisten paßte. Diese Heuchlerinnen! In aller Öffentlichkeit trugen sie, weil's gerade hip war, den Motorradhelm auf stolz erhobenem Haupt. Im stillen Kämmerlein aber vertauschten sie ihn prompt mit der niedlichen Biedermeier-Schute. Im Schlafzimmer war Kerouac vergessen, da herrschte nach wie vor Courths-Mahler.

Verdammt noch mal: Irgendwo in dieser Republik mußte doch eine zu finden sein, die mehr war als eine auf wild getrimmte, ausgebuffte Rosen-Resli. Eine, die nicht insgeheim mit allen schmutzigen Tricks dieser Welt auf die verlogene Trautes-Heim-Idylle mitsamt ihrer Ehestands-Nutterei hinarbeitete.

Dagmar? Okay: Sie war, rein aussehensmäßig, alles andere als die Highway-Braut. Zu klein, zu pummelig, zu brünett. Aber wenigstens akzeptierte sie ihn so, wie er nun mal war. Daggi hatte noch nie von »Liebe« gesäuselt und dabei ihre Unterhaltsansprüche nach der Düsseldorfer Tabelle gemeint. Sie geriet auch nicht beim Anblick von Babys und Windelreklame in schwärmerisches Entzücken, nur um anschließend die Seifenopernarie vom »Ticken der biologischen Uhr« anzustimmen. Daggi nervte nicht. Oder nur selten. – Na ja, um ehrlich zu sein, in letzter Zeit arg oft. Ihre ständigen Anspielungen auf Wohnungsinserate und Maklerangebote waren auf Dauer nur schwer zu überhören. Und ihr Amoklauf neulich vor dem Abendessen war doch harter Stoff. Sollte sie's jedoch eines Tages zu bunt treiben: Wozu war man ein freier Mann?

Allerdings, für einen freien Mann war er doch schon mächtig domestiziert. Dagmar hatte vorgestern in aller Selbstherrlichkeit und, sein botmäßiges Verharren voraussetzend, erklärt, sie würde heute »so ab acht« erscheinen, um den Piepmatz abzuholen. Als gäbe es keine Decke, die einem hier auf den Kopf fiel, als gäbe es keine Zerstreuungen, die man sich nach einem langen, harten Arbeitstag redlich verdient hatte. Als gäbe es keine tosende City, bereit, von Michael Kamm erobert zu werden. Den Beiwagen hatte er inzwischen auf Hochglanz poliert und von der Maschine abgekoppelt (seit ihrer letzten Nierenbeckenentzündung weigerte sich Dagmar kategorisch, bei weniger als 25 Grad Celsius in den Steib zu steigen – typisch). Auch die R 50 selbst erglänzte wieder in ihrer vollen schwarz-silbernen Pracht. Was also hielt ihn noch hier? Sich jetzt vor die Glotze zu klemmen und Wim Thoelke zu gucken, um nur ja pflichtschuldigst auf die Heimkehrerin zu warten, das konnte es ja wohl nicht sein.

Zwar war es noch ein bißchen früh für die Stadt; vor 23 Uhr war sie voll mit Messeleuten, Spesenrittern und verspäteten Kaffeetanten, die aufgeregt zirpend die Szene Lokale (oder das, was sie dafür hielten) verstopften. Andererseits galt es, Dagmar in die Schranken zu verweisen. Wenn sie glaubte, ihn zu einem servilen Domestiken drillen zu können, hatte sie sich kräftig geschnitten. Wehret den Anfängen!

Sorgfältig bugsierte Michael seine Lieblings-Heavy-Metal-Scheiben zurück in die Hüllen, schob die Maschine in die Einfahrt, schloß die Garage ab und ließ schon auf dem Weg zur Dusche die Hüllen fallen. Nicht daß es ihm etwas ausgemacht hätte, in seiner öligen Montur die Spießbürger zu erschrecken, aber man wußte nie, wie sich ein Abend entwikkelte. Bereitsein ist alles, vielleicht stand die Wahnsinns-Blondine ja schon irgendwo herum und langweilte sich. Bevor er das Haus verließ, kritzelte er noch schnell zwei Zeilen auf einen Wisch. »Mußte downtown. Bin später im *Miles Smiles.* M.« – für alle Fälle. Mit einem letzten Blick in den Dielenspiegel zwinkerte er sich mit dem Rebellenauge fröhlich zu, den Wisch heftete er unten an die Klingel. Dann warf er mit einem kraftvollen Tritt die Maschine an und brauste los.

Doch schon nach wenigen Metern verging ihm die Lust an dem Ritt, aber gründlich: Die R 50 **ohne** Beiwagen war eine unstabile, wackelige Kiste. Vor jedem noch so läppischen Kürvlein mußte man das Gas zurücknehmen, sonst flog man weg; mehr als siebzig war nicht drin, sonst kriegte sie das große Flattern. Die Balance stimmte nicht mehr; zähneknirschend mußte man sich an einer Ampel beim Anfahren sogar von einem Kadettfahrer mit karierter Bommelmütze überholen lassen.

Er hatte es ja immer gewußt: Das Basteln an den alten, klapprigen Gurken war die reine Idiotie. Beschäftigungstherapie, dem Briefmarkensammeln allzu nah verwandt. Man würde doch nicht umhinkönnen, in der mittelfristigen Finanzplanung den Ankauf einer Harley Davidson zu berücksichtigen. Funkelnagelneu. Und, jedem Soßenpulverfrust zum Trotz: Auf gar keinen Fall unter 500 Kubik!

Im *Miles Smiles* stand, inmitten der für die allzu frühe Abendstunde typischen Versammlung von Sekundarstüflern, Erstsemestern und Turnschuhträgern aller Provenienz, wie der sprichwörtliche Fels in der Brandung, Bodo vom Bruch. Gut im Tuch wie gewohnt, die Rechte in der Hosentasche versenkt und lässig mit der Hüfte an einen Barhocker gelehnt, verkörperte er in Gestik und Mimik die klassische Statue »Maltwhiskey-Fan, Altbiertrinker verachtend«. Wie so oft bei diesem Anblick, fragte sich Michael auch diesmal wieder, seit wie vielen Jahren eigentlich der Mann mit der jungenhaften Popper-Blondlocke über der Stirn schon zum stets stehenden Inventar der jeweils angesagten Kneipen gehörte, und was er denn wohl machte, wenn er ausnahmsweise mal **nicht** irgendwo zu Gast war.

Hartnäckig hielt sich seit langem das Gerücht, daß Bodo vom Bruch in geheimen Diensten stand; die Fama seiner angeblichen Agententätigkeit nährte sich dabei vor allem aus der Beobachtung, daß der Geheimnisumwitterte ausschließlich fremdländische Zigarettenmarken aus exotisch bunten und immer reichlich mitgenommen wirkenden Pappschachteln rauchte. Natürlich wußte niemand so recht, wie sich die vom Bruchsche Allgegenwart im rheinischen Gastronomiegewerbe mit mysteriösen Missionen und dunklen Spionagereisen vereinbaren ließ. Aber wer hielt sich schon peinlich genau an die Logik, wenn man bei ihrer Anwendung Gefahr lief, eines Mythos oder zumindest eines ergiebigen Small-Talk-Themas verlustig zu gehen: Michael hütete sich, Bodo mit einer diesbezüglich klärenden Frage zu brüskieren.

Zu wissen, daß er ein exzellenter Doppelkopfspieler sowie ein anerkannter Fachmann in allen Belangen des Sports war, der sich zudem einer voll austrainierten Leber erfreute, reichte als Basis für eine zufriedenstellende Freundschaft völlig aus. Auch daß Bodo noch nie eine offizielle Frau an seiner Seite präsentiert hatte, bot weder Anlaß zu Irritation noch zu undezenten Recherchen. Hauptsache, der Mann stand nicht unter Verdacht, schwul zu sein – der Rest war Michael egal. Privatangelegenheiten gingen niemanden etwas an.

»Hi, Mike«, grüßte Bodo vom Bruch betont beiläufig und bemühte sich, seine Freude darüber, daß der anerkannte Szene-Zar schnurgerade auf ihn zuhielt, tunlichst zu verbergen. »Woher des Wegs?«

»Business as usual«, antwortete Michael knapp; die Details über den konkreten Verlauf der letzten Stunden waren ja nun wirklich nicht von Interesse. »Du weißt doch, wie das ist: Man tut, und man macht, und bevor man überhaupt merkt, was los ist, hat man schon wieder seine 24 Stunden in der Tretmühle abgehechelt.«

Bodo vom Bruch nickte verständnisinnig, bemühte den verstaubten Altkalauer »Tel-a-viv!« und zeigte auf sein Glas: »Trinkst du einen mit?«

»Nett von dir, Alter, aber laß man lieber. Ich bin mit der Kiste da.« Die Zeiten, da die Kampftrinker in der Szene noch für Furore gesorgt hatten, gehörten längst der Vergangenheit an. Alkohol galt als **der** Downer schlechthin, bierdumpf waren nur noch die Unbeschäftigten und Unterbezahlten. Der Mann von Welt blieb nüchtern, zumindest an öffentlichen Plätzen, und wenn er sich gelegentlich einen kleinen Rausch gestattete, dann nur einen von der anregenden Sorte. Die Bestenliste der Uppers wurde angeführt von Champagner und dem eigenen Erfolg; der Nikotinsucht frönten, von ganz wenigen Ausnahmen wie Bodo vom Bruch abgesehen, nur noch Prolos und Frauen. Insider munkelten auch viel von Kokain – Michael munkelte natürlich kräftig mit. (Was außer ihm niemand wußte: Seine Kenntnisse waren rein theoretischer Natur. Bislang hatte ihm noch keiner auch nur das bescheidenste Prischen angeboten, und einen Dealer anzusprechen, das erschien ihm dann doch zu heiß.)

Bodo orderte also ein Wasser. Dann legten die beiden eine Schweigeminute ein, in der der eine gedankenverloren seinem schwindenden Malt nachhing, der andere aber ohne nennenswerte Begeisterung die anwesenden Bräute musterte: Die Miniröcke und die hautengen Leggins waren ja noch leidlich okay. Aber was trieb sie, sich mit den Stoppelschnitten die Köpfe zu verunzieren? Insgeheim huldigte Michael der Überzeugung, daß sich die bekanntermaßen zwittrigen Friseure mit ihren Scheren die unliebsame Konkurrenz vom Markt schnippelten. Vor Publikum aber pflegte er die kahle Sinnead O'Connor und die Beinahe-Glatze Sabine Sträter mit der geballten Wucht seiner professionellen Autorität als die Schönheiten des kommenden Jahrzehnts zu preisen: Mit 33 war man als Mode- oder Werbefotograf fast so alt wie Methusalem. Man mußte aufpassen, daß man auch weiterhin immer schön hart am Trend-Wind segelte. Auf persönliche Vorlieben wie lange Flattermähnen konnte in diesem Zusammenhang leider keine Rücksicht genommen werden.

Bodo vom Bruch war den Blicken seines Idols gefolgt. »Reichlich viel Jungvolk hier«, kommentierte er vage, in dem vorsichtigen Versuch, sich mit Michael auf ein Thema einzustimmen.

»Ich find die Kleinen niedlich«, sagte Michael. »Die sind in Ordnung. Je jünger sie sind, um so weniger gehen sie dir auf die Nerven. Die sind noch richtig neugierig. Und scharf. Und dankbar. Das Problem ist bloß immer: Was machst du mit ihnen **vorher**?«

Bodo lachte laut und anerkennend. Der gemeinsame Nenner war gefunden, das Eis gebrochen: »Und du hast mit denen auch nicht dauernd den Ärger, daß du bis zum Frühstück bleiben sollst. Die Mickymäuse da müssen ja spätestens um 12 Uhr zu Hause sein. Sonst kann Muttilein nicht schlafen.«

Sympathisch, der Mann. Zur Hölle überhaupt mit allen Türen, Soßen, Bräuten und Klapperkisten dieser Welt! Der Abend nahm erfreuliche Konturen an. Schade nur, daß Daggie oder, noch besser, Usch Bornheimer jetzt nicht mithören konnten. Die würden wie die Raketen an die Decke zischen.

Hatte man eigentlich je von einer Frau gehört, die Sinn für Humor gehabt hätte?

»Muttilein ist auch sonst ganz praktisch. Muttilein achtet drauf, daß die Kleine immer schön die Pille nimmt. Mit den Mickymäusen hast du nie diesen Verhütungsterz, die sind noch pflegeleicht. Und ein Gummi haben sie wegen Aids zwar immer brav im Handtäschchen, aber wenn's dann ernst wird, ist es ihnen zu genant. Gesegnet seien die Junghühner!« Michael hob sein Wasserglas, besann sich dann jedoch eines Besseren und pfiff das Tresenmädel herbei. »He, junge Frau! – Bring mir doch auch so eine Erfrischung, wie sie der Herr hier neben mir bereits genießt.«

»Zwei«, fügte Bodo hinzu. Zu Michaels innerem Ergötzen wurde er verläßlich just dann einsilbig, wenn ein weibliches Wesen seine Bannmeile durchbrach. So, als würden die Mädels ihm oben im Dachstübchen das Licht abschalten. Aber auch dies war seine Privatangelegenheit, an die zu rühren Michael nicht einfiel. (Ganz im Gegensatz zu Dagmar, die es einfach nicht lassen konnte, ständig in anderer Leute Intimsphäre herumzugraben, und die ihre ebenso angestrengten wie vergeblichen Versuche, Bodo an diverse Single-Freundinnen zu verkuppeln, erst seit kurzem eingestellt hatte.)

In einer Männerrunde jedenfalls wurde Bodo als guter und brauchbarer Freund respektiert. Er verfügte über beachtliche Nehmerqualitäten, nahm selbst derbste Späße auf seine Kosten nicht krumm, dachte ordentlich geradeaus statt um zehn Ecken und war nie knickrig beim Rundenbestellen. Mit Bodo konnte man schlicht relaxen – bei Gesprächen, die so klar und unkompliziert waren wie frisches Quellwasser.

»Es kann gar nicht mehr lange dauern, dann kriegen die Montagsdemonstranten in Leipzig mächtig eins auf den Deckel«, sagte Michael, mit dem Malt zur allgemeinen Weltlage übergehend. Und Bodo stimmte zu: »Das wird sich die SED auf Dauer nicht bieten lassen.«

Auch die innenpolitische Debatte verlief harmonisch: »Föderalismus gut und schön, aber wir hier in Nordrhein-Westfalen werden doch permanent untergebuttert. Alle Welt spricht und schreibt von der Szene in München, Hamburg, Berlin oder Frankfurt. Daß Düsseldorf und Köln **die** Mode- beziehungsweise Kunstmärkte Europas sind, die Paris oder London längst überrundet haben, davon hat niemand auch nur einen blassen Schimmer. Du kommst dir vor, als würdest du hier inkognito im Underground werkeln«, eröffnete Michael diesen Themenbereich. Und fand sich dabei wieder in bestem Einvernehmen mit Bodo, der bestätigte: »Das kommt nur, weil die ganzen Medienfuzzis in diesen Provinznestern aufeinanderhocken und geistige Inzucht betreiben. Die halten sich für den Nabel der Welt.«

Mit dem zweiten Malt kamen die lokalen Ereignisse zur Sprache: »Diese Saison wird die DEG Deutscher Meister, verlaß dich drauf! Mit dem Didi Hegen und dem Gert Trunschka haben wir den stärksten Sturm der Republik. Der Helmut de Raaf im Tor ist einfach Weltklasse. Der hat doch Reaktionen – traumhaft! Und schon wegen seiner Länge ist an dem kein Vorbeikommen: Einen Meter sechsundneunzig, das macht uns keiner nach.«

Aber hier wurde Bodo ungewöhnlich bockig und pingelig:

»Meinst du mit Schlittschuhen oder ohne?«

»Ohne natürlich, du Ei!«

»Nie!«

»Aber immer.«

»Netto mißt der Helmut exakt einen Meter sechsundachtzig. Da kannst du dich auf den Kopf stellen, Mike. Der wächst nicht mehr.«

»Wetten, Bodo?«

»Klar. Um was?«

Eine gute Frage. Eine schwierige dazu. Natürlich hatte er, Michael, recht, und der andere null Ahnung. Aber Bodo widersprach so selten, daß es einem zu denken gab. Im übrigen: Unter Freunden wettete man nicht um Geld – vor allem dann nicht, wenn man jeden Groschen für die Harley Davidson zusammenkratzen mußte. Bodos Vorschlag, der dem Verlierer die Stiftung einer Kiste Schampus aufbrummte (woher hatte der Knabe eigentlich die Kohle?), galt es dieserhalb glatt abzuschmettern: »Kikikram. Viel zu unoriginell!«

Michaels sinnender Blick schweifte langsam über die Häupter der *Miles*-Besatzung. Mitten unter den modischen Stoppeln erkannte er den von der Natur schon stark freigelegten Kopf von diesem Typen, der neulich aus dem Nichts bei Dagmar aufgetaucht und seitdem immer mal wieder an den verschiedensten Knotenpunkten gesichtet worden war. Dieser Spießer mit den unmöglichen Krawatten zu den schlimmen Blazern. Wie hieß er noch gleich? Klaus? Kurt? Egal – jetzt sah er auf und grüßte mit erhobenem Alt-Glas albern lächelnd herüber. Woraufhin Michael von zwei Geistesblitzen gleichzeitig durchzuckt wurde und scharf auf den Fingern pfiff: »He, Alter, komm doch mal her!«

Sichtlich befremdet, aber folgsam schob sich der staksige Import aus dem hohen Norden durch den Menschenklumpen an den Tresen: »'n Abend allerseits.«

Ohne weitere Präliminarien legte Michael ihm die Hand auf die Schulter. »Ich hab gehört, du bist Jurist? Wir brauchen hier dringend einen Notar.«

»Na ja, ich habe das zweite juristische Staatsexamen gemacht. Aber wenn Sie einen Notar brauchen, kann ich leider nicht dienlich sein. Ich arbeite in der Rechtsabteilung der *Turm*-Versicherung, im Zuständigkeitsbereich Schadensregulierung«, holte der Dröge aus. Umständlich, der Mann.

»Das interessiert jetzt nicht im einzelnen. Hauptsache, du kannst einen rechtsgültigen Vertrag aufsetzen. Hast du was zu schreiben?«

»Nur einen Kugelschreiber. Papier müßte man . . .«

»Hier, nimm den doch« – Michael schob ihm einen leicht durchgeweichten Bierfilz zu – »und notiere. Im Falle Komma daß die Körpergröße des Herrn Helmut de Raaf mit zwei a und einem f Komma von der unbekleideten Fußsohle bis zur Schädelspitze gemessen Komma mehr als einen Meter sechsundachtzig beträgt Komma wird sich Herr Bodo vom Bruch zur öffentlichen Demonstration seiner Bildungslücke eine Glatze rasieren lassen Punkt. Sollte Herr Helmut de Raaf jedoch wider alles Erwarten unter Zwergwuchs leiden und nicht mehr als läppische einhundertsechsundachtzig Zentimeter auf die Meßlatte bringen Komma wird sich Herr Michael Kamm von jedwedem Haupthaar trennen Punkt. Das wird zwar unter den Damen der westlichen Hemisphäre eine sofortige Selbstmordwelle auslösen – halt! Das brauchst du nicht zu protokollieren. Hast du sonst alles? Gut. Also, beschlossen und verkündet Doppelpunkt, Datum Absatz, Unterschrift des Zeugen Doppelpunkt. Genau. Was soll das heißen?«

»Sichelbach. Kurt Sichelbach.«

»Okay, Kurt, mit dir kann man arbeiten.«

»Ich habe allerdings noch eine Frage.«

»Schieß los.«

»Wer ist denn eigentlich dieser Herr de Raaf?« – Nicht zu fassen: Was für ein Hinterwäldler!

Die nächste Stunde verging wie im Fluge. Wann bot sich einem denn schon die Gelegenheit, mitten in Düsseldorf jemanden zu treffen, der weder die EG noch die Mannschaftsaufstellungen der vergangenen Jahre, noch das Innenleben des Stadions auf der Brehmstraße, noch die Sprechchöre oder die Wunderkerzen oder die absolut irrsinnige Stimmung bei jedem Heimspiel kannte. Michael überbot sich selbst in witzigen und atmosphärisch dichten Schilderungen, hin und wieder assistiert von Bodo, und Herr Sichelbach erwies sich als aufmerksamer und dankbarer Zuhörer, der sogar irgendwann ganz von allein begriff, daß die blödsinnige Siezerei unter halbwegs Gleichaltrigen hier am Rande der Altstadt als glatter Stilbruch gewertet wurde (wenn man sich morgens in einer Bank traf, galten natürlich andere Regeln).

Hatte man ihn erst einmal aufgetaut, mußte man dem Newcomer zugestehen, daß er nicht ohne Intelligenz, zwar etwas hölzern, aber sonst ganz nett war. Bodo ließ sich sogar von seiner Begeisterung über den neuen Freund zu der unbegreiflichen Großzügigkeit hinreißen, ihm für ein DEG-Heimspiel, ». . . aber nicht gegen die Kölner Haie!«, seine Abo-Karte zur Verfügung stellen zu wollen. Damit stand natürlich die nächste Themenrunde fest: die Unzulänglichkeit der Kölner Sturmreihe und die notorische Unfairneß der Kölner Verteidigung, die als unverbesserliche Prügelknaben nur blind hinlangen konnten und sonst gar nichts.

Es hätte also, alles in allem, ein ganz runder Abend werden können – wenn da nicht, mitten hinein in eine geschliffene Kammsche Analyse, Kurt plötzlich in seiner hölzernen Taille eingeknickt wäre und Bodos Lachfalten wie weggewischt waren. Michael spürte, daß ihm jemand auf den Rükken tippte. Und bevor er sich noch zu dem unliebsam störenden Element umgewandt hatte, wußte er schon, was er vor sich sehen würde. Dagmar. Mit Sicherheit wutschnaubend wie eine dieser schwarzen Kampfkühe, die in Südfrankreich gezüchtet wurden. Ein gewinnendes Lächeln, ohne den leisesten Anflug von Schuldbewußtsein bitte schön, war jetzt überlebenswichtig:

»Hi, Daggi-Schätzchen, schön, daß du endlich kommst. Wir haben uns schon Sorgen um dich gemacht! Wie war's in München?« – Jetzt noch das kleine Küßchen auf ihre Stirn, gut so, das würde ihr fürs erste den Wind aus den Segeln nehmen.

In der Tat schnappte Dagmar deutlich hörbar nach Luft, aber dann lief sie leider wieder zu ihrer gewohnten Form auf: »Na, wie fühlt man sich denn so, wenn man seine Frau vor die Pumpe respektive die zue Tür laufen läßt? Großartig, wie ich sehe! Da brettere ich 650 Kilometer wie eine Bekloppte durch Nacht und Nebel, nur um unsere Verabredung einzuhalten, und was finde ich als Willkommensgruß? Einen bekritzelten Zettel – genau das hat mir heute noch zu meinem Glück gefehlt. Das ist exakt das, was ich unter Freundschaft verstehe. Fürwahr!«

Ihn hier, vor allen Leuten, anzumachen und abzukanzeln wie einen Schulbuben, war wirklich das Allerletzte. Was bildete sich die Tussi eigentlich ein? Andererseits, er hatte schon drei Whiskey intus und tat gut daran, die Kiste stehenzulassen. Dagmar war doch sicher mit ihrer fahrbaren Rostbeule hier, ergo.

»Komm, sei friedlich und mach nicht aus jeder Mücke einen Elefanten. Sieh mal, hier stehen drei einsame Jungs und lechzen nach ein bißchen weiblichem Charme. Was trinkst du? Wir geben dir sogar einen aus.«

»Deine Unverfrorenheit ist wirklich sonder Beispiel! Ich bin müde und kaputt, wir hatten die klare Absprache, daß du bei dir auf mich wartest. Aber du scheinst ja zu glauben, daß die Erdkugel just in dem Moment stehenbleibt, wenn du mal eine einzige Verabredung einhältst. Ich habe deine ewige Unzuverlässigkeit satt!« – Sie wedelte mit der Hand weit oberhalb ihrer viel zu dunklen, viel zu krausen Haare.

»Bis hier oben! Ich will jetzt sofort zu dir, wie vereinbart Otto von Bismarck abholen, und dann will ich nur noch ins Bett.« Letzteres hatte sie so laut gekreischt, daß das *Miles Smiles* seinem Namen alle Ehre machte: Alle guckten, und alle feixten, voll der Häme. Es war wie beim Showdown im Western-Saloon: Jetzt mußte er, Michael Kamm, ziehen, sonst war er für alle Zeiten als Memme abgestempelt. Er pumpte seinen Brustkorb voll auf und gab seiner Stimme genug Dezibel, den coolen Jazz aus den Lautsprechern zu übertönen:

»Wenn du unbedingt sofort ins Bett willst, okay. Bloß nicht mit mir, mein Schatz! Das kannst du dir heute abend abschminken. Und wenn du in Zukunft noch mal was von mir willst: Ruf mich an unter dieser Nummer!« Michael hielt ihr den erigierten Mittelfinger unter die Nase. Gelungen. Ein Volltreffer. Amüsiertes Schmunzeln überall.

»Hör mal, Michael, ich glaube, du solltest jetzt . . .« – Kurt Sichelbach legte ihm eine Hand auf die Schulter, Michael schüttelte sie unwirsch ab.

»Kurt: Kusch! Das hier geht nur Daggi und mich etwas an!« Dieser Fischkopp war Statist, was mischte er sich also ein!

Dagmar hatte inzwischen ihre Gestalt auf beachtliche eins fünfundsechzig und ihre Stimme auf Kreissägenniveau hochgeschraubt und rang sichtlich um Fassung:

»Hör gut zu, was ich dir sage: Wenn du jetzt nicht sofort mitkommst oder mir deine Wohnungsschlüssel gibst, damit ich Otto abholen kann, dann ist Schluß zwischen uns beiden. Dann hab ich die Nase ein für allemal gestrichen voll von dir und deiner Arroganz. Dann kannst du gucken, ob du irgendwo noch eine findest, die so dämlich ist, sich mit einem prähistorischen Macho deines Kalibers einzulassen.

Seit zwanzig vollen Monaten mit mir vögeln, wohlgemerkt immer nur in meinem Bett, dafür bin ich gut genug. Der Ehre deiner Schlüssel aber werde ich nicht teilhaftig. Du gehst bei mir nach Belieben aus und ein, während ich bei dir immer klingeln muß wie der Telegrammbote. Was ist denn so kostbar, daß du es selbst vor mir verriegeln und verrammeln mußt: deine teuren Designer-Möbel? Oder du selbst? Oder kriegst du etwa von Oma geschimpft, wenn du fremde Leute ins Haus läßt?« – Beifälliges Murmeln unter den anwesenden Mickymäusen, dunkles Murren aus Männerkehlen. Beides fachte Dagmars Zorn nur noch mehr an.

Sie drehte sich tatsächlich um und brüllte ihr Publikum an: »Und ihr Spanner kümmert euch um euren eigenen Dreck!« Das Weib war vollständig übergeschnappt, aber immerhin: Sapperlot! Eine solch beachtliche Show hatte sie ja noch nie abgezogen!

»Frau Eickhorn, wenn Sie gestatten, sollte ich Sie vielleicht . . .« – Schon wieder versuchte dieser Sichelbach, sich zwischen Dagmar und ihn zu schieben.

Aber auch diesmal durfte er nicht ausreden, Dagmar drückte ihn einfach beiseite und reckte herausfordernd ihr Kinn hoch: »Na, was ist? Kommst du nun mit, oder gibst du mir die Schlüssel, oder ist nun Schluß? Du hast die Wahl, mein Lieber!«

Michael blickte auf sie hinunter, leicht erstaunt, ein wenig verwirrt. Doch dann sah er sie glitzern, hinten in ihren Augen warteten sie schon: die Tränchen. Die herzlichen Grüße von Frau Courths-Mahler!

Es war doch immer das alte Lied mit den Mädels. Wenn sie mit der ehrlichen Tour nicht durchkamen, dann wurde auf das bewährte Schmierentheater zurückgegriffen. Es war völlig sinnlos, sich zu fragen, ob Dagmar das alles etwa ernst gemeint haben könnte, und wie er selbst dazu stehen würde, wenn er nie wieder ein Gastspiel auf der Schlickenrather Straße geben konnte. Sie meinten es **nie** ernst. Sie versuchten immer nur, Dampf zu machen, um sich daran zu ergötzen, wie die Männer ihnen hinterherwinselten. Sie spielten das ewige Machtspielchen, und wenn sie zu verlieren drohten, dann zogen sie die Notbremse, fingen an zu heulen und hatten alles gar nicht so gemeint.

Worauf er jetzt achten mußte, war, daß er sich auch wirklich langsam, ganz langsam wie weiland John Wayne, wieder zur Bar umdrehte. Dann erhob er Stimme und Arm und winkte der Tresentussi:

»He, Wirtschaft: Meine Freunde und ich, wir haben keine Erfrischungen mehr!« In seinem Rücken herrschte, wie nicht anders erwartet, vollkommene Stille. Na also.

Doch dann spürte er hinter sich einen Hauch, so, als habe Dagmar schwungvoll auf dem Absatz kehrtgemacht. Nachzusehen, ob seine Ahnung zutraf, verbot sich erstens und war zweitens nach zwei Sekunden überflüssig. Denn ihre Stimme, die sich nun über die immer noch relative Ruhe im *Miles* erhob, konnte nur aus der Gegend Tür stammen.

»Was ist los, ihr Spanner, wo bleibt mein Applaus!?!« brüllte Dagmar Eickhorn, die Xanthippe der Postmoderne. Und wirklich, da entblödeten sich doch ein paar Deppen nicht, in die Hände zu klatschen!

Erst knallte die Tür, dann knallte die Tresentussi patzig die Malts auf die Bar, dann mußte Michael, als er seinen Freunden zuprosten wollte, feststellen, daß einer fehlte.

»Wo ist denn der Kurt?« fragte er Bodo, der reichlich schlapp an der Bar hing.

»Weg. Ihr nach«, sagt Bodo.

»So ein Weichei!« sagte Michael.

»Ein Geier ist das, ein Aasfresser«, sagt Bodo.

»Mannomann«, sagte Michael.

KAPITEL 3

»Nurrrr nicht aus Liebe weinen!«

(Zarah Leander, Ufa-Schwergewicht selig)

Dagmar lag im Bett, reglos wie eine Mumie, lauschte dem Pladdern des Novemberregens auf der Fensterscheibe und gab sich der Verdauung hin. Ihr Bauch war über dem Magen straff gespannt wie eine Trommel, aufgebläht von einer Portion Sahne-Tagliatelle, die selbst das Fassungsvermögen einer kompletten Großfamilie überfordert hätte. Ihr Blick ruhte starr auf dem Kissenberg, den sie vor unendlich langer Zeit – wahrscheinlich in einem früheren Leben! – auf das Telefon geschmissen hatte, um das Klingeln zu dämpfen (oder um sich einen erträglicheren Grund dafür zu liefern, warum sie es so gut wie nie klingeln hörte). Ihr Geist aber schwebte an der Schlafzimmerdecke und beobachtete das Elend unter sich so distanziert nüchtern wie ein Forscher seine Laborratte.

Herbst. Undurchdringlicher, unablässig zäh tropfender Trübsinn. Immer schon hatte Dagmar den Herbst aus tiefster Seele gehaßt; diese morbide Untergangsstimmung, die sie alljährlich jeder Energie und Vitalität beraubte und sie in weit klaffende Abgründe von Weltverdrossenheit und Sinnlosigkeit stürzte. Selbst wenn es ihr eigentlich gutging, wenn sie vollbeschäftigt war und daher hochmotiviert sein sollte: Mit dem tagtäglichen Sieg der Dunkelheit über das Licht wurde das perverse Bedürfnis übermächtig, nichts anderes mehr zu tun als sich mit Marzipankartoffeln und fettigen Nudeln vollzustopfen. In lichten Momenten erklärte sie diese

Gelüste damit, daß sie wohl einen Höhlenbären in der nächsten Verwandtschaft haben mußte. Folgerichtig hätte sie sich am liebsten jeden Herbst nach guter, alter Bärensitte, wohlversehen mit einer reichbestückten Vorratskammer und einem dicken Schutzpolster unter der Haut, in ihre warme, sichere Bettstatt verkrochen, um die Zeit bis Anfang März konsequent zu verschlafen.

Da die westliche Zivilisation jedoch ein derartiges Verhalten nicht duldete und auch die Erbengemeinschaft aus Krefeld wohl nicht bereit war, für ein Vierteljahr auf ihre Mieteinkünfte zu verzichten, mußte Dagmar Eickhorn ihren Instinkten zuwiderhandeln und ihren herbstlichen Gefühlen Zwang antun. Auch die kleinste und selbstverständlichste Verrichtung außerhalb des Bettes kostete sie ein Übermaß an Kraftanstrengung. Ihre Arme, Schultern, Mundwinkel und Gedanken pflegten so schlaff herunterzuhängen wie die kahlen, kalten Äste einer Trauerweide. Der Herbst als solcher war immer gräßlich. Speziell dieser aber wuchs sich zu einem kompletten Desaster aus, zu einem Leiden ohne absehbares Ende.

Das mit Abstand Schlimmste dabei war, daß sie selbst bei der – grob geschätzt – siebenundachtzigsten Retrospektive immer noch nicht begriff, welcher Wahnsinn eigentlich so unbarmherzig in ihr wütete. In der Rekordzeit von nicht einmal fünf Minuten Raserei jede Hoffnung auf ein bißchen Glück eigenhändig, oder besser eigenmündig zertrümmert und sich dabei bis auf die Knochen blamiert zu haben, das machte ihr niemand nach. Mit Fug und Recht durfte sie Anspruch auf den Titel der Landesmeisterin in Sachen Vollidiotie erheben!

Der Applaus der *Miles*-Leute hatte sie nur kurzfristig befriedigen können. Schon wenige Sekunden nach ihrem effektvollen Abgang, auf dem Weg zum Parkplatz am Rheinufer, hatte sich ihr stürmischer Stechschritt verlangsamt. Das Adrenalin hörte auf, in ihren Adern zu brodeln, ihr Gehirn übernahm – viel zu spät! – wieder die Kontrolle. Sein Urteil über ihre Verhaltensweise war absolut niederschmetternd.

»Du mußt dringend zum Psychiater«, kommentierte die Stimme der Vernunft. »Du bist verrückt. Beim nächsten Anfall werden die Herren in Weiß vorfahren und dich in eine Zwangsjacke schnüren. Mit hoher Wahrscheinlichkeit bist du schizophren oder paranoid oder sonst was Schlimmes. Auf jeden Fall marschierst du stramm in Richtung Selbstzerstörung. Michael wirst du in deinem Leben nicht wiedersehen, soviel steht fest. Auch kannst du dich nirgendwo mehr blicken lassen, denn ganz Düsseldorf wird spätestens morgen früh von der Sache wissen und sich vor Lachen krümmen. Am besten wanderst du aus.«

»Frau Eickhorn, bitte warten Sie doch!« war dann die Stimme der Vernunft von der Stimme aus Winsen an der Luhe unterbrochen worden. Kurt Sichelbach, die gotische Gestalt aerodynamisch in den Wind gestreckt, hatte sie eingeholt: »Ich weiß, Sie sind jetzt sehr aufgeregt. Aber hätten Sie nicht Lust, mit mir noch irgendwo ein Glas zu trinken, bis Sie etwas ruhiger geworden sind? Ich verspreche: Wir werden über den Vorfall eben kein Wort verlieren, wenn Sie nicht mögen. Wo wollen Sie überhaupt so eilig hin?«

»Nach Australien«, hatte Dagmar gefaucht. »Und zwar alleine!«

Woraufhin Herr Sichelbach kurz eine ironische Verbeugung angedeutet, umständlich eine Visitenkarte aus der Brieftasche gekramt und dann mit einem vieldeutig interpretierbaren »Wie Sie wollen. Dann bleibt mir nur noch, Ihnen eine angenehme Reise zu wünschen. Über eine Ansichtskarte würde ich mich sehr freuen . . .« einfach kehrtgemacht hatte. Dagmar sah ihm entgeistert nach: Wie konnte sie nur! Er hatte ihr doch nur helfen wollen.

»Ich habe es dir ja schon immer gesagt«, meldete sich da, weinerlich wie früher, aber mit einem eindeutig triumphalen Unterton, die Stimme von Dagmars Mutter aus dem Jenseits. »Du wirst dich noch mal in dein Unglück reiten. Ständig habe ich dich auf Knien angefleht, ein richtiges Mädchen zu werden. Ich habe dir süße Kleidchen gekauft und teure Puppen. Doch du zogst es ja vor, in deinen schmutzigen Hosen von allen Bäumen zu fallen. Dann habe ich mich bemüht, eine Dame aus dir zu machen, zurückhaltend und vornehm, die sich in jeder Lebenslage zu benehmen weiß. Aber du hast behauptet, daß das ein auslaufendes Modell sei und weiter geflucht wie ein Bierkutscher. Jetzt bekommst du die Quittung – sag nicht, ich hätte dich nicht gewarnt! Immer und immer wieder habe ich dir prophezeit, daß du auf **die** Art nie einen Mann an dich binden wirst. Wenn eine Frau geliebt werden will, dann muß sie sich erst einmal liebens**wert** geben. Du aber stapfst durch die Lande wie ein Trampel und stößt jeden, der es gut mit dir meint, vor den Kopf. Du wirst nie einen Mann bekommen, du wirst einsam sterben. Nicht gerade als alte Jungfrau – ich will gar nicht wissen, mit wie vielen Männern du dich schon herumgetrieben hast! –, dafür aber wie ein angebissener Apfel, der von jedermann probiert und weggeschmissen worden ist. Und komm mir jetzt ja nicht wieder mit deinem dummen Gerede von der Emanzipation! Männer bleiben Männer, und das letzte, was Männer wollen, ist eine unweibliche Frau, die ihnen eine hysterische Szene nach der nächsten macht.«

Den mütterlichen Klagen zu entfliehen, hatte Dagmar wieder zu rennen begonnen. Sie hatte sich in den gequält aufquietschenden Japan-Greis geworfen und ihn, vor Tränen blind, mitleidlos auf die Schlickenrather Straße gejagt. Doch weder die fünf Leberwurststullen noch die zwei Liter heiße H-Milch mit Honig noch das Spätangebot an TV-Billigserien hatten ihr zu dem ersehnten Schlaf verholfen.

Obwohl es nicht ungewöhnlich war, daß sie allein im Bett lag (Michael hatte meist mittwochs und am Wochenende bei ihr übernachtet), erfüllte sie nun die gähnende Leere neben sich mit Angst und Schrecken. Die Trennung von ihm schmerzte wie eine frische Amputationswunde. Irgendwo hatte sie einmal gelesen, daß Phantomschmerzen schon unzählige Menschen zum Selbstmord getrieben hatten. Weil sie selbst nach Jahren nicht zu ertragen waren.

Ein Unfallopfer mochte sich in Fatalismus retten, das Schicksal oder wenigstens widrige Umstände verantwortlich machen. Sie aber konnte in dieser Situation noch nicht einmal an den sonst so bewährten Fluchtweg zu Gamma Zwo denken. Daß sie die Liebe ihres Traum-Lovers leichtsinnig und grundlos verspielt hatte, daran war ausschließlich ihre verhängnisvolle Charaktermixtur aus Trotz, Stolz und Dickschädeligkeit schuld. Ein höllischer Gen-Cocktail, angereichert durch die gesammelten Erziehungsfehler ihrer Eltern! – Dagmar schluchzte in ihr zerfleddertes *Vom Winde verweht,* bis um 5 Uhr morgens Atlanta und ihre Netzhäute brannten.

Am Tag eins nach Michael hatte sie die Parole »Alles, nur nicht denken!« ausgegeben und so verbissen die Wohnung geputzt, die Schränke ausgemistet, die Fenster geledert, die Türen poliert, den Kühlschrank von innen geschrubbt, sogar alle Schuhe gewienert, bis sie abends erschöpft umsank. Doch ein unsanftes Klingeln an der Wohnungstür schreckte sie aus dunkel wirren Träumen: Der alte Knurrhahn Herr Meyer, der auf demselben Flur vis-a-vis wohnte, stand im Treppenhaus und war so empört, daß er nicht die Tageszeit ansagte, sondern nur in stummer Anklage auf den Linoleumboden zeigte. In seinem Käfig saß, wegen der ungewohnten Umgebung ganz kleinlaut, Otto von Bismarck und zitterte vor Kälte.

»So was wie Sie sollte man zur Anzeige bringen«, grantelte Herr Meyer in der Pose des Racheengels mit dem Flammenschwert. »Das ist Tierquälerei!«

Dagmar fand es unter ihrer Würde, ihn über den wahren Sachverhalt aufzuklären. Sie barg statt dessen den Pechvogel im Nest ihrer Hände, umhauchte ihn mit ihrem warmen Atem und schilderte ihm beredt, wie sie beide, Otto von Bismarck und Dagmar Eickhorn, mit vereinten Kräften Michael Kamm, diesen herzlosen Rohling, knebeln, fesseln, teeren und federn und ihn so lange im zugigen Hausflur frieren lassen würden, bis er winselnd an der Tür kratzte. Hier gewesen zu sein, das arme, hilflose Tier wie einen Regenschirm abgestellt und sich dann feige verdrückt zu haben: das sah ihm ähnlich, dem Flegel. Kampflustig mampfend drückte Dagmar einen Teller Spaghettini *aglio e olio* nach dem anderen in sich hinein; das anschließende Magenkneifen bekämpfte sie mit einer Schlaftablette.

Am Tag zwei der neuen Zeitrechnung hatte sie sich entsprechend schwach und ausgebrannt gefühlt. Dessenungeachtet aber schaffte sie es, mit rot verquollenen Augen über dem Leuchtpult hängend, die Wolf-Müller-Leberecht-mit-Freundin-Dias unter die Lupe zu nehmen und zu rahmen. »Liebe ist wichtiger als Karriere« – wie wahr! Und gleichzeitig: Was für ein Schwachsinn, wenn man nicht wußte, wie man die Stromrechnung bezahlen sollte! Die Arbeit geriet zur physischen Zerreißprobe, denn während sie in dem 10-Quadratmeter-Arbeitsraum hockte, klebte ihr rechtes Ohr unentwegt am Telefon im Schlafzimmer, ihr linkes aber kontrollierte die Dielentür. Michael besaß ja immer noch ihre Wohnungsschlüssel: ein Anlaß zur Hoffnung? Oder nur ein weiteres Indiz seiner allumfassenden Wurschtigkeit und beispiellosen Unzuverlässigkeit?

Den gesamten dritten Tag und einen Gutteil des Abends hatte sie damit verbracht, auf ihren Händen zu sitzen. Um sie daran zu hindern, in einem unachtsamen Moment doch zum Hörer zu zucken und Michaels Nummer zu wählen. Offensichtlich lag **ihm** ja nicht das geringste an ihr. Während sie sich marterte, gab er sich, dessen konnte man gewiß sein, ohne jede Einschränkung oder Hemmung den Genüssen des Lebens hin. Er sah noch nicht einmal Handlungsbedarf, die Situation zu klären und sich einem Gespräch zu stellen. Seine übliche Taktik: einfach alles unter den Teppich kehren, bis es in Verwesung überging. Die uralte Piratenmasche: Trümmer und Wracks gar nicht erst zur Kenntnis nehmen!

Sie, Dagmar, war ja nun wirklich langmütig und geduldig wie ein Lamm. Wenn sie ihm dies jedoch erneut durchgehen ließ, wenn **sie** wieder mal den ersten Schritt in Richtung Versöhnung tat, dann hatte sie jede Chance, ihn zu ändern, auf immer vertan. Dann würde sie ihn in seinem unermeßlich arroganten, verantwortungslosen und egozentrischen Gebaren auch noch bestärken und bestätigen und ein für allemal ihre bedingungslose Kapitulation unterschreiben: »Nimm mich, Ich bin deine Sklavin! . . .« Pah! Er mußte endlich lernen, daß nicht alle Menschen nach seiner Pfeife tanzten.

Am vierten Tag n. M. hatte sie die Zeitrechnung abgeschafft. Weitaus effektvoller und dramatischer war es, fortan nur noch die Kilos zu zählen, die sich auf Taille und Hüften stapelten und die sie jeden Morgen mit masochistischer Pedanterie auf der Waage überprüfte. Nach dem dritten Kilo mußte sie ihren Rhythmus von tagsüber schlafen und nachts fressen (mit all den Nahrungsmitteln schluckte sie auch die aufsteigenden Schuldgefühle besser herunter) oder lesen (ein beschäftigter Geist neigt weniger zu quälenden Selbstzweifeln) kurzfristig unterbrechen. Der Kühlschrank war leer. Mit zwickendem Rockbund zerrte sie sich am Kragen in die *Frau von Welt*-Redaktion, wo sie für den dort hochgelobten Nymphenburger Schloßpark-Kitsch einen Barscheck forderte und auch erhielt.

Das Kilo Nummer vier speiste sich vorwiegend aus aberwitzigen Selbstverwünschungen – »Ich bin menschlicher Müll. Ein Mißgriff der Evolution. Ich kann nicht mit Männern. Ich bin unbeherrscht, überdreht und zur Arterhaltung völlig ungeeignet. Ich sollte ins Kloster gehen und/oder lesbisch werden!« –, gewürzt mit kraftvollen Flüchen in Richtung Otto von – »Tu nicht so scheinheilig, du Monster. **Du** bist an allem schuld! Du hast dich ungefragt in mein Leben gedrängt! Wenn ich dich nicht hätte abholen müssen, wäre alles nicht passiert!« Doch dann hatte Otto das Köpfchen schiefgelegt und so seelenvoll sein »Eierkopp« genuschelt, daß sie schier platzte vor Liebe zur Kreatur und sich mit einem Hirsezopf in aller Form entschuldigte. Auch der Vogel neigte inzwischen zur Fettleibigkeit.

Unablässig rauschte der Novemberregen, draußen wurde es allmählich dunkel, die Sahne-Tagliatelle lagen im Bauch wie ein Haufen Hinkelsteine. Kein Zweifel, sie hatte das fünfte Kilo in Arbeit.

Doch der Geist, der immer noch an der Schlafzimmerdecke hing und auf die Mumie, die einstmals Dagmar Eickhorn gewesen war, hinabsah, zeigte sich keineswegs zufrieden mit dieser Glanzleistung. Er begann zu nörgeln und zu kritteln. Er mahnte zur sofortigen Rückkehr zur Ratio. Mehr Hirn: Andere Menschen hatten schließlich auch Liebeskummer oder Phasen, in denen sie sich und die Welt nicht mehr verstanden. Wenn sich ein jeder damit unter der Daunendecke verkriechen würde, liefe dies auf einen permanenten

Generalstreik in den führenden Industrienationen hinaus (wie war das bloß mit den Japanern? Wußten die eigentlich noch, wie Liebe richtig geht?), mit unabsehbaren Folgen für die Volkswirtschaft und den Dow-Jones-Index.

Überdies: Ihr wurde ja inzwischen schon schlecht, wenn sie nur in die Nähe des Küchenschlauchs kam; der dampfende Sumpf aus konzentrierten Kohlehydraten und fettigen Soßen, der sie nach ihrem Sturzflug aufgefangen hatte, nahm allmählich einen fauligen Gestank an. In ihm immer tiefer zu versinken, zu ersticken, zu ertrinken, ließ sich nur schwer in die Rubrik oraler Lustgewinn einordnen. Schließlich und endlich: Rhett Butler hatte fünf Kilo lang nicht den Weg zu ihr gefunden. Also war kaum damit zu rechnen, daß Michael Kamm auf ihrer Beerdigung erschien, geschweige denn von Schmerz überwältigt zusammenbrach und sich fortan in ein Büßerhemd aus grobem Rupfen hüllte.

Büßen aber mußte er, das war klar. Er sollte sich vor Sehnsucht verzehren, auf den Knien vor ihr rutschen, händeringend um die Gnade eines noch so kleinen Gunstbeweises betteln und buhlen. Er würde sich nicht schämen zu weinen, er würde mit bebenden Lippen Besserung und Treue bis in den Tod geloben, wenn – genau: wenn sie ihm nur die Hoffnung ließ, daß sie ihm eines Tages verzeihen und ihre Hand zum Ehebund reichen würde. Dagmar sah die Szene klar und deutlich vor ihrem inneren Auge. Hoheitsvoll stand sie da, unnahbar wie eine Marmorgöttin, eine blendende Erscheinung in ihren Prêt-à-porter-Klamotten von niemand Geringerem als Monsieur Lacroix, versonnen blickte sie auf das Häuflein Verzweiflung vor sich. »Ich werde darüber nachdenken …«, sagte sie. Stieg in den dunkelblauen Jaguar (oder in den roten Ferrari? oder lieber in den weißen Rolls mit Chauffeur?). Und rauschte von dannen.

Der Geist an der Decke brauchte noch nicht einmal eine

Tausendstelsekunde, um in die Mumie zurückzusausen. Wie eine Boje, die von einem kompletten Geschwader Kriegsschiffe, Flugzeugträger inbegriffen, überfahren und unter Wasser gedrückt worden war, aber nun wieder an die Oberfläche zischte – so schnell tauchte Dagmar aus den schwarzen Tiefen ihrer Depression auf. Flupp. Das Leben pulste machtvoll in ihren Adern.

Wenn sie sich beeilte, würde sie noch vor Ladenschluß das für die anstehende, eisern durchzuhaltende Hollywood-Diät benötigte Obst und Grünzeug erstehen können. War überhaupt genug Mineralwasser im Keller? Irgendwo flog doch noch die Telefonnummer des alten Ballettmeisters herum, unter dessen Anleitung sich bei strengen Exerzitien an der Stange der Bauchschwabbel und die beginnende Oberschenkel-Cellulite in Null Komma nichts glätten und verflüchtigen würden. Dann durfte sie keinesfalls vergessen, Briefmarken zu besorgen. Aus der Wolf-Müller-Leberecht-Produktion gab es noch ein paar Ausschußdias, die sie – unbedingt heute abend noch! – per Rundschreiben verschiedenen Redaktionen für ihre Magazinteile anbieten mußte. Schluß mit allem Schlendrian! Mit stählernem Willen, unbeugsam und hart, nur so wurde sie schön und erfolgreich und konnte eines nicht allzu fernen Tages ihre wohlinszenierte Rache in vollen Zügen genießen.

Vor allem: nie wieder Nudeln! Der schwarze Fetzen, den sie sich ungeduldig über den drallen Leib zu zerren versuchte, krachte in allen Nähten. Ein äußerst mißliches Geräusch, das allerdings von dem gedämpften Surren des Telefons übertönt wurde. Dagmar hechtete zum Kissenberg; nie wieder wollte sie sich hinter Daunen verstecken!

»Eick-chchrr« – die Stimme war durch die selbstverordnete Kontaktsperre leicht angerostet. Dagmar räusperte sich und schaltete eine halbe Oktave tiefer.

»Eickhorn.« Sowohl für potentielle Geschäfts- als auch Balzpartner empfahl sich die satte, geheimnisvoll rauchige Altlage.

»Hallo, Daggi. Ich bin's. Stör ich?«

»Hallo, Usch. Doch – ja – ein bißchen. Ich bin gerade auf dem Abflug in die Stadt, Besorgungen machen. Sag mal, ist was? Du klingst so komisch.« Dagmars Stimmbänder schwangen zurück in die gehobene Beste-Freundinnen-Tonart. Für Usch Bornheimer brauchte sie sich nicht auf Zarah Leander zu trimmen.

»Ich kann am Telefon schlecht darüber reden. Ich habe tagelang versucht, dich zu erreichen, aber du warst nie da. Du – ich muß ganz dringend mit jemandem quatschen, sonst dreh ich glatt durch ... Kannst du nicht gleich vorbeikommen?«

»Nur, wenn du mir jetzt sofort sagst, was um Gottes willen passiert ist!«

»Ich laß mich scheiden.« Drama und Tragik quollen durch den Hörer, dicht und schwer wie Qualm aus einer Disco-Nebelmaschine.

»Willkommen im Club!« Es mochte vielleicht etwas unpassend erscheinen, nach Uschs unheilschwangerer Eröffnung zu glucksen. Aber die Vorstellung, daß die Landeshauptstadt offensichtlich derzeit von einem epidemischen Erreger heimgesucht wurde, der in allen das hitzige Single-Fieber auslöste, war einfach erheiternd.

»Was soll der Quatsch?!« – Drama und Tragik wurden vom Timbre schweren Ungehaltenseins verdrängt.

»Na ja, ich meine ja nur, daß wir einen Verein aufmachen könnten. Sag bloß, du hast noch nichts gehört?«

»Von was?« – Entweder war die *Miles-Smiles*-Geschichte doch noch nicht überall rund, oder Usch lebte einfach im falschen Märchen. Will heißen: Sie kannte die falschen Leute.

»Ich habe ein Ei über Michael Kamm geschlagen!«

»Nein!«

»Aber mit Schmackes.«

»Hat man Töne! ... Daggi-Liebes: Ich will ja nicht rechthaberisch sein, aber habe ich dir nicht immer schon gesagt, daß dieser Typ das Allerletzte ist? Ein Egomane mit dem typischen Imponiergehabe eines Waldgorillamännchens. Aber so sind sie doch alle, die Kerle. Völlig unbelehrbar. In der Evolution um glatte zwanzigtausend Jahre zurückgeblieben. Greif dir, wen du willst, einen Akademiker oder einen Hilfsarbeiter, und schäl ihn aus dem Nadelstreifen beziehungsweise dem Denim: Darunter findest du unter Garantie immer das Fell-Lendenschürzchen des Neandertalers. Der gesamte Zivilisationsprozeß ist spurlos an ihnen vorbeigegangen. *Homo sapiens*: Daß ich nicht lache! Unartikulierte Laute ausstoßen und dabei ihre klobigen Keulen schwingen – das ist alles, was sie können. Und ihre Fähigkeit zur Mitmenschlichkeit beschränkt sich auf Haudrauf und Schlagetot!«

In den fast zwei Jahren, die Dagmar während ihres Studiums in einer Frauen-WG verbracht hatte, in der Usch die beständigste, überzeugteste und ideologisch gefestigtste Bewohnerin gewesen war (über deren Zimmertür die plakative Kalligrafie *Als Gott den Mann schuf, übte sie noch!* hing), hatte sie genügend Gelegenheit gehabt, Uschs begnadete Rhetorik als Debattenrednerin zu bewundern. Doch selbst wenn sie aus dem eben Gehörten die üblichen 30 Prozent Eloquenz-Mehrwertsteuer abzog, reichte der Rest, ihr die Hände so anzufeuchten, daß der Hörer zu flutschen begann. Usch neigte oft dazu, maßlos zu übertreiben und jede Lappalie zu einem Urknall aufzuwerten. Aber das hier klang ernst.

»Hat er dich etwa geschlagen, das Schwein?« – Wer hätte das gedacht, ausgerechnet Thomas, dieser ruhige Vertreter!

»Nicht direkt.«

»Was soll das heißen? Hat er, oder hat er nicht?!«

»Ich hab dir ja schon gesagt, daß ich durch so eine entfremdende Maschine nicht kommunizieren kann. Hast du nicht doch Zeit, gleich vorbeizukommen?«

»Ich eile!« – Zugegeben, es war nicht immer leicht, zwischen Sensationsgier und dem zu unterscheiden, was im O-Ton Usch »echte Betroffenheit« hieß. Aber in schweren Zeiten wie diesen gab es keinen Zweifel, daß man an der Seite der Freundin Stellung beziehen und Partei ergreifen mußte. Die Hollywood-Diät lief einem nicht weg, und Briefmarken gab's morgen auch noch reichlich. Die neuerliche menschliche Tragödie aber verlangte nach aktiver und vor allem sofortiger Teilnahme!

Usch Bornheimer wohnte in Lierenfeld, dem Stadtteil Düseldorfs, der noch harte Schwielen an den Händen trug, und wo – undenkbar links und rechts der Kö! – Türkinnen mit Kopftüchern auf der Straße schwatzten. Usch liebte Lierenfeld, seit sie 1972 ihr Elternhaus in Wuppertal verlassen hatte, um in der Rheinmetropole weniger zu studieren, als vielmehr a) den Vietnamkrieg zu beenden und b) sich der Avantgarde der proletarischen Revolution in Gestalt der an der Freien Universität Berlin neugegründeten KPD (»KPdFU«, wie gewissenlose Elemente der Konterrevolution höhnten) anzuschließen. In Lierenfeld hatte sie sich dicke Frostbeulen angefroren, weil sie auch im Winter ab vier Uhr morgens unverdrossen vor den Werkstoren von *Mannesmann* Flugblätter verteilt sowie den jahrelang mißglückten Versuch gestartet hatte, den heranströmenden Proletariermassen die imperialistische *Bild*-Lektüre zur Frühstückspause zu vermiesen und sie statt dessen für die Zentralorgane des Maoismus, die *Rote Fahne* und die *Internationale Solidarität*, zu entflammen.

In der Tat hatten sich die Massen begeistert gezeigt, allerdings entschieden mehr für Uschs Miniröcke und Plateausohlen denn für so überaus spannende Schlagzeilen wie *Fort mit den Illusionen, bereit zum Kampf!*. Diese Enttäuschung, aber auch die Irritationen, die von den Kadergenossen verschiedenster Zentralkomitees verursacht wurden, die, dem »Primat der Politik« Gehorsam zollend, »die Frauenfrage« für die Zeit nach der Revolution vertagten, bis dahin aber gleichwohl »solidarisches Verhalten« von den Genossinnen (das hieß: bumsen *al gusto*) forderten, ließen Usch Bornheimers politische Färbung allmählich von Pechrot zu Dunkellila changieren: Ausgangs der Siebziger zitierte sie die *Emma* mit der gleichen Inbrunst wie vorher die Mao-Bibel. Die schmerzliche Erkenntnis, daß frau sich wohl doch nicht aus übergeordneten Gesichtspunkten zur Überzeugungslesbe umerziehen ließ, wenn dies nicht den eigenen Neigungen entsprach, hatte sie in den Achtzigern dann um so tiefer in die Psychowelle gestürzt. Aus der war sie dann eigentlich nie wieder ganz aufgetaucht, sah man einmal von ihren kurzen, aber intensivst durchlebten Punk-, Workshop-, Esoterik-, Töpfer- und Tarot-Phasen ab.

Selbstverständlich war Usch, dieses wandelnde Kompendium in Sachen Selbsterfahrung, inzwischen auch heftigst ergrünt. Doch hatte sich das Tempo, mit dem sie seit zwanzig Jahren von jedem Trend unbarmherzig gepackt und mitgerissen wurde, mittlerweile deutlich verlangsamt. Bis Usch merken würde, daß Jutta Ditfurth hohle Phrasen drosch und daß man ausgangs der Achtziger weder in Kiefer wohnte noch sich im grob Selbstgestrickten zeigte, sondern im kleinen Schwarzen zierlich auf Möbelchen saß, die bei aller Verspieltheit doch stets auch ans Bauhaus zu erinnern hatten – bis Usch also den Geist der Postmoderne inhaliert hatte, würden schon längst die Neunziger eingeläutet sein.

Bei dem munteren Kreativen-Völkchen, aus dem sich

Dagmars Bekanntenkreis rekrutierte, war mit der absolut unhippen Usch natürlich nicht viel Staat zu machen. Alle suchten fluchtartig das Weite, wenn die Wortgewaltige sich über **die Yuppies** ereiferte und deren kriminelle Mittäterschaft beim **Konsumterrorismus** anprangerte (als Studienrätin war sie voll austrainiert in der Kunst, exakt 45 Minuten lang über jedes x-beliebige Thema zu referieren, ohne sich von dem demonstrativen Desinteresse seitens ihrer Zuhörer in ihrem Redefluß hemmen oder beirren zu lassen). Auch kam es vor, daß zwischen Dagmar und Usch wochen-, bisweilen auch monatelang Sendepause herrschte: Dann hatte der ewige Antagonismus zwischen öffentlichem Dienst und Freiberuflertum zu einem unedlen Wettstreit an der Klagemauer geführt, bei dem sich beide gegenseitig jedes Recht absprachen, die Wörter Streß und Unterbezahlung auch nur in den Mund zu nehmen. Diese Rituale pflegten jedesmal in Uschs galligen Bemerkungen über Dagmars »privilegiertes Parasitentum« zu gipfeln, woraufhin die so Bescholtene damit konterte, daß sie der Widersacherin vorhielt, sich seit Jahren »auch innerlich voll verbeamtet« zu haben.

Doch trotz alledem drückte Dagmar Usch bei der Begrüßung fest an ihr Herz: Das Stück gemeinsamer Biographie aus der Wohngemeinschaft führte sie, elastisch und tragfähig wie eine Pontonbrücke, über alle Strudel der Gegensätze immer wieder zusammen. Man kannte sich. Alle Schrullen, Grillen und Macken. Jede noch so intime Seelenfalte. Man konnte und wollte einander nichts mehr vorspielen. Usch zu treffen: das war immer ein wenig so, als würde man sich nach einer durchtanzten Nacht die teuren, chicen Stilettohacken von den rotwunden Füßen reißen. Und mit einem Lustgrunzer des Wohlbehagens in die ausgelatschten, alten Plüschpuschen steigen.

Nach einer Weile des wortlosen Wiegens im Flur löste

sich Usch ein wenig aus der Umarmung: »Das Teewasser kocht. – Sag: Täusch ich mich, oder hast du wirklich echt zugelegt um die Mitte herum?«

»Kummerspeck«, sagte Dagmar. »Das alte Lied: Essen als Liebesersatz. Jetzt bin ich aber über den Berg.«

»Gut, dann räum ich den Streuselkuchen weg.« – So war das mit Usch. Sie war von der hageren, trockenen Sorte. Während Dagmar schon zunahm, wenn sie nur die Auslagen von Bäckereien oder Confiserien betrachtete, mußte sich Usch ab und an einer Bitterschokoladenkur unterziehen, damit ihr die Ringe nicht von den Fingern fielen.

Nach ein paar einleitenden Gesprächstakten zum Anwärmen – das Wetter, das penetrante Schwarz-Rot-Gold-Schwenken um die bröckelnde Berliner Mauer (». . . die werden sich alle noch wundern!« prognostizierte Usch) – brachte Dagmar sich auf den beige-braun karierten Sofapolstern in die bequem zurückgelehnte Position aufmerksamen Zuhörens.

»Nun erzähl schon. Was läuft zwischen dir und Thomas – hat er dich wirklich geschlagen?«

»Seit zehn Tagen läuft zwischen uns gar nichts mehr. Er taucht praktisch nur noch zum Schlafen hier auf, spricht kaum noch was, ißt nicht mit mir, sondern schmiert sich Berge von Broten, die er im Stehen verschlingt. Nein, geschlagen hat er mich nicht, aber er war kurz davor. Du hättest seine Blicke sehen sollen! Außerdem trinkt er wieder sein Bier aus der Flasche.«

»Das ist wahrscheinlich nichts als eine kindische Trotzreaktion. Was hat ihn denn derart in Harnisch gebracht?«

»Es gab einen irrsinnigen Terz wegen der Weihnachtsferien. Thommy will unbedingt nach La Gomera, ins Valle Gran Rey, weil ich ihm des öfteren davon vorgeschwärmt habe.«

»Und wo ist das Problem?« – Dagmar kannte Uschs selige Erinnerungen an die Zeit, als sie noch zu jener fast verschworenen Gemeinde von Pionieren und Entdeckern gehörte, die sich mit Rucksäcken und alternativen Reiseführern auf Zivilisationsflucht begaben, so gut auswendig, daß sie hätte soufflieren können.

»Du weißt doch, wie touristisch Gomera inzwischen geworden ist. An dem kleinen Strand bei den Plantagen, wo wir früher allein auf weiter Flur waren, da ankern jetzt dicke Segeljachten. Für dieselben Karnickel, die du früher mit einer riesen Schüssel *pappas* für einen Apfel und ein Ei kriegtest, mußt du, seit die ganzen Neckermänner da rumwimmeln und die Preise verderben, mindestens 10 Mark berappen. Nepp! Und all die pittoresken Lauben unter den Bananenstauden, wo wir *vino tinto* für 30 Pfennig das Glas getrunken und dazu das tolle Brot gegessen haben, das diese Frau aus Nürnberg noch ofenheiß in ihrer kleinen Vollwertbackstube verkauft hat, die sind spurlos verschwunden. Die haben sie abgerissen, erbarmungslos der Profitgier geopfert. Dafür haben sie jetzt an der Strandzeile ein Hotel neben dem anderen hochgezogen. Billigbau, versteht sich, mit hauchdünnen Pappwänden. Aber an allen Türen und Fenstern kleben die bunten Schilder von den Plastikgeld-Unternehmen. Thommy, hab ich gesagt, ganz ruhig und geduldig, Thommy, du willst doch wohl nicht allen Ernstes teilnehmen an dieser Natur- und Umweltzerstörung durch die Massentourismus-Schwerindustrie! Ich habe versucht, ihm klarzumachen, daß wir uns verweigern müssen, wenn wir uns im Spiegel morgens noch in die Augen sehen wollen, ohne rotzuwerden. Ich habe mir wirklich Mühe gegeben, ihm diese Zusammenhänge so zu erklären, daß er sie verstehen kann. Dann habe ich ihm sogar Alternativen angeboten. Laß uns lieber in die Toscana fahren, hab ich gesagt, da warst du doch auch noch nie. Thommy ist ja früher immer nur wie ein Bekloppter durch die USA getrampt.«

»Und was hat er geantwortet?«

»Er hat mich gefragt, ob sie in der Toscana **keine** Kreditkarten akzeptieren – als ob das was mit dem wirklichen Problem zu tun hätte! Es ist ja wohl etwas ganz anderes, ob du den sanften Tourismus propagierst, oder ob du in Gegenden fährst, die seit Jahrtausenden über eine urbane Tradition verfügen. Oder?«

»Wenn du meinst . . .« – Dagmar nickte, obwohl auch ihr die Unterscheidung arg feinsinnig erschien. Aber warum der Freundin widersprechen – die Grenzen ihrer weltanschaulichen Reviere waren seit Urzeiten sorgsam markiert und wurden von beiden respektiert.

»Wir brauchen das jetzt nicht auszudiskutieren«, räumte Usch ein. »Darum geht es ja im Grunde auch gar nicht. Es geht vielmehr ums Prinzip.«

»Ich dachte, es geht darum, ob ihr ins Valle Gran Rey oder in die Toscana fahrt?«

»Nein. Alles dreht sich nur um die zentrale Frage, ob dir dein Mann überhaupt zuhört, wenn du ihm was erklärst. Die intensive Kommunikation ist die einzige und unverzichtbare Basis jeder Beziehung.«

»Er hat also darauf bestanden, daß ihr auf die Kanaren fliegt? Das kenn ich. Mit Michael kannst du auch über nichts reden. Der drückt auf Teufel komm raus seine Vorstellungen durch, ohne Kompromißbereitschaft.«

»Wenn der Thommy wenigstens zu seiner Meinung gestanden wäre und sie mannhaft vertreten hätte . . . Dann wäre ja alles in Ordnung gewesen. Dagegen hätte ich mich zur Wehr setzen können.«

Ob es nun daran lag, daß sie heute etwas begriffsstutzig war, oder ob sie im Rückfall in ihre eigenen Probleme einige wesentliche Informationen verpaßt hatte: Dagmar hatte das Gefühl, durch ein Labyrinth zu irren. Sie bemühte sich, den Ariadne-Faden wieder aufzugreifen:

»Usch, nun mal Butter bei die Fische. Wohin zum Kuckuck geht denn jetzt die Reise?«

»In die Toscana«, sagte Usch düster. »Das heißt, dahin **würden** wir fahren, wenn ich mich nicht gezwungen sähe, meinen Beitrag zur Scheidungsstatistik zu leisten.«

»Worüber regst du dich denn so auf. Er ist dir doch voll entgegengekommen!«

»Ja, aber wie ein Lastwagen auf der Überholspur! Dieser Blick – du hättest seinen Blick sehen müssen! Ich solle endlich den Mund halten, hat er gebrüllt, er könne mein ewiges Gequassel über nichts und wieder nichts – so nennt er den Fakt, daß ich die Themen der Zeit problematisiere! – keine Minute länger ertragen. Geh und buch, was du willst, und dann gib rechtzeitig Bescheid, wann's losgeht, hat er gesagt. Verstehst du: Er will mich hier als die große Tyrannin hinstellen und ins Unrecht setzen. Eine ganz hinterhältige Taktik ist das! In Wahrheit will er sich nur nicht richtig einlassen auf mich.«

»Infam.« Dagmar kannte dieses Verhaltensmuster, sie war damit aufgewachsen. Nie, auch nicht ein einziges Mal, hatte ihre Mutter bei Familienzwisten ihrem Vater oder ihr, der Tochter, offen die Stirn geboten. Immer hatte sie nachgegeben, aber immer so, daß niemand seines Sieges froh werden konnte. Sie hatte gelitten. Stumm. Aber so intensiv, daß jeder sich elend und schuldig fühlte. Dann, nachdem Erich Eickhorn erst permanent fremd und überdies auch noch, als Möbelhändler, bankrott gegangen war, holte sie zu ihrem letzten Schlag aus. Sie war, qualvoll und langsam, an Krebs gestorben. Erich Eickhorn, bis dato ein leidenschaftlicher Verehrer der Weiblichkeit, hatte als Witwer nie wieder von einer anderen Frau gesprochen. Und sie, Dagmar, war seitdem mindestens einmal pro Monat schweißnaß und schreiend aus Alpträumen erwacht.

»Thomas, habe ich gesagt«, fuhr Usch fort, »so einfach geht das nicht. Ich laß mich nicht so total von dir abblocken. Hier laufen jetzt ganz gefährliche nonverbale Mechanismen ab, die wir erst einmal aufarbeiten, durchleuchten und dann überwinden müssen. Richtig?«

»Völlig richtig.«

»Und da brüllt doch dieser Mann – nein, brüllt ist nicht das richtige Wort! – zischen ist besser. Also: Da zischt mich doch dieser Mann an, daß er mir, wenn er noch ein Wort von mir hört, jetzt sofort vor die Füße kotzen muß. Diese Sprache allein! Und dann hat er sich seinen Mantel geschnappt und ist in die Kneipe gezogen. Zwanzig Jahre Frauenbewegung – alles umsonst! Die Kerle ändern sich nie! Und ich hab mir eingebildet, daß wenigstens die jungen Männer etwas begriffen haben, daß sie bereit und genügend sensibilisiert sind, den Frauen zuzuhören, auf sie einzugehen. – Verstehst du nun, daß mir gar nichts anderes übrigbleibt, als mich scheiden zu lassen?«

Auch bezüglich Scheidungen verfügte Dagmar über einschlägige Kindheitserinnerungen. Zwischen ihren Eltern war dies nie ein Thema gewesen, aber eines Tages war Onkel Friedrich, der älteste Bruder ihres Vaters, zornbebend zu Hause aufgetaucht. Er wolle sich scheiden lassen, nach 30 Jahren Ehe, ungeachtet seines fortgeschrittenen Alters und seiner 5 Kinder, und zwar sofort! Dagmars Mutter, die strenge Katholikin, hatte verzweifelt die Hände gerungen (». . . der Skandal . . .!«). Erich Eickhorn aber hatte sich den Bruder gegriffen, war mit ihm zu einem ausgedehnten Spaziergang ins idyllische Neandertal aufgebrochen und spät abends, allein, aber im Zustand fortgeschrittener Heiterkeit, zurückgekehrt: »Ihr ratet nicht, was der Grund für all die Aufregung war«, hatte er seiner in gespannter Erwartung harrenden Familie verkündet. »Der Fritz will sich letztendlich nur deshalb von seiner Frau trennen, weil sie mit den Beckmanns jeden Freitag zu viert Canasta spielen. Egal, mit wem die Lizzy spielt, immer hat sie die Hände voll Joker, behauptet er. Nur wenn sie mit mir spielen soll, hat sie plötzlich keinen einzigen! – Der Fritz spinnt doch – ich habe ihm den Blödsinn ausgeredet . . .«

»Glaubst du nicht, daß sich die Geschichte noch irgendwie einrenken läßt?« – Niemand wußte besser als Dagmar, wie sehr Usch jahrzehntelang unter dem Alleinsein gelitten hatte. Erst als auf einer Silvesterfete Thomas aufgetaucht war, hübsch und jung und zärtlich, wie Usch nicht müde wurde zu loben, hatte ihr Panzer Sprünge bekommen. Die eklatanten Unterschiede, was Alter und Ausbildung anging, schienen keine Rolle zu spielen. Ganz weich war sie geworden, die Gute, als sie stolz verkündet hatte, daß Thomas der Prototyp einer neuen Generation sei. Beweis: Er verzichtete auf seinen Jungennamen, ein absolutes Novum in Düsseldorf-Lierenfeld! – Usch hatte, anläßlich ihres Polterabends, so gelöst getanzt und gelacht, daß einige Neider/Innen ob dieser Persönlichkeitswandlung in dunklen Ecken schon bösartig über Drogen zu tuscheln begannen.

»Daggi-Liebes: Mich überrascht, daß ausgerechnet **du** das sagst. Du hast doch selbst deinem Michael den Laufpaß gegeben, und das völlig zu Recht. Der Mann war Gift für dich. Nein, wir müssen den schrecklichen Tatsachen endlich ins Auge sehen. Seit unsere Ahninnen den Ackerbau, ihre Männer aber den Krieg erfanden – seitdem hat sich nichts, aber auch gar nichts geändert. Wir Frauen sind es, die die gesamte Beziehungsarbeit leisten müssen. **Wir** bringen uns voll ein, aber **sie** ziehen ungerührt in die Kneipe – so sieht's doch nach wie vor aus. Und ich Trottelin laß mich dabei auch noch wider besseres Wissen vors Standesamt zerren: Daß ich kopfmäßig vor Thomas einen ungeheuren Informationsvorsprung habe – dessen war ich mir von Anfang an voll bewußt. Daß ich aber auch rein gefühlsmäßig ständig für uns beide in Vorlage treten muß – damit habe ich nicht gerechnet. Kannst du dir vorstellen, daß ich seit der Gomera-Debatte keinen Geschlechtsverkehr mehr hatte?«

Dagmar hielt es für wenig sinnvoll, Usch darauf hinzuweisen, daß sie selbst ja schließlich auch auf dem trockenen lag. Weitaus interessanter war:

»Du verweigerst dich ihm?«

»Zu meiner Schande muß ich gestehen, daß ich immer noch versöhnungsbereit war. Heute schäme ich mich in Grund und Boden dafür, aber ich habe ihm doch tatsächlich noch goldene Brücken gebaut. Nur um feststellen zu müssen, daß **er** es ist, der sich **mir** verweigert!«

»Du hast versucht, ihn zu verführen?« – Die Vorstellung von Usch Bornheimer in Reizwäsche und Straps war atemberaubend.

»Wo denkst du hin! Nein, ich habe noch einen letzten Versuch gestartet, die Auseinandersetzung in konstruktive Bahnen zu lenken. Ich habe ihm das Buch *Männer lassen lieben* auf den Nachttisch gelegt.«

»Und?«

»Vergangenen Montag hab ich's im Mülleimer gefunden. Deutlicher konnte mir dieser Analphabet wohl kaum sagen, wie er die Zukunft unserer Beziehung sieht. Am Dienstag habe ich mir dann einen Termin beim Anwalt geben lassen, aber die haben ja inzwischen zwei Wochen Wartezeit. Sag, Daggi-Liebes, was hältst du nun von der ganzen Geschichte?«

»Ich brauch einen Schnaps. Und wenn du schon gerade

dabei bist: Bring doch auch bitte den Streuselkuchen wieder zurück!«

Was folgte, waren langwierige und ausgiebige Erörterungen, bei denen Usch das einerseits und Dagmar das andererseits vertrat. Die von Dagmar zitierten Volksweisheiten über »Flinte ins Korn werfen« und »Kind mit dem Bade ausschütten« wurden von der Schwerintellektuellen unter Aufbietung all ihrer Gelehrsamkeit in der Luft zerfetzt.

»Du mußt das historisch sehen. Die Trennung von Kapital und Arbeit im Verlauf der industriellen Revolution zerschlug auch alle tradierten zwischenmenschlichen Strukturen. Ehe und Familie, die ja nie etwas anderes gewesen waren als reine Zweckbündnisse zum gemeinsamen Überleben, wurden ihrer gesellschaftlichen Grundlage beraubt und damit ad absurdum geführt. Das ist die Wahrheit, die wir uns endlich in die Schädel hämmern sollten!«

»Aber werden wir dadurch glücklicher?« wagte Dagmar zu fragen, »fühlst du dich wirklich besser, wenn du Weihnachten allein in die Toscana fährst?« – was ihr aber nur einen strengen Tadel einbrachte:

»Du bist unlogisch, du weichst immer allen für dich unangenehmen Tatsachen aus und flüchtest dich in die Flausen, die du im Kopf hast.«

Uschs pädagogischer Eros war bisweilen wirklich anstrengend. Wenn man nicht gezwungen wäre, tatkräftig weibliche Solidarität zu üben: Man könnte sich versucht fühlen, Thomas ein Bier zu spendieren.

Als Dagmars zunehmend schwächer werdende Einwände sich schließlich auf ein hilfloses »... aber du liebst ihn doch!« reduzierten, löste dies bei Usch nur ein verächtliches Schnauben aus:

»Liebe! Du mit deinem ewigen Vom-Winde-verweht-

Fimmel! Wenn **du** dich mal auf eine dauerhafte Beziehung einlassen würdest, dann würdest du ganz schnell merken, was von deinem angebeteten Rhett Butler übrigbleibt. Einer, der seine Unterhosen nie aufhebt. Der schnarcht. Der immer nur samstags abends, pünktlich zum Ende des Aktuellen Sportstudios, was von dir will. Liebe! Wenn ich das schon höre! Nein, Liebe ist nichts anderes als eine Seifenblase. Ein Konstrukt aus dem 19. Jahrhundert, erfunden von müßiggängerischen Literaten und Kaffeehaushockern, mit dem einzigen Zweck, die von der gesellschaftlichen Produktion ausgeschlossenen Bürgersfrauen von der Realität ihrer Unterdrückung abzulenken! Liebe hat heute genau die gleiche Relevanz wie ein Stickrahmen!«

Das reichte. Weibliche Solidarität: schön und gut. Aber herbeizitiert zu werden, nur um sich jedes Hilfsangebot wie einen nassen Feudel um die Ohren schlagen zu lassen – das ging entschieden zu weit. Dagmars Blick blieb plötzlich an der Digitaluhr in Uschs Videorecorder hängen:

»Wann kommt eigentlich der Thomas nach Hause?«

»Wenn er betrunken ist. So um zwölf für gewöhnlich.«

»Dann hast du bitte Verständnis dafür, daß ich mich jetzt zurückziehe. Ich mag den Thomas nämlich auch gut leiden, und den Schiedsrichter zwischen euch zu spielen, das würde ich heute abend nicht aushalten. Ich bin ja selbst noch in der Rekonvaleszenz, mußt du bedenken.«

»Wie du willst«, sagte Usch, schwer pikiert.

Während Dagmar in den Mantel schlüpfte, herrschte eisiges Schweigen. Trotzdem drückte sie Usch zum Abschied noch einmal fest an ihre Brust:

»Sollst sehen, das mit dir und Thomas, das wird schon wieder!« Doch Usch ging, schmallippig und schweigend, auf Distanz.

Dagmar war schon im Türrahmen (und ziemlich wütend

wegen der nichtgekauften Briefmarken), da würdigte die Freundin und Antagonistin sie doch noch einer Ansprache:

»Ach, übrigens, eh ich's vergesse: Gestern hab ich mit der Sabine telefoniert. Ich soll dich schön grüßen und dir ausrichten, daß dieser Sichelbach, Kurt Sichelbach, durch alle Kneipen rennt und ständig davon faselt, ob du schon nach Australien abgedüst bist. Ich versteh zwar nur Bahnhof, aber ich denke, das dürfte dich brennend interessieren. Du hast es ja nun mal mit den Kerlen! Für dich gibt es ja nichts Wichtigeres im Leben.«

»Für dich auch nicht«, hatte Dagmar schon auf den Lippen, verkniff es sich aber, im Interesse zukünftiger Puschengespräche. Statt dessen sagte sie nur:

»Soso.«

KAPITEL 4

»Money makes the world go round«

(Liza Minelli und Joel Grey, Cabaret-Reife)

»Ich denke, das hier ist doch eher Ihr Bier, Frau Eickhorn. Mein Mann und ich, wir sind für diese Tätigkeit ja nun wirklich nicht passend gekleidet. Alles, was Sie brauchen, Schieber, Schüppe, Besen, etcetera, finden Sie hinten im Schuppen. Sie sagen uns dann Bescheid, wenn Sie fertig sind? Fein. Komm, Oliver, wir warten so lange bei den Buxbaums drinnen im Wohnzimmer. Wie ich die Buxbaum kenne, hat sie uns längst einen Kaffee aufgeschüttet. Nun komm endlich. Oder willst du dich etwa erkälten?«

Simone Ochsenknecht zog ihren widerstrebenden Mann, der mit ein paar ebenso hilflosen wie bedauernden Gesten zu signalisieren versuchte, wie peinlich ihn dieser Auftritt berührte, unnachgiebig in Richtung Haus und ließ Dagmar völlig entgeistert in der Kälte und im Schneematsch stehen. – Diese falsche Schlange! Dieses Natterngezücht!

Vor wenigen Wochen noch hatte Simone Ochsenknecht ganz andere Töne angeschlagen. Denn vor wenigen Wochen noch war sie nichts als eine Schnulzensängerin unter vielen gewesen, die von Dagmars telefonischer Anfrage nach einem Fototermin entzückt gewesen war:

»Aber das ist doch eine ganz reizende Idee von Ihnen. Mein Mann und ich, wir können ein bißchen PR wahrlich brauchen. Scheuen Sie sich nicht, uns zu sagen, wie wir Ihnen helfen können. Wir sind Ihnen sehr dankbar, und wir freuen uns auf Sie.« In gleißnerisch süßer Melodie hatte sie das geflötet.

Seither jedoch war viel passiert. Genauer gesagt: Das Telefonat hatte vor den beiden TV-Auftritten stattgefunden, bei denen die Ochsenknechts die Gunst der Stunde genutzt hatten, ihre neue Single zu pushen. *»Schnuckelchen, wenn wir im Tanz uns dreh'n«* – diese Obersülze hatte alle volkstümlichen Hitparaden im Sturm genommen. Die Ochsenknechts aber waren plötzlich zu nationaler Bedeutung aufgestiegen. Als das allseits bekannte und beliebte Duo *Jack und Jackie* nämlich. Im Dirndl und im Trachtenjanker. Pfui Deibi.

Dabei stammten die beiden – auch wenn sie in den Fernsehsendungen die ebenfalls auf hochalpin gestylten Moderatorenpaare mit einem rollend zünftigen »Grüß Gott« bedacht hatten – mitnichten aus dem Oberbayerischen, sondern aus dem Oberbergischen, 70 Kilometer östlich von Düsseldorf, kurz vor dem Sauerland. Auch waren sie nichts weniger als tingelnde Festzeltnomaden: Sie führten ein Fachgeschäft für Computer-Software bei Marienheide, aber das wollten sie aus gutem Grund lieber nicht veröffentlicht wissen.

»Das paßt doch irgendwie net, gell?« hatte die Schlange eben noch betont fesch gebayerlt. »Die heutige Zeit ist doch schon unromantisch genug. Betonen Sie lieber bei Ihren Redaktionen, wie bodenständig wir sind. Schauen Sie: Dieser Bauernhof hier hat wirklich mal der Familie meiner Mutter gehört . . .«

Einsam und verlassen stand Dagmar mitten im winterlichen Oberbergischen und überlegte, ob sie sich jetzt unverzüglich in ihr Bonsai-Gefährt werfen und nach Hause düsen, oder sich, unter Hintansetzung von Ehre und Gewissen, erniedrigen lassen und bei dem gigantischen Schwindel auch noch aktiv beteiligen sollte. Schneeschippen oder nicht Schneeschippen, das war hier die Frage.

In Zeit von nichts würden ihre Füße nur noch naßkalte, fühllose Klumpen sein. Auch von den Lieblingshacken (wie kam es eigentlich, daß man in den entscheidenden Momenten seines Lebens immer die falschen Schuhe trug?) würde bald nicht mehr übrigbleiben als ein paar aufgeweichte Fetzen schwarzen Pythonleders. An den Händen würden sich Blasen, auf der Stirn kleine Schweißperlen bilden. Wenn sie die Signale ihres Körpers richtig deutete, brachten sich Halsmandeln und Lymphdrüsen bereits jetzt schon in rein prophylaktische Schwellung.

Andererseits: Als wirklicher Profi konnte man es sich nicht nur nicht leisten, die körperliche Unversehrtheit als höchstes Gut anzusehen – man unterlag auch zugleich dem Eickhornschen Hebelgesetz. Das Eickhornsche Hebelgesetz besagte, daß derjenige, der am längeren Hebel saß, die Bedingungen diktierte und die Spielregeln aufstellte. Simone Ochsenknecht war vor dem *Schnuckelchen* ein Nichts gewesen, eine Null, die sich geschmeichelt fühlen mußte, wenn eine Dagmar Eickhorn sie der Ehre teilhaftig werden ließ, ihre Kamera und damit das Auge der Öffentlichkeit auf sie zu richten. Als *Jackie* aber hatte sie beachtlich an Hebelkraft gewonnen. Denn die giftige Viper wußte nur zu genau, daß man Bilder von den Ochsenknechts hätte feilbieten müssen wie Sauerbier, während *Jack und Jackie* weggehen würden wie warme Semmeln.

Durch die bunten Blätter wurde man berühmt, so einfach war das. Jedes Foto, selbst wenn es nicht größer war als eine Briefmarke, erhöhte den Marktwert, steigerte den Buch- und Plattenumsatz oder ließ die Leute in den Besetzungsbüros der Film- und Fernsehanstalten aufmerken. Nur wer im Bilde war, blieb auch im Gespräch. Wer immer im Showbusineß reüssieren wollte, unterwarf sich dieser schlichten Erkenntnis und ließ sich bereitwilligst in allen Lebenslagen ablichten. Der Fachterminus war: Jemanden durch-fotografieren. Vor der Trophäen-, Bücher-, Nippes- oder Stofftiersammlung. Beim Rasieren und beim Rasenmähen. In der Küche und im Hobbykeller. Mit Kind und Kegel. Mit Oma und Opa. Mit notfalls irgendwo ausgeliehenen Haustieren (alternativ beim Besuch im Tierheim). Zur Dokumentation ernsthafter Betätigung, oder wenn dem erschöpften Fotografen nichts Besseres mehr einfiel, immer wieder gern auch mit Telefonhörer am Ohr.

Wer noch nicht oder nicht mehr populär war, wer also Nachholbedarf in Sachen Publicity verspürte, den drängte es mit Macht vor die Objektive der Nikons oder Leicas. Der prostituierte sich, drängte sich auf, bot verzweifelt Termine und sogenannte Exklusiv-Stories an.

Es war noch gar nicht so lange her, daß eine schwangere Alt-Sängerin, die in den frühen Siebzigern als *die* Rock-Röhre und Deutschlands Antwort auf Suzie Quatro gefeiert worden war, Dagmar zum Zwecke eines Comebacks permanent beschwatzt hatte, doch nur ja mitsamt Kameras und Scheinwerfern zu ihrer Entbindung zu erscheinen. Eine natürliche Haus- und Erstgeburt bei einer Enddreißigerin, das sei doch was! Dagmar hatte dankend abgelehnt.

Schmerz und Schweiß war das letzte, was die Käuferinnen an den Boulevardkiosken sehen wollten. Schmerz und Schweiß waren demnach für die Chefredaktionen keine Story, Schmerz und Schweiß waren Schmuddel. Und Schmuddelgeschichten waren nur gefragt, wenn sie in die Rubrik Tragik oder tiefer Fall paßten. Dagmar hatte die Ex-Röhre also auf später vertröstet. *»Mary Cinque: Von allen verraten und vergessen – jetzt lebt sie nur noch für ihr Kind«*: Das war die Schlagzeile.

Die man allerdings erst dann bebildern konnte, wenn das Kind aus dem Bündelstadium herausgewachsen und in der Lage war, auf die inständigen Bitten der Mutter und der Fotografin hin ein rührend zahnloses Lächeln zu produzieren. Mit den Grenzen zwischen Zynismus und Pragmatismus in diesem Metier verhielt es sich exakt so wie mit den Grenzen zwischen Schein und Sein: Sie verschwammen wie frisch aufgetragene Aquarellfarben auf einer feuchten Leinwand.

Doch die Strafe folgte auf dem Fuße. Die Yellow Press war in der Lage, aus jedem x-beliebigen Menschen aus der Nachbarschaft einen Star zu machen. Hatte sie das jedoch erst einmal geschafft, dann wandte sich der eben noch so eifrige Selbstanbieter voll des Abscheus von ihr ab. Fototermin? – So eine Zumutung! Interview? – Immer dieselben Fragen! Kinder vor der Kamera? – Nicht nur eine Geschmacklosigkeit: Bedenken Sie doch bitte auch das Sicherheitsrisiko!

Sobald der Plattenumsatz oder die Gagenhöhe ein gewisses Limit überschritten hatten, pflegten die Künstler ihre sensiblen Seelen zu entdecken, oder erinnerten sich plötzlich an die Reste ihrer humanistischen Bildung. Man wurde etepetete. Man pochte auf sein Recht auf Privatsphäre. Man hatte es ganz einfach nicht mehr nötig. Mehr noch, die vorher so umworbenen Blätter, deren Mitarbeiter und deren Käuferinnen galten von einem Tag auf den nächsten als imageschädigend. Wer sein Schäfchen schon im trockenen hatte, wer also glaubte, es sich leisten zu können, machte nichts als Schwierigkeiten, zierte sich wie eine Klosterschülerin nach einem unsittlichen Antrag und geiferte schließlich in aller Öffentlichkeit über die unsägliche Zudringlichkeit und unstatthafte Sensationsgier genau dieser Öffentlichkeit. Die Medien, durch die man reich und berühmt geworden war, zu benutzen, um durch die Medienbeschimpfung erneut Schlagzeilen zu machen – das war für Dagmar der Gipfel der Heuchelei.

Jeder, der sich für einen bestimmten Lebensweg, für eine Karriere oder auch dagegen entschied, war sich – auch wenn es Sitte war, dies hinterher abzustreiten – durchaus über die Konsequenzen im klaren. Niemand hatte also nach Dagmars Meinung das Recht zu jammern und klagen. Sofern er über 18 war und einen Intelligenzquotienten von mindestens 100 aufwies. Dagmar seufzte schicksalergeben und schob ab in Richtung Geräteschuppen.

Wenn sie nicht alles trog, würde sie von den Früchten des Schneeschippens und der anschließenden Oster-Titel-Session mit *Jack und Jackie* bei sparsamer Budgetführung entweder einen Monat leben oder sich für das Projekt »Rache an Michael Kamm« neu und aufregend einkleiden können. Außerdem, wenn sie jetzt unverrichteter Dinge zum Rückzug blies: Wie sollte sie je einem der krankhaft mißtrauischen Finanzamtsprüfer klarmachen, warum sie kastenweise Primeln und Hyazinthen und vor allem die fünfzig Stubenküken, die in dem Pappkarton im Auto durcheinanderpurzelnd auf ihren großen Auftritt warteten, als Betriebsausgaben deklarierte? Und das auch noch mitten im Dezember?

Denn zur Absurdität und Unwirklichkeit des Jobs gehörte es, seiner Zeit im wahrsten Sinne des Wortes stets mindestens drei Monate voraus zu sein. Die meisten Redaktionen der Regenbogenbranche hatten für das, was sie »inaktuelle Farbe« nannten, die herzigen Bildberichte also, eine Vorlaufzeit von vier bis sechs Wochen. Zugleich waren die Verlage aus Kostengründen (sprich: aus Geiz!) dazu übergegangen, immer weniger Produktionen bei den Fotografen in Auftrag zu geben (dann hätte man ihnen ja die Reisespesen und das

Filmmaterial ersetzen müssen!), sondern sich von den Free-Lancern fertige und auf deren Kosten produzierte Bildreportagen vorlegen zu lassen. Für die freischaffenden Künstler aber bedeutete dies, daß sie – wenn sie ihre Dias an den Meistbietenden losschlagen wollten – die Motoren ihrer Kameras weit, weit vor dem angepeilten Erscheinungsdatum anwerfen mußten.

So kam es, daß die Christbäume für die stimmungsvollen Titelbilder »Promi am Heiligen Abend, Kerzen anzündend« spätestens im Oktober geschmückt wurden und daß das Material für die Schneemänner, die die lieben Kleinen der Stars gern und publikumswirksam mit Möhrennasen bestückten, aus Tiefkühltruhen stammte. Großer Beliebtheit erfreuten sich die Prosit-Neujahr-Motive: Die Lieblinge der Nation in Frack oder Fummel zu stecken, ihnen ein Sektglas in die Hand zu drücken und die obligatorische Standuhr im Bildhintergrund auf Schlag 12 Uhr zu stellen, erforderte bemerkenswert wenig Requisite und Aufwand; Silvesterdias wurden somit das ganze Jahr über geschossen.

Nichts jedoch verlangte so viel Planung, Glück und gestalterische Phantasie wie Osterproduktionen. Ganz egal, wie sich das Winterwetter realiter präsentierte; auf den Titelblättern der Osternummern wollte niemand Schneelandschaften, trostlos kahle Bäume und sibirisch vermummte Gestalten sehen. Gefordert war der in Optik übertragene Frühlingsstimmenwalzer. Munter machende Pastelltöne, strahlende Sonne, bestens gelaunte Zelebritäten in leichter Gewandung, die frohgemut mit den traditionellen Symbolen wie Eiern oder Schokoladenhasen hantierten. Oder eben mit fünfzig Stubenküken.

Das schwere Räumgerät aus dem Schuppen in der Hand und unter den Armen, blickte Dagmar sich prüfend auf dem Hof um; bei der Auswahl des Motivs hatte sie klug vorzugehen. Normalerweise hätte sich ein Bildhintergrund aus verschwommen dunklem Tann recht gut gemacht, das stand für die Naturverbundenheit der Akteure und deren ländliche Sittsamkeit. Leider verbot sich das heute.

Dank der erschreckenden Macht von Gamma Zwo, der es in all seiner Bosheit sogar schaffte, nach einer Serie von viel zu warmen Wintern der Klimakatastrophe für einen Tag Einhalt zu gebieten, wenn er einen damit nur ärgern und vor schier unlösbare Aufgaben stellen konnte, präsentierten sich die Tannen in verschneitem Zustand. Winterliches Weiß aber war auf Osterfotos unerwünscht. Wenn man also nicht noch wie Tarzans Jane durch die Bäume hangeln wollte, um die Äste zu putzen, mußte man sich etwas anderes einfallen lassen . . .

Da hinten der Holzstoß, der ging vielleicht. Der ließ sich relativ flott mit dem Besen abbürsten, und dem Gelb-Braun der Scheite würde man mittels geschickter Beleuchtung und der richtigen Brennweiten und Belichtungszeiten so etwas wie den zart güldenen Frühlingsschimmer entlocken können. Das Licht der Wintersonne kam zwar bleich und kalt durch die Hochnebel, aber mit ein paar Tricks und vor allem ein paar gelben Reflektoren würde es sich erwärmen lassen. Der Schneematsch stellte natürlich ein Problem dar, aber – Moment mal! – wenn man die Plane aus Goldfolie (die genaugenommen nicht für den gehobenen Fotografenbedarf entwickelt worden, sondern eine Rettungsdecke für Brandopfer war) auf den Boden legte und die Blumen davor aufstellte, wie eine Blütenbarriere zwischen sich und der Realität – und wenn dann die Ochsenknechts vor dem Holzstapel nicht standen, sondern – jawoll, das war's! Eifrig und mit plötzlich einsetzender guter Laune begab Dagmar sich ans Werk. Nichts lag ihr ferner als Schadenvorfreude. Aber die Sache begann allmählich Spaß zu machen.

»Das kann doch wohl nicht Ihr Ernst sein«, schäumte die Schlange, als sie vor dem kunstsinnigen Arrangement rund um den Holzstapel stand. »Nicht genug damit, daß Sie von mir verlangen, ohne Mantel in dieser Kälte zu bibbern. Nun soll ich auch noch mein bestes Balldirndl damit verhunzen, daß ich hier vor Ihnen auf den Knien durch den Dreck rutsche? Das kommt doch gar nicht in die Tüte! Aber ich hab's ja gleich gewußt, daß es ein Fehler war, sich ausgerechnet auf eine Fotograf**in** einzulassen! Kein Mann würde je auf so eine Schnapsidee kommen – Oliver, sag du doch auch mal was!«

Oliver Ochsenknecht beschränkte seinen Kommentar auf das übliche, bedauernde Achselzucken. Wahrscheinlich wußte er genausogut wie Dagmar, daß seine Gattin keinen Moment gezögert hätte, sich bereitwilligst auch des rosa Bajuwarenfummels samt der Dessous zu entledigen, wenn es ein männlicher Kollege vom Schlage Michaels von ihr gefordert hätte. Sie, Dagmar, war weiß Gott weit entfernt davon, sich von Vorurteilen leiten zu lassen. Aber mit Frauen gab es seltsamerweise **immer** Ärger. Weil sie nämlich anderen Frauen generell nichts zu- und vor allem nicht über den Weg trauten.

»Opfer müssen gebracht werden«, sagte Dagmar, liebenswürdig lächelnd, ganz gelöst im Hier und Jetzt. »Schauen Sie, liebe Frau Ochsenknecht« (welche Freude, sich diesen Namen auf der Zunge zergehen zu lassen!), »ich habe Ihnen doch schon ganz zu Anfang erklärt, daß auf dem Bild kein Schnee zu sehen sein darf. Wenn es nach mir ginge, liebe Frau Ochsenknecht« (aahh!), »dann würden wir das Ganze verschieben bis zum nächsten Sommer. Das aber würde bedeuten, daß Sie dann erst Ostern 1991 als Titel zu sehen sein werden. Wenn Ihnen das allerdings lieber ist . . .«

Katzig zu sein, mußte man zwar eigentlich aus übergeordneten Gesichtspunkten ablehnen; es entbehrte jedoch trotzdem nicht eines gewissen Reizes.

»Auf keinen Fall länger als 10 Minuten!« maulte die Ochsenknecht und ließ sich neben ihrem Mann hinter den Primeln und Hyazinthen nieder. Lag eine akustische Täuschung vor, oder knirschten ihr wirklich die Knie?

»Sehr schön, liebe Frau Ochsenknecht, das Rosa Ihres Kleides macht sich wirklich wunderschön. Wenn Sie jetzt bitte noch lächeln könnten? – **Lächeln!** – Okay, ich kann verstehen, daß Sie etwas Scheu vor der Kamera haben, das passiert allen Anfängern« (Bravo, Dagmar, weiter so!), »dann probieren Sie doch am besten, Ihren Mann anzustrahlen? – Ja, schon besser. Es ist Frühling, Frau Ochsenknecht, Ostersonntag, lieblicher Lenz, Wonnemond. Zeigen Sie allen, wie verliebt Sie in Ihr Schnuckelchen sind!«

Die Motoren der Kameras surrten, Dagmar geriet in den Arbeitsrausch, suggerierte die Stimmung, die sie für das Bild trauter Harmonie in ländlicher Idylle brauchte. »Oder vielleicht hilft es, wenn Sie sich vorstellen, Sie haben Robert Redford neben sich? Oder ist Ihnen Roland Kaiser lieber?« Man war in absoluter Höchstform.

»Herr Ochsenknecht, wenn Sie vielleicht mal den Arm um Ihre Gattin legen? – Ja: so richtig schön beschützend. In Ihren Armen kann ihr nichts, gar nichts passieren. Sollen die Drachen nur kommen – Sie, Oliver, sind der edle Ritter! Genau!« Nichts durfte einem zu peinlich sein.

Aber irgend etwas stimmte da nicht. Dagmar legte die Kamera beiseite und betrachtete sinnend das Paar. Aha: Jackie war eine Sitzriesin. Solange die beiden standen, war Jack alias Oliver ein gutes Stück größer als seine holde Gattin. Jetzt aber waren die beiden Köpfe auf gleicher Höhe. Simone Ochsenknecht, die Dorf-Beauty und Stimmungskanone, hatte kurze Beine! Ein innerer Reichsparteitag, aber zugleich auch ein schwerer beruflicher Fauxpas, der von den Bildredakteuren auf den Leuchtpulten sofort erspäht und beanstandet werden würde. In dem Bild, das man sich von einem idealen Paar machte, hatte natürlich der Mann die Frau zu überragen. Wenn nicht, mußte man der Natur etwas nachhelfen. Kein Geringerer als Seine Königliche Hoheit, der Prinz von Wales, stieg schließlich auch stets auf ein Treppchen oder ein Kistchen oder ein Bänkchen, damit alles, der weibliche Kopf an der männlichen Schulter und das Herz sowieso, am rechten Fleck saß. Also:

»Oliver, ist irgendwie ein Kissen zu organisieren, das wir Ihnen unter die Knie schieben können? – Noch ein bißchen Geduld, Frau Ochsenknecht. Ich gehe wohl recht in der Annahme, daß es Ihnen nicht recht ist, wenn jemand sagt, Sie hätten einen kleinen Mann zum Mann? – Sie wissen ja, die Leute sind oft so ungerecht.« Juchhu.

Die Arbeit mit den fünfzig Küken entwickelte sich natürlich zu einem mittleren Fiasko. Aber für die Schlange, nicht für Dagmar. Nachdem man die piepsenden Wonneproppen auf einer österlichen Flechtschale arrangiert hatte, bewiesen sie, daß ihre Kategorisierung in die Gattung der Nestflüchter kein wissenschaftlicher Irrtum war. Simone Ochsenknecht hatte alle Hände voll zu tun, die gelben Flaumknäuel beieinanderzuhalten respektive immer wieder einzufangen und dabei zu lächeln, zu lächeln und noch mal zu lächeln. Oliver Ochsenknecht beschützte, was das Zeug hielt. Dagmar ging, da der Schlange die Giftzähne gezogen waren, in ihrer Großmut sogar so weit, hinter ihrem Kopf noch einen batteriegespeisten Scheinwerfer aufzustellen. Im Gegenlicht leuchteten Simone Ochsenknechts lange Wasserstofflocken wie ein Heiligenschein. Ein billiger, aber immer wieder gern gesehener Effekt.

Die Idee zum ganz großen Coup, zum krönenden Abschluß, zum glanzvollen Finale, war Dagmar gekommen, als sie frierend und einsam den Schnee von dem Holzstapel gefegt, die schwere Ausrüstung mutterseelensolo vom Auto auf den Hof geschleppt und ohne jede Hilfestellung aufgebaut hatte. Normalerweise neigte sie ja nicht zu Übertreibungen, aber bei aller Bescheidenheit konnte man diesen Einfall nur als Geniestreich bezeichnen. Denn nachdem die Ochsenknecht nicht nur vom vielen Lächeln Krämpfe in beiden Backen hatte, sondern auch ihre Lippen ob der Kälte einen unangenehmen Blauschimmer anzunehmen begannen, war ihr Widerstand gebrochen.

»So, ich denke, wir haben den Titel im Kasten«, gab Dagmar ein Stückchen Zucker, um sogleich die Peitsche knallen zu lassen. »Mir will so gar nicht aus dem Kopf, was Sie ganz am Anfang über den Bauernhof sagten, Frau Ochsenknecht. Daß Jack und Jackie trotz all ihres Erfolges im Grunde ganz schlichte Menschen geblieben sind, ohne Allüren, daß sie sich bei all der Hektik Ihres Berufs nach dem wahren, dem einfachen, dem ursprünglichen Leben sehnen, das sollten wir doch für die Leserinnen auch im Bilde festhalten und beweisen. Denn eine solche Haltung ist so selten geworden heutzutage. Wirklich.«

Und so kam es, daß Jack und Jackie widerspruchslos, wie unter Hypnose in das Wohnzimmer der Bäuerin Buxbaum zogen. Als Bild des Friedens im Herrgottswinkel saßen. Mit den Wasserfarben, die beim landwirtschaftlichen Nachwuchs für 10 Mark Gebühr entliehen wurden, ein Ei nach dem nächsten bepinselten und stolz in die Kamera hielten. Und zum Finale, brav und fromm wie die Osterlämmer, Dagmar in den Kuhstall folgten. Wo sie, immer noch hübsch und volkstümlich lächelnd, als romantisches Pastorale posierten. Mit Mistgabeln. Dung hebelnd. – Nichts machte so mächtig an wie Macht! Das Leben war schön. Das Leben war sogar wunderschön.

Das Hochgefühl ihres Triumphes über die Ochsenknechts wurde noch nicht einmal durch die übliche Verstopfung auf der BAB 46, diesem Dauerstau zwischen Wuppertal und Düsseldorf, nennenswert getrübt. Zum einen stimmte die Beobachtung milde, daß auf der Gegenfahrbahn überhaupt nichts mehr lief; dort parkten sie in drei Spuren, während Dagmar in ihrer Kolonne immerhin alle 3 Minuten eine Strecke von 20 Metern im ersten Gang hinter sich bringen konnte. Zum anderen hatte sie beschlossen, daß es dem Glanze ihres frischerrungenen Siegs und der neuentdeckten Bösartigkeit nicht entsprach, sich über solche Nebensächlichkeiten wie die zu erwartende Verspätung bei einem Date Sorgen zu machen.

Früher, als es noch galt, Michael Kamm von den Models abzulenken, hatte sie doch tatsächlich mehrere berufliche Unternehmungen entweder abgesagt oder abgebrochen, nur um die letzten vier Stunden vor dem Treffen den aufwendigen Verrichtungen zu widmen, die vonnöten waren, um das beste aus ihrem Typ zu machen. Nach dem Schönheits-Mittagsschlaf hatte sie sich in pflegende Badeessenzen getunkt, um ihre Haut bis zur gewünschten Pfirsichkonsistenz zu erweichen. Sie hatte ihr Gesicht mit Masken einzementiert und dann einen weiten Bogen um jeden Spiegel gemacht: Wenn man lachte, bröckelten sie. Zum Ausgleich konnte man sich die kleine Freude gönnen, unerwartet damit beim Käfig aufzutauchen und Otto von Bismarck eine plastische Vorstellung von Horrorfilmen à la *Halloween* zu vermitteln. Mit zusammengebissenen Zähnen und feuchten Augen hatte sie sich der Marter des Arm- und Beinepilierens unterzogen. Dann war zu prüfen, was die Bestände des Kleiderschranks (na ja: manchmal auch des Wäschepuffs) hergaben. In immer wieder neuen Varianten mußten Kombinationen getestet werden, wagemutige Zusammenstellungen, bei denen vor allem den phantasievoll einzusetzenden Accessoires die ehrenvolle Aufgabe zufiel, über mangelnde Substanz und Aktualität der sogenannten Grundgarderobe hinwegzumogeln und der Gesamterscheinung eine Aura von modischer Avantgarde und persönlicher Note zu verleihen. Den Ohrgehängen kam dabei entscheidende Bedeutung zu. Ohrclipsmäßig hielt sich Dagmar immer auf dem neuesten Stand, darin war sie eisern.

Das Make-up erforderte viel Feingefühl und künstlerischen Gestaltungswillen. Irgend jemand hatte ihr mal gesagt, daß sie ein Art-Deco-Gesicht habe, in den Proportionen von großen Augen und kleinem Mund den der jungen Bette Davis nicht unähnlich. Was aber nützte das, wenn Gamma Zwo in all seiner Heimtücke dafür gesorgt hatte, daß dieses Gesicht in jedem Detail das exakte Gegenteil von dem war, was seit Jahren hochmütig von den Titelblättern der Hochglanzmagazine und von den Leinwänden auf einen herabsah? Spätestens seit Brooke Shields in der blauen Lagune planschte, hatte man schmale, schräge Katzenaugen unter wild buschigen Augenbrauen zu haben, dazu üppig aufgeworfene und immer ein bißchen schmollende Lippen! Nicht aber kugelrunde, leicht vorstehende Augen, bei denen man nie wußte, ob sie nun mehr an einen erstaunten Frosch oder an eine zu Tode erschreckte Kuh gemahnten. Und schon gar nicht einen Mund, der sich nur unter einem Mikroskop zu modischer Größe aufplusterte. Diese Danaer-Geschenke von Mutter Natur (die wie alle Mütter wohl immer ein wenig eifersüchtig auf die Tochter war) wenigstens halbwegs auszugleichen, erforderte jede Menge dunkelbraunen Lidschatten, den man in Richtung Schläfe steil hochschmieren mußte, und eine Sammlung farblich geschickt abgestimmter Konturenstifte, mit deren Hilfe man den schmalen, blassen Strichen, die man anstelle von wirklichen Lippen besaß, so etwas wie einen Mund abtrotzen konnte. Die Augenbrauen konnte man völlig vergessen. Für die hätte man Toupets gebraucht.

Unerschöpflicher Quell ewigen Ärgers vor dem Spiegel aber waren immer die Haare gewesen. Doch was hieß hier »Haare« – drahtige Schweineborsten, die sich auf ihrem Schädel kringelten und in unbotmäßiger Sturheit allen Stylingversuchen widerstanden. Locken waren in, so weit, so gut, Locken waren auch teuer (Usch, die mit dem geschlagen war, was sie »Kopfspaghetti« nannte, ließ sich beim Friseur regelmäßig mit dampfenden Säuren begießen, um ihren Schopf in Wellen zu legen). Aber irgendwie sahen selbst die wildesten Dauerkrausen immer noch anders aus als das, was dem eigenen Kopf entsproß. Man konnte soviel Kurpackungen auflegen, wie man wollte, man konnte sie mit Spülungen auflockern oder mit Gel und Lack festkleben, man konnte sie aufstecken oder hängenlassen, man konnte sie fönen oder sie mit Haarklammern in den Schädel rammen. Man konnte nur eines nicht: wenigstens für ein paar Stunden vernünftig aussehen. Dagmars Haare weigerten sich ganz einfach, sich auch nur im entferntesten in eine Form bringen zu lassen, die von Wohlmeinenden als Ansatz einer Frisur hätte interpretiert werden können.

Aber die Zeiten, da sie glaubte, mit den Models und den Mädels aus den Movies konkurrieren zu müssen, lagen ja nun gottlob hinter ihr. In makelloser Schönheit zu erstrahlen, das war deren Job, dafür wurden sie bezahlt (und zwar nicht zu knapp!). Ihnen dabei, rein hobbymäßig, Konkurrenz machen zu wollen, war ebenso absurd, als würde man in seiner Freizeit versuchen, eine Jupiter-Raumsonde zu basteln, die auch in Houston bestehen könnte, oder auf dem Küchentisch eine Herztransplantation vorzunehmen, die in der Perfektion ihrer Ausführung Herrn Barnard beschämt hätte.

Wenn man sich als hart arbeitende, dynamische, aufstrebende Frau definierte, die auf die Jugendstilvilla mit Haushälterin und den dunkelblauen Jaguar (oder den roten Ferrari? Oder doch lieber den weißen Rolls mit Chauffeur?) sparen mußte, dann hatte man nicht nur das Recht, auch wirklich nach Arbeit auszusehen. Man verfügte darüber hinaus gar nicht über die Muße, seine karg bemessene Zeit mit derlei Unfug zu verplempern. In den Tagesübersichten des zwar nur kunstledernen, aber nichtsdestotrotz imposanten Turbo-Zeitplaners (mit Archivbox und dem Handbuch *Effektive Arbeitsmethoden* und einer Anzahl leider völlig leerer Einschubfächer für Kreditkarten), den sie sich jetzt schon angeschafft hatte, um für das neue Jahr Zeichen zu setzen, gab es Rubriken unter so beeindruckenden Überschriften wie »Delegationskontrolle« und »Projektsteuerung«. Sie einfach durchzustreichen und statt dessen unter 18 Uhr 15 »Nägel lackieren« oder 19 Uhr 30 »Parfüm auflegen« einzutragen – das wäre nicht nur lächerlich, sondern auch eine schändliche Entweihung. Der Turbo-Planer hatte sage und schreibe fast hundert Mark gekostet.

Dagmar nutzte den totalen Stillstand am Kreuz Düsseldorf Süd für einen Blick auf die Uhr – erwartungsgemäß war sie jetzt schon über eine halbe Stunde zu spät, keine Chance also, noch kurz eine Schleife über die Schlickenrather Straße zu fahren, um sich für die City aufzupeppen – und einen Blick in den Rückspiegel. Hervorragend: Die Schweineborsten standen ebenso steil wie wirr zu Berge. Sie sah aus wie die weibliche Neuausgabe von Jimi Hendrix selig. Die dikken Trauerränder aus verwischtem schwarzem Mascara unter den Augen ließen sich ja noch schnell mit einem Spuckefinger wegrubbeln, gegen die Matschespritzer auf den durchweichten Schuhen, den gelbgrünen Kükendreck auf der blickdichten Strumpfhose und das starke Aroma von

Schweiß, Frischluft und Kuhdung aber ließ sich mit Bordmitteln nichts unternehmen. Sie erinnerte stark an eine malerische Ruine, aber sie beschloß, den Kopf hochzutragen. Sollte die City doch mal was ganz Neues zu bestaunen haben! Vielleicht würde sie ja sogar einen neuen Look kreieren, das Pendant zu den in Kniehöhe zerrissenen Jeans, mit denen die Popstars derzeit ihre Fans erfreuten. Last but not least: Man traf sich ja nur mit dem Sichelbach. Kurt Sichelbach – alles andere als ein Angehöriger der Rhett-Butler- oder Schwarze-Korsaren-Kategorie. **Ihn** brauchte man nun wirklich nicht zu becircen.

Nach dem Gespräch mit Usch hatte sie in der Tat Kurt Sichelbach angerufen, vordergründig, um die fatale Sache mit der Australienreise aus der Welt zu schaffen, hauptsächlich aber, weil sie ohne die Rekrutierung von Hilfstruppen auf Dauer nicht klarkam. Nicht daß sie sich in den Kopf gesetzt hätte, mit ihm anzubandeln.

Er war schlichtweg nicht ihr Typ. Zu dröge, zu unhip, zu materialistisch, zu dünn, zu phantasielos, zu kahl, zu temperamentlos, zu – ach, man konnte seine Mängel gar nicht alle aufzählen. Man konnte sie nur in einem einzigen, vernichtenden Urteil zusammenfassen: Kurt Sichelbach war einfach **viel zu normal!**

Aber: Selbst so einer ist besser als gar keiner. Als einsames Tränentier an den bekannten Treffs aufzutauchen und der gesamten Szene Gelegenheit zu geben, sich zu högen und an ihrer Schmach zu weiden, das wäre in dem Schachspiel um die endgültige Mattsetzung von König Michael, in dem sie die Dame, Kurt Sichelbach aber einen Randbauern mimte, langfristig die völlig verfehlte Strategie gewesen. Sich rar zu machen an den gewohnten Plätzen, so lautete die Devise. Sich mit Nimbus zu umhüllen. Rätsel aufzugeben.

Die Verabredungen mit Kurt Sichelbach hatten daher an

für sie bis dato völlig abwegigen Orten stattgefunden. In den großen Brauereiausschänken, die Kurt faszinierten, weil man an langen, blankgescheuerten Holztischen zusammenrückte und in fröhlich lärmenden Zufallsgesellschaften das Gegenteil von dem praktizierte, was man in Winsen an der Luhe unter vornehmer Zurückhaltung verstand. Oder in den glitzrigen Nobelbetrieben rund um die Kö, wo gegen 10 Uhr morgens bereits die ersten Champagnerkorken abzischten und wo Kurt gerne unter Beweis stellte, daß sein Versicherungsjob ein gut dotierter war. Für heute hatte man sich aufs *Victorian* geeinigt. Auf die Lounge im Parterre, nicht den Gourmet-Tempel in der Beletage. Letzteres hatte sie Kurt, der die Eroberung seiner neuen Heimatstadt methodisch mit dem Reise-, Museums- und Restaurantführer in der Hand anging, abgeschmettert: Solange sie finanziell leider nicht in der Lage war, sich an den Expeditionskosten paritätisch zu beteiligen, bestand sie zumindest auf relativer Bescheidenheit.

Genau 85 Sekunden war es Dagmar vergönnt zu glauben, daß Gamma Zwo sich mit dem Eingriff in die Großwetterlage für heute verausgabt und frühzeitig zur Ruhe begeben hatte: Mitten auf der Königsallee sichtete sie tatsächlich einen Parkplatz, komfortabel groß, ohne andere Anwärter weit und breit! Doch kaum hatte sie den Japangreis hineinbugsiert und (wegen der Kameras und Scheinwerfer) sorgsam abgeschlossen, kaum war sie schwungvollen Schrittes (wegen des Ochsenknecht-Hochs) in die Königstraße eingebogen, da schlug Gamma Zwo zu. Tief unter die Gürtellinie, wie es seine Art und verabscheuungswürdige Gewohnheit war. Gamma Zwo nutzte den eh schon stark ramponierten Zustand der Ex-Lieblingshacken heimtückisch aus, um ihnen endgültig den Garaus zu machen. Er schlug ihnen den linken Absatz ab, brutal und mitleidlos.

Dagmar aber strauchelte, und in dem verzweifelten Versuch, ihre Füße wieder unter die Körpermitte und den Schwerpunkt zu bringen, gewann sie derart an Tempo, daß nur die feste Mauer des Eckhauses sie daran hindern konnte, wie ein Torpedo in das Erdgeschoß einzubrechen.

»Haben Sie sich weh getan?« Eine ältere Dame beugte sich besorgt zu ihr herab, griff ihr unter die Arme, half ihr auf die Füße und begann, sie notdürftig abzustauben.

»Nicht im geringsten«, sagte Dagmar, durch den Zusammenstoß ihres Schädels mit dem Eckhaus reichlich benommen. »Danke der Nachfrage.«

»Sie müssen aber wirklich einen bemerkenswerten Dickkopf haben«, konstatierte die ältere Dame voll Anerkennung. »Darf ich Sie vielleicht etwas fragen?«

»Bitte«, sagte Dagmar, während sie sich weiter Putz und Mörtel von ihrem nunmehr auch Ex-Mantel klopfte. Vermutlich war die ältere Dame schon etwas tüddelig, hatte sich verirrt und wollte nur wissen, wo der nächste Taxistand war.

»Machen Sie das öfters?«

»**Wie** bitte?«

»Na ja: mit dem Kopf gegen die Wand zu rennen.«

»Nur, wenn ich für Olympia trainiere!« sagte Dagmar, raffte die Reste ihrer Schuhe und ihrer Würde zusammen und brachte die letzten Meter bis zum *Victorian* humpelnd wie ein Gnom, mit schmerzendem Knöchel und wummerndem Kopf hinter sich.

Drinnen war es natürlich – danke, Gamma Zwo! – rappelvoll. Inmitten all der Edelholz-, Messing-, Leder- und Glaspracht hockte ein Gutteil der oberen Einkommensklassen und war bei Dagmars feierlichem Einzug peinlich berührt. Auf den Stirnen der Herren stand wie auf Spruchbändern zu lesen »Das *Victorian* kann auch nicht mehr das sein, was es mal war, wenn sie jetzt seit neuestem solche Leute reinlassen«; die wohlondulierten, dezent und teuer duftenden Damen begnügten sich damit, mißbilligend, aber fein rhythmisch im Takt zu den New-York-New-York-Klängen des Pianospielers, mit den Klein-, meist jedoch Großodien zu rasseln. Pelzmäntel (echte! von ehemals lebenden Tieren!) waren nicht an der Garderobe abgegeben worden, sondern in üppiger, für alle sichtbarer Fülle über die Sitzgelegenheiten drapiert: Die Zobel, Luchse und Ozelots für ein, zwei Stunden den Augen der Neider zu entziehen und damit Tür und Tor für Spekulationen über die Beschaffenheit der mitgeführten Oberbekleidung zu öffnen, konnte man sich in diesen Kreisen nicht leisten. Dagmar haßte das Lokal von der ersten Sekunde an.

Weit hinten an der Wand erspähte sie Kurt Sichelbach. In seiner Kombination wie gewohnt ein Bild äußerster Korrektheit, allerdings mit steil aufgerichtetem Hals aufmerksam die Tür beäugend. Dagmar waren Menschen, die ständig zu spät kamen, ein Greuel, aber ihr derzeitiges Erscheinungsbild ersparte es ihr wenigstens, komplizierte Entschuldigungen zu erfinden. So, wie sie aussah, würden selbst weniger intelligente Männer als Kurt prompt auf Notfall oder höhere Gewalt oder tagelangen schweren Artilleriebeschuß tippen. Fröhlich winkte sie ihm mit dem Absatz in der Hand zu und humpelte in seine Richtung.

Selten hatte sie einen Menschen derart von seinem Sitz hochschnellen sehen. Er eilte ihr entgegen, vom Kopf bis zu den Schuhspitzen ganz Besorgnis:

»Um Himmels willen, was ist passiert?!«

»Nichts Besonderes. So sehe ich immer aus, wenn ich direkt von der Arbeit komme«, sagte Dagmar stolz (eine Übertreibung hier und da war ja wohl zulässig, die buchte sie unter der Abteilung Spezialeffekte, nicht unter Lügen). »Aber nun laß uns zusehen, daß wir uns ganz schnell und brav an den Tisch verdrücken, bevor wir hier hochkantig rausfliegen!«

»Du vergißt, ich bin Jurist«, sagte Kurt Sichelbach in ruhiger Gelassenheit. »Uns vor die Tür zu setzen, möchte ich niemandem raten! Komm, laß dir erst mal aus dem Mantel helfen.«

Nerven hatte der Bursche, das mußte man ihm lassen. Manieren auch. Inmitten der raunenden Menge schälte er sie mit einer Fürsorge und Vorsicht aus dem völlig verdreckten Outfit, als halte er ein besonders kostbares Designergewand in seinen Händen. Dann nahm er Dagmar den Absatz aus den Fingern – »Du gestattest?« – und winkte mit herrischer Geste einen der süffisant grinsenden Kellner herbei: »Den brauchen wir nicht mehr. Den dürfen Sie als Souvenir behalten. Oder zur Mülltonne tragen!« Daraufhin geleitete er sie zum Tisch, rückte ihr den Stuhl zurecht und wartete stehend ab, bis sie Platz genommen hatte.

Er mochte ein unverbesserlicher Langweiler sein, aber er wußte wenigstens, was ein Gentleman seiner Dame schuldig war. Dagmar klebte sich ein kleines Memo in die Großhirnrinde: Wenn Michael Kamm erst einmal in aller Demut zu Kreuze gekrochen war, würde sie nie wieder dulden, daß er sich in ihrer Gegenwart herumlümmelte und -flazte, die Beine auf den Tisch legte, Taschentücher und abgelegte Kleidungsstücke verstreute. Und schon gar nicht würde sie ihm jemals wieder gestatten, kleinlich an ihrem Erscheinungsbild herumzumäkeln.

»Jetzt sag aber mal: Was war denn heute wirklich los in Marienheide?« Kurt Sichelbach nahm immer regen Anteil an ihrem Job; auch daran würde sich ein gewisser selbstverliebter Fotograf in Zukunft ein Beispiel zu nehmen haben!

Dagmar erzählte. Schmückte aus. Schilderte die Ereignisse des Tages unter besonderer Berücksichtigung des nichtswürdigen Charakters von Simone Ochsenknecht als auch ihrer eigenen, neuentdeckten Bösartigkeit:

»Ich habe gar nicht gewußt, was für ein gemeines Biest ich sein kann!«

»Prost, Biest!« sagte Kurt und stieß mit ihr an. Der Chablis, den er geordert hatte, war alles andere als unrecht; trotzdem argwöhnte Dagmar, daß Kurt nicht viel von Wein verstand. Ihrer langjährigen Erfahrung nach wurde gerade diese Weinsorte von Menschen bevorzugt, denen das Etikett mehr bedeutete als der Inhalt. Üblicherweise also hätte sie nun zu einem längeren belehrenden Vortrag ausgeholt. Doch wozu jetzt darauf eingehen – sollte sich doch jemand anders mit der Ausbildung von Kurt Sichelbach zum Connaisseur abplacken! Sie hatte ihre Pointe noch nicht erzählt, die Ochsenknechts – nomen est omen! –, wie sie romantisch lächelnd durch den knöchelhohen Kuhmist wateten.

Kurt hörte voll des Interesses zu, schüttelte verwundert den Kopf, erkundigte sich nach Brennweiten und Belichtungszeiten und lachte aus voller Kehle. Immerhin: Er wußte ihre Witze zu würdigen. Er gab, im Gegensatz zu ihren Freunden vom Stamm der Kreativen, denen all dies bis zum Überdruß geläufig war, wenigstens ein dankbares Publikum ab.

»Du hast eigentlich den totalen Traumberuf«, sagte Kurt sinnend in die Pause hinein, die entstand, weil Dagmar beim besten Willen nicht fähig war, gleichzeitig einerseits die Reibekuchen mit Lachs zu verputzen und andererseits ihren Redefluß fortzuführen.

»Traumberuf!« Dagmar würgte sowohl an den Reibekuchen als auch an der Zumutung. »Ich hör wohl nicht richtig! Du hast ja keine Ahnung, was es bedeutet, von diesen Arschlöchern aus den Redaktionen abhängig zu sein, die deine Fotos niedermachen, nur um die Preise drücken zu können! Und glaubst du wirklich, es macht Spaß, sich mit Ochsenknechts und Konsorten zu beschäftigen?«

»Immerhin kannst du von dir behaupten, daß du sie kennst. Wer ist denn ansonsten schon in der Lage, im Showbusineß einen Blick hinter die Kulissen zu tun?«

»Auf du und du mit den VIPs, meinst du das? Heiliges Kanonenrohr: die Ochsenknechts und VIPs! Und selbst für die bin ich doch nicht mehr als eine Fußmatte. Nun ja, wenn ich vielleicht mal in die Michelle-Pfeiffer- oder Robert-De-Niro-Kategorie aufsteigen könnte . . . Aber selbst dann stünde ich immer noch ohne Lohnfortzahlung im Krankheitsfall da, ohne Alterssicherung, ohne bezahlten Urlaub. Ich weiß beim besten Willen nicht, warum ich das überhaupt mache!«

»Wahrscheinlich, weil du's so willst. Sonst hättest du's ja schon längst geändert«, bemerkte Kurt in aller Seelenruhe – Frechheit!

»Traumjob! Im Schneematsch im Oberbergischen! Soll ich dir sagen, was mein Traumjob ist?«

»O ja. Bitte.«

»**Erbin!** Das ist mein Traumjob. Leider konnte ich den nicht ergreifen, weil mein Vater es vorgezogen hat, vor Jahren bankrott zu gehen. Aber sollte ich je jemanden finden, der bereit ist, mir die eine oder andere Million zu vermachen: Ich garantiere dir, daß ich nie wieder einen Finger krumm machen werde. Und ich würde mich trotz allem nie langweilen, auch das kann ich dir in die Hand versprechen! **Ausgabeberaterin** – das wär allerdings auch nicht schlecht.«

»Du meinst Anlageberaterin.«

»Quatsch. Nuschele ich etwa? Ich meine das, was ich sagte: Ausgabeberaterin. Ich kenne ja nicht viele reiche Leute, aber mir ist aufgefallen, daß sie sich in zwei Sorten gliedern lassen. Die einen haben keine Zeit, und die anderen haben keine Phantasie. Was dann dabei rauskommt, sind so langweilige Veranstaltungen wie immer die gleichen Stehempfänge mit immer den gleichen Büfetts und immer den gleichen Leuten. Ich könnte da Abhilfe schaffen. Ich könnte ihnen Maskenbälle organisieren, original Venedig 18. Jahrhundert, weißt du, mit Mitternachtsfeuerwerken, von denen Herr André Heller nicht zu träumen wagt. Man reiche mir einen Millionär, und ich berate ihn, wie er sein Geld mit Charme und Anmut ausgeben kann.«

»Ich seh's vor mir. Mit Tonnen von Silberflitter?«

»Mindestens.«

In der nächsten halben Stunde sprühten und zischten die Raketen, die Sonnenräder, die Flimmervulkane, die Flammenschriften nur so um den kleinen Wandtisch in der *Victorian*-Lounge. Maskierte Damen und Herren in bunten, weit wallenden Dominos wandelten im Schutze der Dunkelheit durch Dagmars weitläufige Luftschloßparks und inszenierten verwickelte erotische Intrigen rund um die putzigen, girlandenumrankten Amor-Tempelchen. Dagmar entschwebte aus Zeit und Raum. Mit vor Begeisterung brennenden Backen.

»Die Sache hat nur einen Haken«, flocht Kurt irgendwann ein.

»Und die wäre?«

»Nichts ist schwerer, als an anderer Leute Geld ranzukommen.«

Wie profan. Wie nüchtern. Wie sachlich. Was für ein Langweiler. Wie fünf Zentner Blei hing er sich einem an die Füße, wenn man gerade mal zur allgemeinen Entspannung ein wenig aus der Realität abheben wollte.

»Was ich meine, ist: Wieso versuchst du nicht mal, von diesen Krawallblättern wegzukommen und für seriöse Zeitschriften zu arbeiten? Du hast doch Talent, du hast Phantasie, du hast Ideen. Das einzige, was du nicht hast, ist ein vernünftiges Einkommen. Ich könnte mir aber vorstellen, daß die Edelmagazine auch viel besser bezahlen als die Schundgazetten. Du solltest also –« Jetzt redete sich zur Abwechslung Kurt Sichelbach in Hitze. Er entwarf detaillierte Schlacht- und minutiöse Zeitpläne, mit deren Hilfe Dagmar Eickhorn die bundesdeutsche Hochglanz-Szene erobern und aufmischen würde. ». . . und dann gibt es natürlich auch noch den Markt der Fotokunstbände. Und die Poster! Wir dürfen auf keinen Fall die Poster vergessen! Das ist ein Boom-Sektor, und ich könnte mir gut vorstellen, daß da auch noch einiges für dich drin wäre.«

Was sollte das? Wozu legte er sich so ins Zeug? Das war höchst verdächtig: Wollte er sich etwa zu ihrem Manager aufschwingen und Prozente kassieren?

»Ich könnte mir natürlich ein besseres Bild machen, wenn ich mal ein paar Fotos von dir zu sehen kriegte. Ist dir eigentlich bewußt, daß wir uns heute das siebte Mal treffen –« (dieser Buchhalter!), »– daß wir fast immer über deinen Job reden, daß du mir aber noch nie auch nur das kleinste Dia von dir gezeigt hast?«

Aha. Daher wehte also der Wind. Natürlich. Früher fragten sie danach, ob sie noch eine Tasse Kaffee zur guten Nacht bekommen konnten, heute wollten sie Einblick in das Archiv tun. Nun gut.

Während Kurt sich weiter über Investitionskosten in Form von Werbereisen zu den wirklich wichtigen Illustrierten, Bilanzen und die längst überfällige Anschaffung eines Computers ausließ, unterzog Dagmar ihn einer eingehenden Prüfung. Nein, er war wirklich nicht ihr Typ. Zu unspektakulär. Andererseits war er ein Mann. Der sich, wenngleich aus völlig verstiegenen Motiven heraus, für sie zu interessieren schien. Und es mußte sich etwa im Jahre 13 vor Christus zugetragen haben, daß sie das letzte Mal ein wenig animalische Wärme, ein wenig nackte Haut an ihrer gespürt hatte. So übel war er nun auch wieder nicht. Er war von beachtlicher Größe. Hatte für so einen notorischen Aktenwälzer und Bleistiftstemmer erstaunlich kräftige, sehnige Hände. Eine angenehme Stimme. Was er wohl sagte, wenn er zärtlich wurde? Oder gar leidenschaftlich?

Seltsam. Irgend etwas in ihrem Unterbauch bekam einen kleinen Stich. Hatte sie überhaupt aufgeräumt heute morgen? Bestimmt nicht. Wenn sie, wie üblich zu spät, zu einem Termin aufbrach, pflegte die Schlickenrather Straße auszusehen wie nach einer Gasexplosion. Aber was scherte sie das, sie brauchte ihn ja nicht zu beeindrucken. Sie wollte schließlich nichts von ihm. Jedenfalls nichts Längerfristiges. Auch das würde sie ihm klarmachen müssen. Ob er wohl ein Gummi bei sich hatte? Oder zwei? Oder drei? Wie oft konnte er wohl, wenn er wirklich wollte? Jetzt zog irgendwas im Bauch. Aber mit Macht. Wie bei der ersten Schußfahrt auf der Achterbahn.

»Wenn du willst, kannst du dir meine Fotos ja mal ansehen. Das heißt natürlich nur, wenn du heute abend noch Zeit und Lust dazu hast«, sagte Dagmar. Und schaffte es, dabei einen durch und durch harmlosen, fast neutralen Ausdruck auf ihr Gesicht zu zaubern.

»Darf ich vorstellen? – Otto von Bismarck – Kurt Sichelbach.« Dagmar hatte Kurt an den auffälligsten Peinlichkeiten in ihrer Wohnung (den angegammelten Resten vom Frühstück auf dem Eßtisch, dem Weinglas und dem vollen Aschenbecher vom Vorabend, dem Wirrwarr aus Magazinen, Büchern, Modeschmuck, Notizzetteln und TV-Programmen) schnell vorbei- und zum Vogelbauer gelotst.

»Was hat er denn? Wieso flattert er denn so? Mag er mich nicht?«

»Er ist sauer, weil er den ganzen Tag allein und eingesperrt war.«

»Dann laß ihn doch raus, den Ärmsten.«

»Ich warne dich. Otto ist nicht nur ein Vogel, er hat auch einen. Außerdem ist er Anarchist. Du ahnst nicht, was für ein Chaos er anrichten kann!«

»Doch, das entzieht sich nicht meiner Kenntnisnahme«, merkte Kurt trocken an und blickte sich dabei im Zimmer um. In Winsen an der Luhe firmierte eine solche Äußerung wahrscheinlich unter feiner Ironie.

Dagmar ließ also Otto von Bismarck frei und freute sich, daß er, nach zwei sportlichen Runden durch die Wohnung, genau das tat, was sie erwartet hatte: Er landete auf Kurts Kopf. Mit etlichen, heute erstaunlich deutlichen Eierkopps.

»Ist das eine Anzüglichkeit, die auf meine hohe Stirn zielt, oder meint er das mehr amerikanisch, als Kompliment an meine akademische Ausbildung?« fragte Kurt, leicht mißtrauisch in die Höhe äugend.

»Frag ihn doch selbst«, sagte Dagmar. Was schwätzten sie hier müßig über den blöden Vogel – es war schlechterdings unmöglich, einem Gespräch über einen Wellensittich eine irgendwie erotische Wendung zu geben. Wenn es funken sollte, mußte sie zu anderen Mitteln greifen. Erst mal eine Platte auflegen, genau, ein Glas Wein vielleicht? Vor allem aber:

»Du wolltest doch ein paar ausgewählte Werke von mir betrachten. Wenn ich dich dazu vielleicht in meinen Bürotrakt bitten dürfte? Aber tu mir die Liebe und setz diese fliegende Klette wieder hinter Gitter.«

Als Kurt Sichelbach erst einmal über ihr Leuchtpult gebeugt saß, als sie hinter ihm stand und sich wieder und wieder vorbeugen mußte, um ihm weitere Bilder unter die Lupe zu schieben und zu erklären, ging alles wie von selbst. Wie im Film. Ihrer Erfahrung nach litten 90 % aller Männer an einer schweren Mammomanie; die Berührung ihres Körpers durch eine fremde, weibliche Brust versetzte sie prompt in Balzbereitschaft (eigentlich unverständlich, wo es doch so viel aufregendere Körperteile gab, Kniekehlen oder Handinnenflächen zum Beispiel, von der Verbindungslinie zwischen den beiden Beckenknochen ganz zu schweigen). Glücklicherweise aber funktionierte der uralte Trick bei Kurt ohne jede Beanstandung. Plötzlich, mitten in der Wolf-Müller-Leberecht-Produktion, legte er die Lupe beiseite und drehte sich, nach einem leisen Stöhner, zu ihr um. Na also. Jetzt würde sich die Natur selbst zum Durchbruch verhelfen, ohne unnützes Palaver.

»Tut mir leid, aber ich könnte mich weitaus besser auf deine Arbeit konzentrieren, wenn du ein Stückchen Abstand halten würdest.«

Verdammt. Er wollte es schriftlich haben. Er überließ ihr die Initiative. Mögest du dermaleinst in der Hölle schmoren, Alice Schwarzer!

»Erst die Arbeit, dann das Vergnügen –« Herrjeh, etwas Blöderes war wohl noch nie in einer vergleichbaren Situation gegurrt worden! Wie konnte sie nur! Ein verbaler Direktimport von den Stammtischen!

Immerhin schien Kurt derzeit nicht dazu aufgelegt zu sein, sich an sprachlichen Entgleisungen zu stören. Mehr noch, auch ihm mangelte es plötzlich auffällig an Wortwitz:

»Wenn das so ist ...«, sagte er, als er sich erhob und die Arme um sie legte.

Dann konnte Dagmar feststellen, daß er beim Küssen die Augen schloß und irgendwie so rührend aussah wie Otto von Bismarck, wenn er mit Hingabe sein Spiegelchen bebalzte und beschnäbelte. Dann zog sie ihn ins Wohnzimmer auf die Couch. Dann erigierten ihr sämtliche kleinen Härchen auf der rechten Körperseite, weil er mit den Lippen in ihrer rechten Halskuhle herumschnoberte.

Dann schrillte dreimal die Klingel, durchdringend laut, fordernd, unnachgiebig. Dann stand Gamma Zwo im Türrahmen. Höchstselbst. Verkleidet als Gerichtsvollzieher. Entsandt vom Finanzamt Düsseldorf-Hilden.

KAPITEL 5

»Up, up and away«

(The 5th Dimension, Ballon-Fans)

Als er, direkt im Anschluß an die große Dienstagskonferenz, gegen 16 Uhr endlich dazu kam, den Stapel der Posteingänge zu sichten, spürte Kurt Sichelbach den übermächtigen Impuls in sich hochkochen, sofort alles stehen und liegen zu lassen. In die Altstadt zu wandern und mit einer der dort ansässigen Schlägergangs Kontakt aufzunehmen. Den Jungs ein paar Scheine in die Hand zu drücken und sie die Allgemeinheit endlich und unwiderruflich von Hermann Schlingensiepen erlösen zu lassen. Dem zwar nicht größten, doch mit an Sicherheit grenzender Wahrscheinlichkeit dreistesten Versicherungsbetrüger aller Zeiten.

Allerdings würde dann die Große Strafkammer beim Landgericht – selbst wenn er zu seiner Verteidigung niemand Geringeren als Herrn Bossi aus München einfliegen ließ – nicht umhin können, auf Anstiftung zum Mord zu erkennen. Dies aber würde gemäß Paragraph 211 des Strafgesetzbuches »lebenslänglich« für Kurt Sichelbach bedeuten – der Impuls schwächte sich merklich ab.

Zu erwägen wäre jedoch, ob er nicht selbst Hand an Hermann Schlingensiepen legen konnte: ihn erwürgen. Ihn durch die Panoramascheiben des Drehrestaurants hoch oben im Fernsehturm über dem Hafen befördern. Ihn archaischerweise mit einer Axt erschlagen.

Er würde dann vor dem Hohen Gericht auf Notwehr im Sinne von § 32 StGB und damit auf Freispruch plädieren. Er würde diese Säulen von Akten aus seinem Büro, diese Gebirge von Schriftwechseln, für die eine ökologisch nicht unrelevante Zahl von Bäumen sinnlos abgeholzt worden war, diese Zentner von Lug und Trug und Unlauterkeit vor den Schranken des Gerichts auftürmen. So konnten sich die Richter selbst davon überzeugen, mit welcher beispiellosen Ansammlung von Unflat die gesamte Familie Schlingensiepen unter der kriminellen Führung des Hermann Schlingensiepen in Tateinheit mit den verschiedensten Schwippschwägern und sonstigen Komplizen die *Turm*-Versicherung seit Jahr und Tag überschwemmte.

Dann würde er medizinische Gutachten vorlegen. Im Februar 1987 hatte sich der damals für die Schlingensiepens zuständige Sachbearbeiter gezwungen gesehen, sich mit einem schweren Herz-Kreislauf-Leiden in den vorzeitigen Ruhestand versetzen zu lassen. Dessen Nachfolger, also sein unmittelbarer Vorgänger auf diesem Posten, war Mitte des vergangenen Jahres bedauerlicherweise einem akuten Magengeschwürdurchbruch erlegen. Seit Sommer 1989 aber versuchte er, Kurt Sichelbach, seines Zeichens immerhin Einser-Jurist, Licht in das undurchdringliche Dunkel der Schlingensiepenschen Machenschaften zu bringen. Das schier unentwirrbare Knäuel von Betrügereien, das die ehrlichen Versicherungsbeitragszahler wahre Unsummen kostete, endlich aufzudröseln und diesen unverschämten Lügnern das Handwerk zu legen.

Nach nur einem halben Jahr aber schmeckte auch ihm morgens das Frühstück nicht mehr, wenn er nur daran dachte, daß er gleich im Büro eine neuerliche Schadensmeldung aus der Hand seines Widersachers finden würde. Und wenn er's sich recht überlegte, hatte er soeben, als er den Brief von Hermann Schlingensiepen öffnete, ein leichtes Zwicken in der Herzgegend verspürt. Ob die Richter dies aber als Bedrohung von Leib und Leben und somit hinreichende Begründung für Notwehr im Sinne des 32ers StGB interpretieren würden, war doch mehr als fraglich.

Nein, er war Realist. Wenn er seinen Affekten nachgab, würden die Richter zweifelsohne auf Totschlag erkennen. Gleichwohl in einem minderschweren Fall. Denn der Paragraph 213 des Strafgesetzbuches räumte expressis verbis ein, daß es Beleidigungen gab, auf die selbst die Friedliebendsten unter den Menschen nicht anders als gewalttätig reagieren konnten. Das neueste Schreiben von Hermann Schlingensiepen aber war eine solche Beleidigung: Für wie doof hielt der Kerl ihn eigentlich?

Mit Datum vom vorgestrigen teilte Hermann Schlingensiepen mit, daß sein deutscher Schäferhund Arco den Frieden einer gemütlichen Sonntagsnachmittags-Kaffee-und-Kuchen-Runde empfindlich gestört habe, indem er leider das Feuerzeug der besten Freundin von Frau Schlingensiepen verschluckte. Natürlich war das Feuerzeug von Cartier gewesen, aus reinem Gold mit weißem Chinalack, und natürlich konnte die Freundin keine Rechnung vorlegen, weil sie es nämlich geschenkt bekommen hatte. Von wem, war ihr leider nicht mehr erinnerlich. Dafür aber, daß die Geschenkübergabe sich erst vor drei Wochen ereignet hatte, das Feuerzeug also als absolut neuwertig einzustufen war.

Natürlich hatte daraufhin die gesamte Familie Schlingensiepen ihrer Schadensminderungspflicht voll und ganz Genüge getan, indem sie tage- und nächtelang den deutschen Schäferhund Arco beim Koten überwacht und die Exkremente eigenhändig auf das Vorhandensein des Feuerzeugs untersucht hatte. Ja, man war, um die »Sehr geehrte *Turm*-Versicherung« nicht unnötig in Anspruch zu nehmen, sogar so weit gegangen, dem deutschen Schäferhunde Arco Rhizinusöl einzuflößen. Doch leider ohne Erfolg. Hochachtungsvoll, mit der Bitte um baldigen Ausgleich: Hermann Schlingensiepen. In der Anlage: ein Wisch von der Hand der Freundin, mit Kaffeeflecken und strotzend von Rechtschreibefehlern. Es war zum Aus-der-Haut-Fahren.

Die Schlingensiepens entstammten einem alten Bauerngeschlecht aus dem Rechtsrheinischen, ihr Hof war verlottert, der kleine Reitstall, den sie betrieben, stand voller Schindmähren, das Familienoberhaupt trug über dem Blaumann einen grauen Kittel und auf dem Kopf einen verbeulten Filzhut von undefinierbarer Farbe. Trotzdem pflegten sie, jedenfalls in ihren Schadensmeldungen, regen gesellschaftlichen Umgang mit den Stammkäufern einschlägiger Nobelmarken. Nur solche gingen bei ihnen ein und aus, wie in einem Taubenschlag, und immer passierte dabei Schreckliches. Vor allem aber Teures.

Keine drei Monate war es her, da hatte Murks, der Kater der Schlingensiepens, seine Notdurft auf den zufällig herumliegenden Nerzmantel einer anderen Freundin verrichtet. Vor einem Jahr hatte ein Freund aus Baden-Württemberg weder Kosten noch Mühen der weiten Anreise gescheut, um den Schlingensiepens zu zeigen, was ihm seine Erbtante Hertha vermacht hatte: ein Tafelgeschirr für 12 Personen. Meißen, was sonst. Und in einem schicksalhaften Moment hatte Nicole, der hoffnungsvolle Schlingensiepen-Sproß, Hochzeit gespielt. Inklusive Polterabend, wie es sich gehört. Kurt hätte schwören können: Seinem Vorgänger war das Geschwür just in dem Moment geplatzt, als er den diesbezüglichen Brief lesen mußte.

Daß diese Sippe von Übelmännern und -frauen auch sonst permanent von allerlei Unbill heimgesucht wurde, verstand sich von selbst. Kaum hatten sie in mühevoller, monatelanger Eigenarbeit eine Scheune zu einer holzgetäfelten Atelierwohnung umgebaut – schon brannte sie ab. Nirgendwo konnten die Schlingensiepens ihre schweren Karossen amerikanischer Bauart parken, ohne daß ihnen nicht prompt von der Hand unbekannter Frevler die Reifen – nebst *handgeschmiedeten Felgen* – abmontiert wurden. Daß die nämlichen Wagen, wenn sie denn einmal fuhren, ohne Unterlaß in Unfälle mit anschließend Fahrerflüchtigen verwickelt wurden, bedurfte kaum noch der gesonderten Erwähnung.

Auch die Staatsanwaltschaften wurden somit von der Schlingensiepenschen Briefschwemme überrollt. Beinhaltend zahllose Anzeigen gegen Unbekannt. Unter anderem gegen den Verbrecher, der die Abwesenheit der Familie dazu genutzt hatte, bei Nacht und Nebel in den Bauernhof einzusteigen und nichts anderes als ausgerechnet die 10 000 Mark in bar zu entwenden, die nur deswegen dort herumlagen, weil der Schwager sie dem lieben Hermann am Vorabend zu treuen Händen übergeben hatte, damit der sie für einen Bekannten des Schwagers, der jedoch natürlich zwischenzeitlich nach Neuseeland ausgewandert war, zur Bank trage.

Was für ein Sumpf. Was für ein Dreck. Allein durch die Lektüre dieser Briefe fühlte man sich am ganzen Körper besudelt und glaubte, sofort die nächste Dusche aufsuchen und dort mindestens eine halbe Stunde verweilen zu müssen. Und für so etwas hatte man 13 Jahre die Schulbank gedrückt und 16 Semester Jura studiert.

Kurt Sichelbach blies die Backen auf und lehnte sich in seinem ledernen Relax-Kippsessel so weit zurück, daß ihn die Blätter der Hydrokultur-Palme an der Kopfhaut kitzelten. Nicht daß er nicht schon vor seinem Umzug nach Düsseldorf etwas schütter um den Scheitel gewesen wäre (das war erblich bedingt und hatte außerdem ja auch bekanntermaßen etwas mit einer Übersollerfüllung bei der Produktion männlicher Hormone zu tun!). Aber erst seitdem er die Bekanntschaft der Schlingensiepens gemacht hatte, fielen ihm die Haare vor lauter Entsetzen wirklich reihenweise aus.

Und wie sollte man angesichts solcher Erfahrungen noch weiterhin seine Illusionen bezüglich des Guten im Menschen wahren, die einem von einem humanistischen Gymnasium eingetrichtert worden waren? Weder bei Platon noch bei Aristoteles, noch nicht einmal im *Faust I* oder *II* oder gar im *King Lear* kam eine Gestalt von der schmierigen Abgründigkeit des Hermann Schlingensiepen vor.

Kurt Sichelbach beschloß, daß er für heute die Faxen dicke hatte, und räumte den Schlingensiepenschen Unrat ebenso vom Schreibtisch wie, aus Gründen des Datenschutzes und wegen der bald anrückenden Putzkolonne, auch alle anderen Unterlagen. Eines Tages würde er den gesamten Schwindelclan auffliegen lassen. Nicht mit Gewalt. Aber mit Hilfe der grauen Zellen, der Logik und aller zur Verfügung stehenden Gesetze und Verordnungen. Den akuten Ekel und den schlechten Geschmack im Mund würde er jetzt gleich mit ein, zwei Alt im *Uerige* herunterspülen.

Dagmar hielt ihm oft, halb foppend, halb im Ernst, vor, daß er unter dem Einfluß seines Jobs mit der Zeit zum Misanthropen mutiere. Zu einem berufsmäßigen Menschenfeind, argwöhnisch, mißtrauisch, hinter jeder Äußerung eine Lüge, hinter jeder Handlung eine Finte witternd.

Wenn man nüchtern alle in Frage kommenden Faktoren berücksichtigte, konnte man dem ein Körnchen Wahrheit möglicherweise nicht ganz absprechen. Trotzdem war es, gerade aus ihrem Munde, eine himmelschreiende Ungerechtigkeit. Denn wenn er so mißtrauisch war – wieso hatte er ihr dann, ohne jede Sicherheit und ohne lange zu zögern, die 5000 Mark geliehen, die sie brauchte, damit der

Scheck nicht platzte, den sie ohne Sinn und Verstand und ohne darüber nachzudenken, daß man mit der Zeichnung eines ungedeckten Schecks den Tatbestand des Betruges erfüllte, dem Vollzugsbeamten des Finanzamts ausgestellt hatte. Nur um ihn so schnell wie möglich loszuwerden.

Aber daran durfte er sie nicht erinnern. Dann wurde sie entweder ungehalten (»Soll ich etwa von nun an bis in Ewigkeit vor Dankbarkeit zerfließen? – Du kriegst deine Kohle schon zurück, mach dir darüber keine Sorgen, auf Heller und Pfennig!«) oder so deprimiert, daß sie sich stundenlang in düsteren Andeutungen über Pfandleihen erging, in die sie ihre Kameraausrüstung tragen würde, nur um dann den Strich zu bevölkern (»**Hinter** dem Bahnhof natürlich, für die Studios auf der Graf-Adolf-Straße bin ich schon zu alt!«). Man tat also gut daran, dieses Thema ihr gegenüber tunlichst nicht anzuschneiden. Überdies war es ja auch für ihn selbst alles andere als angenehm.

Einer alteingesessenen niedersächsisch-protestantischen Beamtendynastie mit einem gehörigen Schuß Preußenblut entstammend, hatte man den Begriff **Gediegenheit** schon mit der Muttermilch eingesogen. Man plante sorgfältig sein Leben. Man sorgte vor. Man hatte ein Sparbuch. Man dachte an später. Man bewegte sich stets und ständig im Rahmen der Wohlanständigkeit und auf dem Boden der Realität. Man hielt Distanz. Aus diesem Umfeld kommend, war schon sein Umzug in eine der Metropolen rheinisch-katholischer Liederlichkeit ein mittelschwerer Kulturschock gewesen. (Wenn auch ein gelegentlich erfrischender, wie man aufrechterweise einräumen mußte).

In diesem Sinne hatte er es von Anbeginn mehr als befremdlich empfunden, mit welcher Unbefangenheit Dagmar selbst vor wildfremden Menschen über den Bankrott ihres Vaters schwadronierte. Aber es hätte ihn warnen müssen:

Der Umgang mit Gerichtsvollziehern schien in der Familie Eickhorn genetisch verankert zu sein.

Trotz der naßkalten Januarbrise überlief es ihn jetzt noch siedendheiß, wenn er sich an den Abend erinnerte, der für ihn im *Victorian* so verheißungsvoll begonnen hatte. Er hatte gedacht, nun endlich die Früchte seiner geduldigen Zurückhaltung ernten zu können. Alles hatte sich ja auch bestens entwickelt, bis zu dem Zeitpunkt, als der Finanzbeamte vor der Tür stand.

Dagmar war komplett ausgerastet, hatte allen Ernstes versucht, mit dem Herrn, der sich doch wahrscheinlich auch eine erfreulichere Abendbeschäftigung vorstellen konnte, zu diskutieren und zu rechten. Er hatte eingreifen, sie befrieden, ihr erklären müssen, daß es gegen diese Maßnahme keinerlei Widerspruch mehr gab. Daß sie vor Monaten schon gegen ihre Zwangsveranlagung Einspruch hätte einlegen müssen. Daß aber diese Schätzung gar nicht erst vorgenommen worden wäre, wenn sie nur fristgerecht ihre Einkommensteuererklärung abgegeben hätte.

»Das hätte ich gemacht, wenn ich ein Einkommen gehabt hätte«, hatte sie ihn dann angeschrien. Vor dem Vollzugsbeamten! Dann hatte sie den Scheck ausgestellt und ihn dem armen Mann mit einem scharfen »Da. Nehmen Sie den, und kaufen Sie ein paar Panzer davon!« in die Hand gedrückt. Dann war sie eine Zeitlang unter wüsten Beschimpfungen des Verteidigungsetats durch die Wohnung gerannt. Und dann hatte sie, nachdem er sie ein wenig beruhigt hatte, gelacht und gesagt, daß der Scheck eh nicht gedeckt sei: »Die werden morgen ganz schön dumm aus der Wäsche gucken!«

Es war einfach nicht zu fassen! Was für eine Verantwortungslosigkeit. Welche Verwirrtheit. Und das im Kopf der ersten und einzigen Frau, die es bislang geschafft hatte, ihn, Kurt Sichelbach, im Schach zu schlagen! (Wenn sie es **nicht** schaffte, dann schmiß sie wütend ihren König weg: »Mit dir kann man ja nicht spielen. Du kannst ja nur Räuberschach. Du bist nur auf ein blutrünstiges, übles Gemetzel aus!«)

So war sie: ungerecht und starrsinnig. Wirrköpfig und chaotisch. Stur und widerspenstig. Unbeherrscht und jähzornig. Und dann wieder, übergangslos, von einer Sekunde zur nächsten: intelligent und geistreich. Witzig und verspielt. Ehrlich und geradlinig. Lieb und zärtlich. Vor allem aber war sie, egal, was passierte, immer eines: tapfer.

Als er ihr den Scheck über die 5000 Mark ausgestellt hatte, um sie vor der unweigerlich ins Haus stehenden Betrugsanzeige zu retten, hatte er fest damit gerechnet, daß sie ihm nun beseligt um den Hals fallen würde, weich und nachgiebig wie eine schnurrende Katze. Doch weit gefehlt.

»Ich werde dich von nun an nur noch Clondyke nennen«, hatte sie überraschend angekündigt. So sachlich, als würde sie die Wasserstandsmeldungen verlesen. Auf seine Frage, was das denn bitteschön zu bedeuten habe, hatte sie allen Ernstes geantwortet:

»Wenn du als Kind öfters mal ein Micky-Maus-Heft in die Hand genommen hättest statt der *Financial Times*, wüßtest du es. Der Clondyke ist ein Fluß in Alaska, mitten im Goldgräberland. Onkel Dagobert hat da seine erste Million gemacht.«

Er hatte dies für einen gelungenen Witz gehalten. Für ein Signal, daß sie die unendliche Peinlichkeit der vorangegangenen halben Stunde vergessen machen wollte. Für ihre Art zu versuchen, zu der *Victorian*-Stimmung zurückzukehren. Er hatte infolgedessen herzhaft gelacht. Aber er hatte sich zu früh gefreut.

»Und jetzt, mein lieber Clondyke, möchte ich dich bitten

zu gehen!« – Unglaublich. Dergleichen bekam man sonst nur auf Krankenschein. Als therapeutische Wechselbäder.

»Mach nicht so ein bedröppeltes Gesicht! Du siehst aus wie der Vater aller Karpfen. Ich gebe ja zu, daß ich mit dir ins Bett wollte heute abend, und es wäre vielleicht auch ganz nett geworden. Aber du mußt doch einsehen, daß das jetzt ein Ding der Unmöglichkeit ist.«

»Weil der Gerichtsvollzieher hier war? – Vergiß ihn doch jetzt. In den nächsten Tagen werde ich einmal deine Steuerunterlagen prüfen und sehen, was zu machen ist. Komm, nimm noch einen Schluck Wein, das entkrampft.«

»Ich will nicht entkrampfen, und ich will auch nicht mit dir schlafen. Nicht, nachdem du mir 5000 Mark in die Hand gedrückt hast. Bin ich etwa eine Edelkokotte? Soll ich mich von dir aushalten lassen? Fehlt nur noch, daß ich mir ein paar Kamelien an den Busen hefte!«

Die Sprache sträubte sich, solchen Ungeheuerlichkeiten gerecht zu werden. Trotzdem hatte er immer noch – wenngleich mit Mühe und Not – die Ruhe bewahrt. Versucht, der Logik auf der Schlickenrather Straße zu ihrem Recht zu verhelfen:

»Ich habe mir geschmeichelt, daß du mich inzwischen als deinen Freund betrachtest. Und Freunde helfen sich, wenn Not am Mann ist.«

»Mag sein. Aber wenn die Not nicht am **Mann** ist, sondern an einer **Frau**, bekommt alles eine ganz andere Bedeutung. Einen irgendwie unsauberen Touch.«

»Das ist doch völlig absurd. Klar bist du eine Frau, dem Himmel sei Dank. Du arbeitest hart, wie man dir gerade heute deutlich ansehen kann. Daß du dabei nicht gerade blendend verdienst, ist nicht deine Schuld. Weißt du überhaupt, daß nur 28,5 Prozent aller berufstätigen Frauen mehr als 1800 Mark netto verdienen, während es bei den Männern 73 Prozent sind? Okay, du hast mit deiner Steuer-Schlamperei einen kapitalen Bock geschossen, aber –«

»Wenn du nicht sofort aufhörst, mir jetzt auch noch deine drögen Statistiken in die Ohren zu gießen, kriege ich einen Schreikrampf! Clondyke Sichelbach: Du weißt, wo die Tür ist. Gute Nacht. Ach ja: Und vielen Dank. Für den netten Abend. Und das leckere Essen.« – Daraufhin war er, Kurt Sichelbach, abgezogen. Wie ein Schulbube. Ein Tanzstundenjüngling. Ein Pantoffelheld.

Man sollte nicht fluchen. Flüche waren Ausdruck geistiger Impotenz. Deutliche Anzeichen dafür, daß es dem Fluchenden an Distanz, Übersicht, Selbstbeherrschung und Souveränität mangelte. Nur der fluchte, dessen Vokabular für eine rationale, detaillierte Situationsanalyse zu dürftig war. Der schlichtweg nicht mehr Herr der Lage war.

Dennoch: Verdammt. Verdammt und zugenäht. Himmel, Arsch und Zwirn. Merde! Holy shit! Porca Miseria!!! Dieses Weib war so – anders. Ein einhundertzwanzig Pfund schweres Ausrufezeichen!!!

Im *Uerige* standen sie schon alle, dicht gedrängt, die Manager neben den Pennern (undenkbar in Niedersachsen!), all die durstigen Seelen, die des Tages Frust mit einem Zischerchen von dem kühlen, frisch gezapften Trunk zu mildern und ihre überdrehten Hirne zu dimmen trachteten. Mitten im Gewühle machte Kurt zwei bekannte Gesichter aus, Bodo vom Bruch neben Thomas Bornheimer. In Winsen an der Luhe wäre er jetzt stehengeblieben und hätte in wohlerzogener Zurückhaltung gewartet, bis die zwei durch irgendein Zeichen zu erkennen gaben, daß sie ihn zu begrüßen wünschten: Man drängte sich nicht auf. In Düsseldorf wurde solch ein Verhalten als »stieselig« bewertet, wenn nicht gar als grobe Beleidigung. Kurt mußte sich also durch das Gedränge zu den beiden hinkämpfen:

»Guten Abend, die Herren.«

»'n Abend«, sagte Thomas, der wieder einmal in einem Selbstgestrickten von Usch steckte. Dunkelblau, mit einer grauen Rentier-Prozession.

»Hi, Kurt«, sagte Bodo, »Dagmar nicht da?«

»Leider nein. Sie ist für drei Tage nach Hamburg gefahren. Sie will sich da verschiedenen Redaktionen vorstellen. Bei Gruner und Jahr.« – Kurt hoffte, daß das nicht allzu angeberisch klang. Aber schließlich hatte er lange auf Dagmar einreden müssen, bis er sie davon überzeugt hatte, daß beruflicher Stillstand immer gleichbedeutend war mit Rückschritt. **Think big** hatte er ihr gepredigt. Und jetzt war sie, klein und tapfer, ausgezogen, sich den Großkopferten zu stellen. Er war stolz auf sie.

»Seit wann ist die denn so vom Ehrgeiz zerfressen? – Der Mike sagt immer, daß sie ganz glücklich sein soll mit ihren Singe- und Filmfuzzis. Mehr sei bei ihr sowieso nicht drin. Talentmäßig.« – Michael Kamm. Dieser Blender. Dieser Aufschneider. Dieser Maulheld. Kurt hatte ihn vom ersten Augenblick an nicht ausstehen können.

Dagmar hatte ihm irgendwann strahlend eröffnet, daß Michael Kamm bei ihr die Nummer 25 war. In dieser typisch rheinischen Art, bei der man nie genau wußte, ob man sie nun unter Offenheit oder unter Prahlerei einsortieren sollte. Selbstverständlich hatte er sich nie Illusionen darüber hingegeben, was Dagmars erotisches Temperament betraf (sie war übrigens seine Nummer 13). Auch mit Eifersucht hatte das nicht das Geringste zu tun. Bloß: Wenn er nur den Namen seines Vorgängers hörte, wurde die Luft im Raum plötzlich stickig. Es mußte sich um ein rein chemisches Phänomen handeln.

»Darf man sich nach dem werten Befinden der Gattin erkundigen«, fragte er Thomas, um erstens den bisher Schweigenden in die Konversation einzubeziehen und zweitens von dem unliebsamen Thema Michael Kamm loszukommen.

»Usch überlegt sich, ob sie nach Rumänien gehen soll«, sagte Thomas Bornheimer. »Die Bilder aus diesen schrecklichen Kinderheimen haben sie mächtig mitgenommen.«

»Sei doch froh, wenn du sie endlich los bist«, sagte Bodo vom Bruch. – Kurt **haßte** diese Form der Kneipengespräche unter Männern, die immer ein wenig an die Lagebesprechungen konspirativer Kommandounternehmen erinnerten. Abgesehen davon, daß man nicht sein Innerstes so peinlich nach außen kehrte und in aller Öffentlichkeit im Seelengekröse herumfledderte – meist fand er Gespräche, an denen auch Frauen teilnahmen, interessanter. Weil kultivierter.

»Deine Frau ist ein sehr sozial eingestellter Mensch, das ehrt sie. Und die politisch-ökonomische Entwicklung in Osteuropa kann niemanden unberührt lassen«, startete er den Versuch, das Gespräch von der Bornheimerschen Ehekrise abzulenken. Dagmar hatte berichtet, daß Usch schon im Wartezimmer eines Scheidungsanwalts gesessen, dann aber nach einem plötzlichen Sinneswandel das Weite gesucht hatte (. . . »wahrscheinlich ist das mit einer Scheidung so wie mit Zahnschmerzen. Wenn du beim Arzt bist, tut dir auf einmal nichts mehr weh . . .«).

»Quatsch: Osteuropa. Usch will sich nur mal wieder wichtig machen, das ist es. Ich weiß wirklich nicht, wie du das aushältst, Thommy. Wenn du mich fragst: Du solltest zu Hause mal kräftig auf den Tisch hauen. Oder endgültig die Fliege machen«, dröhnte Bodo vom Bruch.

Was für ein armseliger Angeber. Kurt war inzwischen, mehr nolens als volens, firm in allen Interna des Szene-Klatschs. Er wußte nur zu gut, daß Bodo nicht nur die Knie weich wurden, wenn sich ein weibliches Wesen ihm näherte. Der Mann war im Prinzip zu bedauern, aber er sollte sich vor Thomas nicht so peinlich als Saft- und Kraftstrotz aufblähen. Was Bodo dringend brauchte, war eine Kopfnuß. Kurt Sichelbach setzte sein verbindlichstes Lächeln auf:

»Du hast ja so recht, Bodo. Hast du je daran gedacht, daß du dein Wissen auch in bare Münze verwandeln könntest? Du würdest dich um die Männerwelt verdient machen, die bislang noch unerleuchtet im dunkeln tappt. Warum organisierst du nicht vierzehntägige Intensivkurse in einem Kongreßhotel in Davos oder auf Malta: ›Haut auf den Tisch mit Bodo‹. Oder: ›Die Kunst des Fliege-Machens unter besonderer Berücksichtigung der Vom-Bruch-Landung‹. Damit könntest du die Mark treffen!«

Bodo vom Bruch riß die Augen auf. Offensichtlich wußte er nicht, ob er geschmeichelt oder wütend sein sollte. So war's recht. Wenn Kurt Sichelbach sich auf ein Duell einließ, dann schwang er nicht den plumpen Morgenstern, sondern er kämpfte mit dem weitaus eleganteren Florett. Der Gegner bemerkte erst Stunden später, daß er getroffen war.

Thomas Bornheimer aber merkte gar nichts.

»Usch macht es sich doch selbst am schwersten«, beharrte Thomas auf seiner Ehedebatte. »Sie sieht eben alles multiperspektiv, das macht es so kompliziert. Schaut: **Euch** kann ich sagen, daß ich eure Krawatten einfach beschissen finde. Ihr hört euch das an, und dann tragt ihr sie weiter, oder ihr laßt es bleiben. Wenn mich Usch aber fragt, wie ich ihre neue Frisur finde, und ich sage ihr, daß sie mit der Dauerwelle aussieht wie ein Königspudel, dann dauert es keine drei Minuten, und wir landen beim Matriarchat oder bei der Hexenverbrennung oder bei den Leichtlohngruppen. Wenn ich aber nett sein will und schwindele, daß ich ihren neuen Kopf ganz toll finde, wißt ihr, was dann passiert: Dann landen wir bei der Frage, ob ich eine ausgereifte Persönlichkeit bin oder so. Sie will eben immer all den Dingen auf den Grund gehen. Aber manchmal ist das verdammt anstrengend.« – Auch ein armes Schwein.

»So sind sie nun mal«, meldete sich Experte Bodo erneut zu Wort. »Wenn du ihnen die Wahrheit sagst, sind sie unglücklich. Wenn du's nicht tust, erst recht.«

Kurt merkte, daß er sofort gehen mußte, wenn er nicht zu offenen Aggressionen übergehen wollte. Erst die Schlingensiepens und jetzt auch noch dieser Schwachsinn! Ihn verlangte dringend nach Ruhe, nach Entspannung für Körper und Geist.

»Einen schönen Abend noch, die Herren!« verabschiedete er sich in unhöflicher Abruptheit. Aber die beiden anderen hatten schließlich zur Genüge unter Beweis gestellt, daß sie keinerlei Wert auf gepflegte Manieren legten. Außerdem bedurfte Otto von Bismarck wahrscheinlich dringend seines Futters.

Als er seine Fünfzimmer-Altbauwohnung auf der Elisabethenstraße betrat, die ihm die *Turm*-Versicherung anläßlich seines Umzugs vermittelt hatte und auf die er die erste Zeit so stolz gewesen war, kam sie ihm seltsam kahl und kalt und leer vor. Jeder seiner Schritte hallte in seinen Ohren. Wahrscheinlich mußte er noch ein paar Teppiche auslegen. Nur Otto von Bismarck war ein Lichtblick, der ihn, freudig flatternd, mit einem kräftigen »Eierkopp!« begrüßte. Sorgsam prüfte Kurt erst, ob auch alle Fenster geschlossen waren, bevor er ihn freiließ.

Auch der Heizungsthermostat sollte ein wenig höher gestellt werden. Man fröstelte richtig. Wenn Dagmar bei ihm war, spürte er es nicht so. Auch wenn sie sich bislang im Bett als eine leichte Enttäuschung entpuppt hatte. Von einer Frau, die förmlich durchs Leben loderte, mußte man doch annehmen, daß sie auch als Liebhaberin ein Vulkan war. Daß sie

Kontinente erbeben lassen und die Meere aufwühlen konnte. Aber dem war nicht so. Sexuell war sie eher normal. Vielleicht mit einem kleinen Faible für die Oberlage. Eigentlich angenehm.

Das Folienmenü für den Single-Bedarf, das er aus der Mikrowelle zog, hatte auch schon mal besser geschmeckt. Otto von Bismarck zu erlauben, über den Tisch zu stolzieren und an seinem Tellerrand zu picken, war zwar unhygienisch, aber drollig und possierlich.

Im Fernsehen war nichts als gequirlter Quark. Der Wirtschaftsteil der Tageszeitung gab auch nichts Rechtes her. Merkwürdig, wie unausgeglichen er in letzter Zeit war – das lag wahrscheinlich an dem Schlingensiepen-Frust.

Nicht schlecht wäre jetzt gewesen, wenn er Dagmar ein wenig beim Spinnen hätte zuhören können. Das lenkte ab und entspannte. Wenn sie in ihre buntschillernden Wachträume abhob, erinnerte sie ihn manchmal an einen alten Stich, den er irgendwo gesehen hatte. Eine Montgolfiere war darauf zu sehen gewesen, einer dieser prachtvoll aufgezäumten Rokoko-Ballons, mit der sich kurz vor der Französischen Revolution die ersten Menschen in die Lüfte erhoben hatten. Mit flatternden Bändern aus Seide, pastellfarbenen Riesenschleifen, schwirrenden Amouretten und unzähligen Wimpeln waren die Montgolfieren geschmückt. Kitschig, klar. Vom technischen und ökonomischen Standpunkt betrachtet: glatte Fehlinvestitionen. Kein Wunder, daß es sie nicht mehr gab. Sie hatten sich nicht bewährt. Aber schön waren sie doch. Schade, daß so gar keine Montgolfieren mehr am Himmel über den Städten schwebten.

Was nun die Montgolfiere Dagmar anging: Sie würde lernen müssen, endlich etwas realistischer zu denken. Hingegen: Wenn sie an ihren Luftschlössern baute, dann hatte man plötzlich den Duft von Rosenbeeten in der Nase. Und das tat, ob kitschig oder nicht, so gut nach dem Pesthauch, den Schlingensiepen und Co. verbreiteten.

Daß sie mit solcher Inbrunst ständig Schnulzen und Schmachtschinken las, war ja eigentlich ein alarmierendes Zeichen. Und paßte so gar nicht zu ihr. Aber: Als sie letztens einmal von ihrer Traumreise in den alten Süden der USA schwärmte, an die Schauplätze von *Vom Winde verweht*, die sie eines Tages der Reihe nach besichtigen wollte – da hatte er doch tatsächlich für einen kurzen Moment Krinolinenkleider rascheln hören.

Kurt Clondyke Sichelbach lockte Otto von Bismarck in den Käfig, rückte in plötzlicher Entschlossenheit einen Stuhl vor den Vogelbauer und begann, dem aufmerksam Lauschenden etwas vorzusprechen. Immer denselben Satz. Geduldig und beharrlich. Er hatte nur drei Tage Zeit.

KAPITEL 6

»Girls just wanna have fun«

(Cyndi Lauper, Frauen-Kennerin)

»Glaubst du nicht, daß das scharf an der Grenze zu einem Tierporno liegt, was du hier mit uns veranstaltest?« erkundigte sich Sabine Sträter. »Ich meine: Was ist, wenn plötzlich die Tür aufgeht und lauter Grüne stürzen rein, mit entsicherten Maschinenpistolen, GSG 9 oder so was, und meine arme Mutter muß morgen in der Zeitung lesen, daß ihre junge, unschuldige Tochter bei einer Großrazzia hochgenommen und auf frischer Tat bei der Herstellung von Äh-Bäh und Schweinkram ertappt worden ist?«

»Hör auf, dummes Zeug zu faseln. Wir schweinigeln hier nicht, wir machen Kunst. Allerdings bisher eine stark verwakkelte. Konzentrier dich also jetzt endlich darauf, still zu sein und nur ganz flach mit der Brust zu atmen. Dein Fleisch wogt wie der Pazifik bei Windstärke 12. So kann ich nicht arbeiten«, knurrte Dagmar, ohne die Kamera vom Auge zu nehmen. Sie mußte mit einer großen Brennweite bei wenig Licht klarkommen. Wenn Sabine sich nicht bewegunglos hielt wie eine Statue, würde sie alles verpfuschen.

»Aber das kitzelt so!«

»Arbeit kitzelt nicht, merk dir das! Und wenn du jetzt nicht endlich aufhörst zu reden, werde ich dich knebeln müssen.«

»Wunderbar. Damit häufen wir auch noch ein wenig Sado-Maso auf unser Strafregister. Hast du nicht sonst noch was auf Lager, ein bißchen Kindersex vielleicht? – Glaubst du, daß dein Kurt uns da raushauen kann?«

»Das ist nicht mein Kurt!«

»Und wenn du schon jemanden knebeln mußt, warum dann nicht dieses Untier! Es ist doch schon schlimm genug, daß ich mir diesen Vogel über den bloßen Bauch krabbeln lassen muß. Daß er mir dabei aber auch noch unablässig seine Liebe erklärt, geht wirklich zu weit. Das ist pervers. Mein armes Mütterlein wird's nicht überleben. Sodom und Gomorrha in Düsseldorf-Oberbilk!«

Sie hätte Sabine Sträter keinen Sekt anbieten dürfen. Wenn es einen Schwätzmarathon gäbe: Sabine Sträter wäre seit etwa 10 Jahren Dauerweltmeisterin und Olympia-Siegerin. Ganz ohne Doping. Wo man sie auch traf (und wo traf man sie eigentlich nicht?): Stets barst sie vor News, Narreteien, Klatsch und Clownerien. Dieser Frau auch noch zu allem Überfluß anregende Getränke einzuflößen, hatte in etwa den gleichen Effekt, als würde man ein Video von Stepptänzern auf doppelter Geschwindigkeit abspulen. Sinnvoller wäre gewesen, ihr eine heiße Milch mit Honig zu verpassen. Oder gleich ein paar Barbiturate.

Aber als Dagmar heute mittag ihr Wohnzimmer ausgeräumt, die Scheinwerfer und die großen Ständer aufgebaut hatte, an die sie Bahnen schwarzer Lackfolie befestigen wollte, und als sie diese ganze Arbeit gleich ein zweites Mal verrichten durfte, weil es Gamma Zwo beliebt hatte, sie über den Fuß eines Stativs stolpern zu lassen, woraufhin die kunstvollen Aufbauten der Reihe nach umgekippt waren wie die Dominosteine – da war ihr beim Gedanken an das Bevorstehende doch ein wenig mulmig geworden.

Sie hatte einen Schwarm Schmetterlinge im Magen gespürt: Clondyke Sichelbachs Prognosen bezüglich der Wendung zum Künstlerischen, die ihre Karriere nehmen sollte, und seine Marktanalysen betreffs Poster-Umsätze (». . . ein weiblicher Akt aus der Sicht einer **Frau** eröffnet doch ganz neue Perspektiven . . .«) – das war eine Sache. Seine zweitbeste Freundin zu bitten, die Hosen runterzulassen – das war eine andere.

Ein Model zu engagieren, kam natürlich nicht in Frage; von dem sensationell üppigen *Jack-und-Jackie*-Honorar war nach Abzug der ersten Schuldenrate an Kurt gerade so viel übriggeblieben, daß die Erbengemeinschaft aus Krefeld sich einen weiteren Monat in vollen Zügen ihres Lebens erfreuen konnte. Auf der Suche nach jemandem, der nach gängigen Kriterien als schön durchging und sich eventuell bereden ließ, gratis Modell zu stehen oder zu liegen, war ihr Sabine eingefallen. Sabine Sträter, deren 25jähriger Körper Squash- und Jazztanz-gestählt war, deren straffe Haut selbst bei Bezoomung durch ein leichtes Teleobjektiv nicht aussah wie eine Kraterlandschaft, die zudem genau die gewünschte zart androgyne Aura besaß. Sabines knallgelbe Kopfstoppeln ließen Ansätze zu unerfreulichen Verwechslungen mit Playmates gar nicht erst aufkommen.

Außerdem war Sabine, nachdem Dagmar einige Zeit an ihrer Bitte herumgedruckst hatte, sofort Feuer und Flamme gewesen: »Klar doch, mach ich glatt. Aber sag mal, warum knöpfst du dir keinen Mann vor die Linse?« – Der schönste Männerkörper, den Dagmar kannte, gehörte Michael Kamm. Ihn zu fragen, verbot sich selbstredend. Da sie immer noch, Clondyke Sichelbach an ihrer Seite, einen weiten Bogen um die Szenetreffs machte, hatte sie ihn seit nunmehr fast vier Monaten nicht mehr zu Gesicht bekommen. – »Männerfleisch kommt nicht so sinnlich«, hatte sie daher Sabine entgegnet. Wider besseres Wissen.

Seit drei Tagen hatte sie sich also den Kopf zermartert über die Posen, die Sabine einnehmen sollte, über die Backgrounds, über die Aussage, die ihr Akt haben sollte. Dann war ihr, als Sabine verabredungsgemäß um 19 Uhr auftauchte, der Schwarm Schmetterlinge in den Magen gegaukelt. Der Sekt für Sabine »... zum Auflockern« war nichts als eine plumpe Ausrede. Obwohl sie die Freundin oft genug nackt gesehen hatte, in verschiedensten Umkleidekabinen von Sporthallen und Kaufhäusern, war sie selbst es, Dagmar Eickhorn, die nun dringend der Enthemmung bedurfte.

Und dann war ihr, beim ersten Schluck, plötzlich ein Bild durch den Kopf geschossen. Otto von Bismarck, wie er auf Kurts Schädel thronte. Scharfe Krallen auf Haut. Schorfiges in Umflaumtem. Horn in Poren. Spitzes in Weichem. Mit einer großen Brennweite auf den Film gebannt. Ein Close-up. Verfremdet. Pars pro toto. Otto von Bismarcks Füße und ein paar Quadratzentimeter von Sabine Sträter – mehr brauchte sie nicht. Mehr würde auf dem Bild nicht zu sehen sein. Ein Geniestreich. Ein Musenschmatzer. Die Message: Bauhaus-Sinnlichkeit. Vor Erleichterung hatte sie direkt noch den Rest der Flöte in sich gekippt.

Erste Tests mit dem durchaus willigen Wellensittich und der geduldigen Freundin hatten ergeben, daß Sabine zu viel Sport getrieben hatte. An den Händen, an den Armen, an den Beinen mangelte es ihr genau an den Fettpolstern, ohne die sich die optische Abstraktion absoluter Weichheit und die Illusion vollkommener Schmieg- und Biegsamkeit nicht vermitteln ließen. Also hatte sich Sabine doch mit entblößtem Bauch auf die Couch legen (eine Frau konnte sich durch täglich hundert Sit-ups keuchen – wenn sie nicht unter Magersucht litt, blieb ihre Mitte samtig), den Vogel mit einem Hirsezopf anlocken und ihm dabei das Köpfchen kraulen müssen, um ihn nur ja in aufrechter Stellung zu halten, während Dagmar vor den beiden auf den Knien herumrutschte. Damit Ottos Federhosen nicht mit aufs Bild kamen.

Otto von Bismarck war ob dieser Zuwendung und der ungewohnten Star-Rolle mehr als entzückt. Er tschilpte, balzte und brabbelte. Wie Sabine, ohne Punkt und Komma. Nur selten streute er noch ein »Eierkopp« ein. Zu Dagmars großem Verdruß produzierte er ohne Unterlaß sein neues Kunststück:

»Schliepich!« sagte Otto von Bismarck. Mit ständig wachsender Begeisterung. »Schliepich! Schliepich! Schliepich!« Das Erstaunliche: Er konnte dabei die Betonung variieren. Oft klang es neckisch, manchmal fordernd, meist aber fragend: »Schliepich?«

Je öfter man es hörte, um so klarer und verständlicher wurde es. Solange Dagmar allein in ihrer Wohnung war, fand sie es ungemein rührend. Charmant. Ergreifend. Herzerwärmend. Sobald sie aber Besuch empfing, Fremde gar, hätte sie Kurt für dieses beispiellose Attentat an die Wand quacken mögen. Wie konnte er nur!

»Ich kann ja verstehen, daß ich dich um den Verstand bringe, Otto«, sagte Sabine Sträter. »Aber wenn du mir schon huldigst, dann befleißige dich doch bitte einer etwas deutlicheren Aussprache. Ich liebe dich, heißt das. Merk dir das gefälligst! Ich lie-be dich. Und dann kannst du hinzufügen: holde Sabine, du Stern meines Lebens!«

»Schliepich?« fragte das blöde Vieh eifrig.

»Otto von Bismarck spricht gar nicht mit dir, sondern mit mir!« fühlte sich Dagmar genötigt, zu Protokoll zu geben: Sabine war mitunter ein bißchen zu sehr von sich selbst und ihrer Wirkung auf die Umwelt überzeugt.

»Hallelujah. Dagmar Eickhorn ist eifersüchtig! Daß ich das noch erleben darf. Mein armes Mütterlein wird nicht umsonst das Zeitliche gesegnet haben.«

»Darf ich darauf hinweisen, daß **ich** ihm diesen Blödsinn **nicht** beigebracht habe?«

»Aber das ist es ja gerade: Es war dein Kurt. Und deshalb reagierst du ja prompt so sauer, wenn dieser gefiederte Postillon d'amour mit mir spricht! Sag ich doch.«

»**Das ist nicht mein Kurt!** Und ich weiß noch nicht einmal, ob man Eifersucht mit einem oder mit zwei f schreibt.«

»Wer schreit, lügt. Hat unser alter Religionslehrer immer gesagt. In der Grundschule.«

»Also gut, du hast gewonnen.« Dagmar legte erschöpft die Kamera beiseite. »Du kannst dir die Hose wieder hochziehen. Wir machen eine kleine Pause. Dann kannst du reden, bis du heiser bist. Vielleicht bist du auf diese Art nachher in der Lage, wenigstens mal für 10 Minuten die Luft anzuhalten.«

»Aber das wäre doch mein sicherer Tod, Daggi-Liebling. Wie willst du das später mal dem Petrus erklären. Erst Hardcore-Sodomie-Pornos machen und dann auch noch die Freundin umbringen: Ich seh schwarz, was dich und das Paradies angeht.« – Dagmar entfloh in den Küchenschlauch, machte Tee – ordentlich lange ziehen lassen, damit diese Frau mal ein paar Gänge runterschaltete! – und ein paar Toasts mit Gänseleberpastete. Clondyke überraschte sie bisweilen mit etwas Naschwerk.

»Sabine: Ich brauche deinen Rat«, sagte sie einige Zeit später, als beide am Eßtisch saßen und der tiefschwarze Tee Wirkung gezeitigt hatte. »Kurt hat mich gefragt, ob ich nicht zu ihm ziehen will! . . .« (Wieso sagte sie das mit so einem tragischen Unterton?) »Er hat doch nun mal diese unverschämt große Wohnung auf der Elisabethenstraße. Fünf Zimmer, Gästeklo, zentrale Lage und alles. Vom wirtschaftlichen Standpunkt betrachtet wäre das natürlich der Clou. Er sagt, er will keine Miete von mir. Und jetzt weiß ich nicht, was ich machen soll! . . .«

»Was hast du denn für eine Kündigungsfrist vereinbart für die Wohnung hier? – Drei Monate wahrscheinlich. – Aber darüber würde ich mir an deiner Stelle keine grauen Haare wachsen lassen. Wenn du einen Nachmieter stellst, kannst du sofort die Koffer packen. Und sobald du inserierst, werden dir bei der jetzigen Wohnungsnot die Suchenden selbst wegen einer Bruchbude wie dieser noch am gleichen Tag die Tür einrennen. Verlaß dich drauf.«

»Aber da liegt doch gar nicht das Problem.«

»Wo denn sonst?« – Jessas, war Sabine begriffsstutzig! Und oberflächlich!

»Hast du eigentlich schon mal was von Unabhängigkeit gehört? Davon, wie wichtig es für uns Frauen ist, Herrinnen unseres Lebens, unseres Schicksals zu sein? **Nicht** ständig jemandem nach dem Mund reden zu müssen, **nicht** dauernd Wohlverhalten an den Tag legen zu müssen?«

»Jetzt tönst du herum wie unsere verehrte Freundin Usch«, bemerkte Sabine trocken. »Bist du weniger Herrin deines Schicksals, wenn du zur Abwechslung mal deine Rechnungen bezahlen kannst? – Und dann: Ausgerechnet du und jemandem nach dem Munde reden? Das ist doch lachhaft. Allein bei der Vorstellung fühlt sich die Erde versucht unterzugehen.«

»Aber ich habe noch nie mit einem Mann zusammengelebt.«

»Dann wird es höchste Zeit, daß du das auch mal ausprobiertst!«

»Das mußt gerade du sagen: Wo du doch immer noch hübsch warm und sicher an Mutters Rockzipfel hängst.« – Jaja, das war ungerecht, Dagmar sah es ein. Sie selbst mochte die große, runde Marianne Sträter, die seit ihrer Scheidung in einem kleinen Einfamilienhaus in Benrath lebte und in einer Boutique für Dicke arbeitete (»... Imposante!« wie sie prompt korrigieren würde), so gut leiden, daß sie des öfteren bei ihr vorbeifuhr und mit ihr ein Schwätzchen, angereichert mit viel Kaffee und noch mehr Gelächter, hielt. Selbst Michael war ein paarmal mitgekommen und hatte mit Marianne Sträter Manta-Witze um die Wette erzählt. (Ach – Michael!)

»Wenn ich eines Tages keinen Bock mehr habe, zieh ich aus«, erklärte Sabine ungerührt. »Dann lebe ich entweder allein oder mit einem Mann oder mit zweien oder krieg vielleicht ein Kind oder laß es auch bleiben. Mach die Dinge nicht komplizierter, als sie sind, Daggi-Schätzchen.«

»Aber ich bin doch gar nicht in ihn verliebt«, klagte Dagmar. »Weißt du, wir haben eigentlich eine rein platonische Beziehung.« – Jetzt hatte sie es doch geschafft, die coole Sabine zu verblüffen. Den Gänselebertoast, den sie hatte zum Munde führen wollen, bremste sie auf halber Strecke ab, verdutzt:

»Willst du damit sagen, daß ihr in den zwei Monaten, in denen ihr zusammen geht, nicht ein einziges Mal im Bett oder auf der Couch oder auf dem Teppich oder sonstwo wart? – Das ist ja ein Ding! Komisch, hätte ich nie von Kurt gedacht. Gerade die Dünnen sollen doch so scharf sein, hört man immer wieder.«

»Natürlich hatten wir Sex, mach dir da mal keine Sorgen. – Aber, wie soll ich dir das bloß erklären: Es ist irgendwie **seelisch** platonisch. Er reißt mich nicht vom Hocker, so verhält es sich nämlich. Ich **will** aber vom Hocker gerissen werden. Ich will Herzklopfen kriegen, feuchte Hände und weiche Knie, wenn ich ihn nur sehe. Ich will, daß ich nicht schlafen kann, wenn er nicht da ist. Ich will mich ruhelos wälzen bei dem Gedanken, daß er jetzt gerade, just in diesem Moment!, vielleicht mit einer anderen zugange ist. Ich will himmelhochjauchzen, wenn er mich küßt. Und zu Tode betrübt sein, wenn er morgens weggeht!«

»Du willst hysterisch werden, sonst nichts.« – Erschrekkend, dieser Mangel an Mitgefühl bei einer 25jährigen! Dagmar kam sich plötzlich uralt vor: Was sollte aus der Welt werden, wenn die junge Generation sich derart in Herzlosigkeit übte?

»Blech! Ich will nichts weiter, als auf einer rosa Wolke sitzen. Das ist doch wohl nicht zuviel verlangt. Ich will **lieben**, das ist es! Ich will aufgewühlt werden!« – »Im Innersten erschüttert« – so stand es immer in den Büchern. Aber damit durfte man Sabine nicht kommen, so viel hatte sie inzwischen gelernt. – »Dieser Mann aber ist so – steril! Das mußt du doch zugeben. Oder kannst du dir etwa vorstellen, daß Kurt Sichelbach sich eine bändergeschmückte Laute schnappt und nächtens unter meinem Fenster Serenaden singt? Ich nicht. Dafür reicht selbst meine Phantasie nicht aus!«

»Immerhin läßt er doch Otto von Bismarck Serenaden singen. Das ist doch auch schon was.« – Endlich. Endlich hatte Dagmar das richtige Stichwort, um ihr Problem auf den Punkt zu bringen.

»Genau da liegt der Hase im Pfeffer! Ich habe mir immer einen Kakadu gewünscht. Und was kriege ich? Einen Wellensittich! Ebenso habe ich mich zeit meines Lebens nach einem Rhett Butler verzehrt, nach einem mutigen Abenteurer, der die Welt auf den Kopf stellt und dabei lacht. Und was habe ich jetzt? Einen trockenen Versicherungsjuristen, der nichts anderes bewegt als staubiges Papier. Ich wollte immer Clark Gable. Oder wenigstens Tom Cruise oder Harrison Ford. Aber wen ziehe ich mir aus dem Krabbelsack? Ausgerechnet Kurt Sichelbach!« Dagmar geriet fast ein wenig außer Atem. Aber es war lange, sehr lange her, seit sie das letzte Mal jemandem ihr Innerstes geöffnet hatte. Soweit sie sich erinnern konnte, fast zwanzig Jahre. Damals hatte sie in der Schulpause ihrer Banknachbarin eröffnet, daß sie sich in Paul McCartney verliebt hatte und Selbstmord begehen würde, wenn er sie nicht heiratete.

Sabines mehr als erstauntem Gesichtsausdruck ließ sich entnehmen, daß sie über diese Eruption doch leicht erschüttert war. Nun denn, ihrem Ausbruch konnte sie selbst eine gewisse pubertäre Note nicht ganz absprechen. Besser, sie kehrte zurück zur Vernunft:

»Außerdem passen wir nicht zusammen!«

»Wie meinst du das? Wenn ich euch zusammen sehe, denke ich immer, ihr kommt ganz gut miteinander klar.«

»Egal, welches Thema wir auch anschneiden: Nie, nicht ein einziges Mal sind wir gleicher Meinung«, stellte Dagmar fest.

»Ist doch prima. Dann wird's dir nie langweilig, wenn du zu ihm ziehst.« – Es war sinnlos. Mit Sabine konnte man nicht vernünftig reden. Sie war zu unreif: null Problembewußtsein! Viel Body, aber kein Hirn.

»Ende der Pause!« sagte Damar entschlossen und stand mit einem Ruck auf. »Ich will sicherheitshalber noch eine andere Einstellung probieren. Bring schon mal dich und das Federvieh in Positur, ich wärme in der Zeit die Scheinwerfer an.«

Die Kamera surrte, die Jupiter-Lampen summten. Sabine hielt, offensichtlich ein bißchen beleidigt über die rüde Behandlung, endlich mal die Luft an (entschuldigen konnte man sich immer noch!). Selbst Otto von Bismarck stand auf Sabines Bauch so eisern still wie das Denkmal seines Namenspatrons auf einem Sockel. Durch die lange Brennweite sahen die Sittichfüße aus wie Adlerfänge. Wahnsinn! Genau das, was sie heute nachmittag vor ihrem inneren Auge gesehen hatte. Das Harte und das Weiche. Die Einheit der Gegensätze!

Merkwürdig. Mit jedem Druck auf den Auslöser wurde der Druck der Entscheidung, die Wohnungsfrage betreffend, schwächer. Sie arbeitete, nur das war jetzt wichtig. Mit Mietverträgen und Clark Gable konnte sie sich auch morgen noch beschäftigen. Aber als erstes mußte sie gleich morgen um neun zum Labor, die Filme entwickeln lassen.

Als Sabine schließlich ernstlich aufmuckte, merkte Dagmar erst, daß sie auf ihrem rechten Auge, schon halb blind war.

»Ich denke, wir haben's auch im Kasten«, sagte sie. »Sobald ich morgen die Abzüge habe, komme ich in die Redaktion und zeig sie dir.« – Die Umarmung zum Abschied fiel herzlich aus.

»Na, wie lief es denn so?« fragte Kurt, der bis 22 Uhr noch an irgendeinem Arbeitsdinner in einem Edeljapaner hatte teilnehmen müssen. Er kam oft abends »auf einen Sprung« vorbei, auch wenn sie nicht offiziell verabredet waren. Jedoch nie, ohne vorher kurz anzuklingeln, ob's denn auch genehm sei.

»Wart ab, bis du die Abzüge siehst«, sagte Dagmar. »Es ist etwas ganz anderes dabei herausgekommen, als ich geplant habe. Aber möglicherweise wird's der totale Hammer klopf auf Holz!«

Kurt bestand darauf, mit einer Flöte auf den Erfolg des zukünftigen Superposters anzustoßen. Was Dagmar wiederum dazu animierte, den zu erwartenden Geldsegen bereits jetzt zu verplanen.

»Ich lade dich nach Venedig ein«, verkündete sie großzügig. »Ins *Bauer Grünwald* oder *Gritti Palace.* Tagsüber verirren wir uns in den kleinen Gäßchen, bis uns die Blasen an den Füßen platzen. Abends, wenn die ganzen Reisebusfüllungen weg sind, sitzen wir auf dem Markusplatz und gukken, wie der Mond über diesen Open-Air-Ballsaal zieht. Dann spürst du mal, wie sich die Erde mit dir dreht! Und spät nachts, wenn niemand mehr unterwegs ist – dann miete ich für uns eine Gondel. Und unser Gondoliere hat eine Stimme wie Luciano Pavarotti. *Funiculi – Funicula!* In den winzigen, engen Seitenkanälchen, unter Hunderten von geschwungenen Brücken durch . . .«

Als sie später auf dem Sofa saßen und die *Tagesthemen* anknipsten, kringelte sie sich auf seinem Schoß. Halb Europa wurde von Sturmböen heimgesucht. Ein Orkan nach dem nächsten tobte durch Deutschland. Bäume und Strommasten knickten um wie Streichhölzer. Dächer wirbelten durch die Luft. Autos lernten fliegen. Tote waren zu beklagen. Verletzte und Obdachlose. Experten traten auf, mit ernsten Gesichtern, und gaben düstere Zukunftsprognosen ab.

Dagmar stand indessen heute abend der Sinn nicht mehr nach Katastrophe. Träge entwirrte sie sich, schob ihr Gesicht zwischen Kurt und die Tagesthemen und kniff ihn sanft ins Ohr.

»Komm, laß uns schlafen gehen, Clondyke«, sagte sie. Sie war wohlig müde. Auch ohne heiße Milch mit Honig.

KAPITEL 7

»Puttin' on the ritz«

(Fred Astaire, Befrackter)

Punkt zwölf Uhr mittags trat Dagmar einen letzten Kontrollgang durch die Elisabethenstraße an. Das Gästeklo: okay. Stapel von kleinen Frottierhandtüchern lagen bereit, die perlmuttenen Seifenherzchen schimmerten und dufteten. Kamm, Bürste, Handcreme, eine kleine Pumpe Haarspray, ihre Sammlung von Parfüm-Probierfläschlein. Spannende Lektüre *(The Witch's Handbook)* als aufmerksame Geste für die, die sich zu einem längeren Aufenthalt hier genötigt fühlten. Alles perfekt.

Das Schlafzimmer: Von den üblichen Kleiderhaufen befreit, präsentierte es sich in makelloser Aufgeräumtheit. Die edel glänzenden Baumwollsatinbezüge (reine Seide hatte Clondyke Sichelbach in seiner Eigenschaft als Finanzverwalter noch nicht genehmigt: »Nächstes Jahr, spätestens!«), auf die die Gäste ihre Mäntel ablegen würden, machten einiges her. Dagmar grinste: Niemand würde vermuten, daß sie sich allabendlich mit ihren dicken, mummeligen Schlafsocken in dieses Nobelbett begab; Kurt bestand darauf, seitdem er wußte, wie kalt ihre Füße immer waren (»Kein Wunder, daß du so schlecht einschlafen kannst«). Die Schlafsocken waren ein altes Hausmittel von irgendeiner Muhme aus der Lüneburger Heide. Aber sie wirkten.

In der Ecke neben dem kleinen Bücherbord – ihrer Schundabteilung mit den Werken, die sie in dem großen Regal im Wohnzimmer lieber nicht präsentierte – stand der

Vogelbauer mit dem für heute evakuierten Otto von Bismarck.

»Schliepich?« fragte er, leise und unglücklich. Ein Bild des Jammers.

»Du wirst es überleben«, sagte Dagmar ungerührt. »Vorausgesetzt, du stopfst dir den Hirsezopf nicht am Stück rein!«

»Eierkopp!« schimpfte Otto von Bismarck empört.

»Na also«, sagte Dagmar und zog leise die Schlafzimmertür hinter sich zu.

Ihr Büro und ihr gemischtes Archiv/Mini-Studio: beides fest verschlossen. Gut so. Wenn sich jemand hierhin verirrte, würde ihn der Schlag treffen.

In der Diele klopfte sich Dagmar in aller Bescheidenheit selbst auf die Schulter. Die Diele war ein Meisterwerk. In den Ecken und an den Wänden hatte sie all ihre Stative aufgestellt und mit den langen Bahnen ihrer schwarzen Lackfolie behängt, vor die sie noch einmal meterweise irisierende Geschenkfolie drapiert hatte. Wenn die Kerzen brannten, und es würden in der Diele **nur** Kerzen brennen, ergab dies die Wirkung eines verfremdeten Spiegelkabinetts. Schwummrig und ein kleines bißchen schwülstig – in der Diele stehend, würden die Gäste ihren Begrüßungstrunk nehmen und einander vorgestellt werden. Frau Gabriele Henkel sollte sich vorsehen. In der vergleichsweise unscheinbaren Elisabethenstraße erwuchs ihr ernst zu nehmende Konkurrenz. Sie würde sich wappnen müssen für den großen Showdown an dem Tag, an dem Frau Dagmar Eickhorn ihre Jugendstilvilla in Oberkassel einweihen würde.

Das Wohnzimmer war ein Goldrausch, das Eßzimmer erglänzte in Silber. Nun zahlte es sich aus, daß sie in ihrem Beruf allzeit bereit sein mußte, ungeachtet der realen Saison Advents-, Weihnachts- oder Silvesterstimmung zu mogeln.

Sie hatte Kopfstände in den Umzugskartons im Keller gemacht und aus ihrem Fundus pfundweise Lametta, Flitter aller Art, Glitzerbänder, Gold- und Silberfolien hervorgewühlt. Alle Topfpalmen prangten im festlichen Schmuck der Ketten aus Minilichtern, auf den Tischen lagen die Christbaumketten, scheinbar spontan hingeworfen, in Wahrheit aber von ihr bis in die letzte Windung kunstvoll arrangiert.

Seit sieben Uhr in der Früh hatte sie geschuftet wie ein Pferd. Und sie hatte es geschafft. Sie hatte die Wohnung in genau die Märchenkulisse verzaubert, die sie für ihre House-Warming-Party wollte. Das Fest sollte ein Tusch werden, eine Fanfare.

Dreißig Gäste hatten Kurt und sie zu sich gebeten, mit Einladungskarten, auf denen sie zwei Babybilder (Kurt tatsächlich nackt bäuchlings auf einer Plüschdecke, sie mit Schüppe und Flunsch), eine Sektflöte und eine Rakete fotomontiert hatte. U.A.w.g. stand, ganz klein gedruckt, unten links in der Ecke. Und darunter »cravate noir«. Das hatte sie dem eigens für diesen Anlaß angeschafften Manierenbuch von Sybil Gräfin Schönfeldt entnommen und bedeutete nichts anderes, als daß sie von ihren Gästen großes Echauffement erwartete. Kleidungsmäßig.

Eigentlich hatte sie ja schlicht »Frack« darunterschreiben wollen, aber da hatte sich Kurt quergestellt: »Nun bleib mal schön auf dem Boden der Tatsachen. Einen dunklen Anzug oder einen Smoking hat so ziemlich jeder im Schrank hängen. Aber willst du allen Ernstes von den Leuten verlangen, daß sie sich für teures Geld einen Frack leihen? Ein Frack paßt nur zu den großen Opernbällen, aber niemals in eine Privatwohnung. Das wäre eine Geschmacksverirrung. Mehr noch: Angeberei. Schlag dir das also bitte aus dem Kopf!« Der Spielverderber.

Dagmar seufzte. So waren Männer nun mal. Kopflastig.

Beschränkt. Der Logik und der Ratio und den Kostenvoranschlägen opferten sie alles, was Spaß machte. Selbst die Natur und die Zukunft der Menschheit. Aber was sollte man von einer Gattung, die noch nicht mal nächtens im Schlaf ein bißchen Farbe ins Spiel bringen konnte, schon anderes erwarten. Männer träumten ausschließlich schwarzweiß – das hatte sie jedenfalls mal irgendwo gelesen.

Als sie die Küche betrat, wurde ihr schlecht. Speiübel. Da lagen sie zuhauf. In Tüten, in Kartons, in Körben, in der Tiefkühltruhe. Die Zentner von Lebensmitteln, die sie nunmehr in ein kaltes Büfett für 32 (zweiunddreißig!) Personen zu verwandeln hatte. Und das in genau noch 7 Stunden. Es war kaum zu schaffen.

Allein der Anblick schmetterte einen zu Boden und drückte einen platter als die Lachsscheiben, die der Aufrollung und der appetitanregenden Dekorierung harrten. Wer war, im Vergleich zu ihr, schon Herr Sisyphos? Ein völlig Unterbeschäftigter. Ein Kurzarbeiter.

Man sollte niederknien, im Geiste ein Weihrauchfaß entzünden und es andachtsvoll vor Usch Bornheimer schwenken.

»Sieh zu, daß du nicht offenen Auges wieder in die uralte Frauenfalle tappst«, hatte die Kassandra von Düsseldorf-Lierenfeld gemahnt, als Dagmar die Frage des Zusammenziehens mit Kurt telefonisch angeschnitten hatte. »Laß dich nur ja nicht von dem Kerl einlullen. Egal, was er dir für Süßholz in die Ohren raspelt, er ist doch nur auf eines scharf: auf eine unbezahlte Haushälterin. Und auf eine Gratisnutte.«

Dagmar hatte sich daraufhin doch bemüßigt gefühlt, zur Ehrenrettung von Kurt Sichelbach auf die Barrikaden zu gehen. Sie erwähnte seine großzügige Hilfe bei ihrem Finanzamtsdilemma. Sie wies darauf hin, daß sie, obwohl (oder vielleicht überhaupt: weil) sie sich so gar nichts von der Sache versprochen hatte, eigentlich ganz gut mit ihm auskam. Auch die verhängnisvollen Zusammenhänge zwischen Gerichtsvollziehern und Mietverpflichtungen einerseits sowie Hungerhonoraren andererseits brachte sie zur Sprache. Sehr zu Uschs Mißfallen.

»Das ist doch keine Methode, mit der man an eine Beziehung herangehen könnte! Wo bleibt deine Spontaneität? – Aber die hast du dir ja in langen Jahren abtrainiert. Deine weibliche Intuition würde dir jetzt sagen können, was du machen sollst. **Die** jedoch ist bei all deinen Versuchen, männlicher zu werden als die Kerle selbst, echt längst verschütt gegangen. Dein Problem ist nicht, ob du mit diesem Kurt zusammenziehen sollst oder nicht. Deine wahre Misere ist: Du bist ein Machoweib!«

»So hast du mich schon so oft genannt«, hatte Dagmar wütend ins Telefon gefaucht, »und ich kann mir immer noch nichts Konkretes darunter vorstellen. Ich ahne nur dumpf, daß es eine Beleidigung ist. Gehabe dich also wohl für heute! Und vielen Dank für den guten Rat!«

Seither hatte sie Usch nur ein einziges Mal gesehen. Als sie ihr, mit Thomas im Schlepptau, beim Umzug geholfen hatte. Zum Dank dafür standen beide auf der Gästeliste – hoffentlich konnten sie es mit ihrer Spontaneität vereinbaren, ausnahmsweise einmal nicht in Strick zu erscheinen.

Dagmar, die Forellenfilets in Häppchen zerlegend, löschte in Gedanken das Weihrauchfäßchen wieder. Obwohl sie des öfteren, nicht nur von Usch, mit dieser Bezeichnung bedacht wurde, hatte sie mit dem Machoweib noch nie etwas anfangen können.

Man war Frau, oder man war es nicht. Die Biologie mischte da mit, die Genetik, Gamma Zwo oder wer auch immer. Dagmar war seit ihrer Pubertät eine Frau, das wollte und das konnte sie nicht ändern. Die Beweise dafür waren allzu stichhaltig.

Nur für ihre Mutter waren sie nie ausreichend gewesen. Die Botschaft, die ihre Mutter durch jede Pore ausgedünstet hatte, lautete: Du bist zwar eine Frau, Kind, aber du bist nicht weiblich genug. Dagegen hatte sie, mit all ihrer Kraft und mit viel Hilfe von seiten ihres Vaters, erfolgreich angetrotzt. Daß jetzt aber schon wieder Mädels durch die Gegend rannten und im Brustton der Überzeugung lauthals verkündeten, daß der Besitz von Uterus und Vagina noch längst keine »Frau« ausmachte, daß man sich zum »Frau-Sein« einer bestimmten Geisteshaltung zu befleißigen habe – nämlich der ihrigen –, das brachte sie mittlerweile auf die Palme. – Dagmar drosch auf die Sahne ein, was ihr Arm hergab. Dann mischte sie Estragon und Meerrettich unter. Die Soße zu den Lachsröllchen konnte sie auch schon mal abhaken.

Beim Betrachten der vier riesigen Sellerieknollen aber, jede so groß wie ein Medizinball, die jetzt darauf warteten, von ihr geschält, zerteilt und geraspelt zu werden, fühlte sie sich erneut versucht, bei Usch Bornheimer Abbitte zu leisten. Was tat sie denn hier anderes, als wieder in genau die tradierte Frauenrolle zu schlittern, die ihr von Kindesbeinen an verhaßt war? Friedrich Schiller wäre bei ihrem Anblick zu Tränen gerührt und zu Lyrik inspiriert gewesen: ». . . und drinnen sorget die züchtige – Eickhorn!« Zum Spucken.

Raspelte Kurt etwa Sellerie? Nein, Kurt raspelte keinen Sellerie, er saß bei seiner Goldmine in der *Turm*-Versicherung. Okay: Er hatte ihr angeboten, einen Party-Service zu beauftragen, aber das hatte sie abgelehnt. »Das Zeugs schmeckt doch immer wie Pappe!« Nun gut: Er hatte dann (Pedant, der er war!) mit dem Taschenrechner vor ihrer Liste von Rezepten gehockt, den Pro-Kopf-Anteil der einzukaufenden Lebensmittel ertüftelt und mit der Summe der zu erwartenden Gäste plus zwei multipliziert. Auch wahr: Kurt war gestern mit seiner Einkaufsliste durch die Super- und sonstigen Märkte gezogen und hatte alles angeschleppt. Indessen vollbrachte er damit nichts anderes als das, was seine lange Ahnenkette väterlicherseits auch schon begeistert gemacht hatte. Planen, organisieren und stolz die Muckis zeigen! Überdies entbehrte sein Verhalten eh der Originalität. Kurt Sichelbach sichtete jeden Morgen die Bestände des Kühlschranks und füllte abends nach Dienstschluß die Lücken wieder auf.

Während sie in der Höhle stand und in den Töpfen rührte. Dafür zu sorgen hatte, daß alle satt wurden. **Sie** mußte sich in Fürsorge üben. Sie, die Frau, mußte nähren. – Noch nie in der Küchengeschichte war eine Sellerieknolle so schnell in ihre Bestandteile zerrieben worden.

Die zweite Knolle – mit Sicherheit würde sie eine Sehnenscheidenentzündung kriegen! – stimmte noch nachdenklicher: Kurt und sie, sie paßten, wie sie Sabine schon vor Wochen vergeblich versucht hatte beizubiegen, wirklich nicht zusammen!

Das bewies sich allein schon, wenn Kurt sie zu den obligatorischen Essen bei seinen Kollegen mitnahm. Die *Turm*-Manager setzten betont weltmännische Mienen auf: »Ach, Sie sind bei der Zeitung? – Wie interessant!« Und dann fragten sie im gleichen Atemzug Kurt, wie er denn die Chancen für eine *Turm*-Niederlassung in der Noch-DDR einschätzte.

Die Damen aber, Hausfrauen, Mütter und *Rodier*-Kundinnen ausnahmslos, musterten sie von Kopf bis Fuß wie einen absonderlichen Vogel, der aus irgendeinem Zoo oder Zirkus entfleucht war, und stellten spitzmündig zwei Fragen. Immer schön abwechselnd. Entweder: »Wo haben Sie denn das entzückende Outfit aufgetrieben?« Oder: »Was sagt denn eigentlich Ihr – äh – Bekannter dazu, daß Sie dauernd unterwegs sind?«

Selbstverständlich holte sie dann jedesmal tief Luft, um den Gänsen mal tüchtig die Meinung zu sagen. Aber Kurt, der sich, wenn Kollegen in der Nähe waren, kaum von ihrer Seite rührte, war immer schneller.

»Nichts«, pflegte Kurt dann flugs zu entgegnen. »Ich freu mich, wenn sie wieder da ist!« Und dann nahm er immer ihre Hand, führte sie zum Mund und küßte sie. Worauf die Gänse stets erblaßten. Möglicherweise war das ja wirklich eine bessere Methode, ihnen das Maul zu stopfen, als wenn sie geflucht und getobt und den Muttis mal ordentlich die Meinung gesagt hätte. Aber eine Zumutung waren diese seine Karriere fördernden Abende doch.

Nun gut, ein jeder hatte seinen Beruf, und ein jeder mußte dabei Konzessionen machen, das konnte sie zur Not ja noch einsehen und (bis zu einer gewissen Grenze) tolerieren. Die Liste ihrer sonstigen charakterlichen und geistigen Unverträglichkeiten jedoch war lang. Endlos. Wie Computerpapier. Oder wie das Raspeln von Sellerie. Es gab in der Tat nicht ein einziges Thema von allgemeinem Belang, bei dem Kurt ihr nicht widersprochen hätte.

Pries sie zum Beispiel ihre geliebten Beatles und deren Bedeutung für die Pop- und damit die gesamte Gegenwartskultur, dann kam er ihr postwendend mit den Stones. Die Beatles seien doch nichts anderes gewesen als brave Wuschelbubis, die den Teenies der frühen Sechziger von der Plattenindustrie als Teddybären-Ersatz vorgesetzt worden seien, wagte er zu behaupten. Die Stones erst hätten den Underground und damit Andy Warhol möglich gemacht. Wenn sie *Revolution* zum Beweis ihrer These zitierte, dann entblödete er sich nicht zu erwähnen, daß *I can't get no satisfaction* schon Jahre vorher erschienen war. Auf ihr

Sergeant Pepper setzte er sein *Sympathy for the devil.* Und wenn ihm gar nichts Besseres mehr einfiel, dann setzte er sich selbst ans Klavier und hämmerte mindestens eine halbe Stunde darauf ein (in Winsen an der Luhe hatte er in einer Band gespielt). Die immer wieder gleichen, monotonen, absolut einfallslosen Stones-Rhythmen – der Mann besaß einfach keinen Musikverstand!

Auch nicht, was die E-Musik betraf. Stundenlang konnte er vor seinen Bach- oder Bartok-CDs, diesem langweiligen Geklimper und Geschrammel, sitzen und so ergriffen lauschen, daß sie gut daran tat, ihn in dieser Zeit nicht anzusprechen und sich auch nur auf Zehenspitzen zu bewegen, wenn sie sich nicht eine vorwurfsvoll gerunzelte Stirn und, schlimmer noch, eine hochgezogene Augenbraue einfangen wollte, die deutlich »Banausin!« sagte.

Neulich hatte sie dann einmal erwähnt, daß sie zu gern einmal eine Aufführung von *Aida* erleben wollte, bei der zum Triumphmarsch, neben den Heerscharen von ägyptischen Helden und nubischen Sklaven, bitte schön auch Kamele und Elefanten im Takt über die Bühne wandelten. Daraufhin hatte er just die Braue gehoben und bemerkt: »Du bist einfach nicht in der Lage, Musik zu **hören**. Du **siehst** sie.« – Impertinent!

In ähnlicher Manier trugen sie ihre Scharmützel aus, sobald es tatsächlich ums Sehen ging – schon rein berufshalber ihre Domäne. Über die Einschätzung von Fotografien waren sie sich meist einig, seltsamerweise, aber das hatte nichts zu bedeuten. Kaum betraten sie nämlich das weite Feld der bildenden Kunst, will heißen ein Museum oder eine Kirche, prompt zankten sie wieder. Nie, niemals würde es ihr gelingen, ihm ihre Freude an Rubens beizubringen. An den wimmelnden Schlachtengetümmeln, an den aus den Rahmen schwellenden Pferdehintern, an den üppigen Frauenkörpern, in denen der Rubenssche Pinsel geschwelgt hatte.

»Wenn ich noch lange dieses ganze Fett sehen muß, brauche ich einen Aquavit«, sagte dann Kurt Sichelbach, für immer verdorben vom norddeutsch-kargen Protestantismus. Für ihn fing die Malerei erst beim Kubismus an. Typisch. Gelegentliche Überraschungseinigkeiten, beim Betrachten von Hieronymus Bosch, Max Ernst oder vor allem Paul Klee etwa, fielen bei der Aufhäufung von Zankäpfeln kaum noch ins Gewicht.

Das gleiche Spiel, wenn sie ins Kino gingen oder sich ein Video ausliehen: Er schätzte nur das intellektuelle, unterkühlte New-Wave-Zeugs (das ja eigentlich inzwischen schon uralt und längst überholt war: *Außer Atem* und dergleichen). Während sie, wenn sie sich nicht gerade an der Ausstattung von *Amadeus* oder den Special Effects von Steven Spielberg berauschte, den erschreckenden Mangel an Filmen beklagte, bei denen man noch einmal hemmungslos hätte losschluchzen können. Sowie das Drama, daß selbst nach mehr als 30 Jahren kein Nachfolger mit dem erotisierenden Flair eines Errol Flynn in Hollywood aufgetaucht war.

Ganz schlimm wurde es, wenn sie über Bücher sprachen. Und zwar deshalb, weil Kurt Clondyke Sichelbach, dieser Illiterat, ganz im Gegensatz zu ihr keine Bücher las, sondern nur Zeitungen. Möglichst mehrere pro Tag, damit er Vergleiche anstellen konnte (ein weiteres Zeichen seines krankhaften Mißtrauens). Als erstes immer den Wirtschaftsteil, wie hätte es anders sein können. Die Börsenberichte. Die Kursschwankungen von Dollar und Rohöl. Dann die politischen Leitartikel. Möglichst mehrere pro Tag. Dann die Kleinanzeigen, alle, einschließlich derer, für die man eine Lupe brauchte. So war er zwar bestens informiert über alle Sonderangebote, Zwangsversteigerungen und Räumungsverkäufe – und sie hatten aufgrund derlei Insider-Wissen zugegebenermaßen auch schon das eine oder andere spektakulär billige Schnäppchen auf dem Porzellan, Kristall- und allgemeinen Antiquitätensektor ergattert! –, aber was nützte das alles.

Als letzten Teil seiner täglichen Zeitungslektüre (sonntags morgens fuhr er gar eigens zum Kiosk!) knöpfte sich Kurt nämlich immer genüßlich das Feuilleton vor. Aus keinem anderen Grund, als um ihr, wie eine tibetanische Gebetsmühle, immer wieder zu erzählen, daß **keins** von den Büchern, die sie las, von den bestallten Kritikern auch nur erwähnt wurde. Daß die Kritiker, mit anderen Worten, Dagmars Lieblingslektüren für so indiskutabel hielten, daß sie sich sogar weigerten, sie in der Luft zu zerreißen.

Seit Tagen lagen *Die Nebel von Avalon*, die Usch ihr geliehen hatte, auf Dagmars Nachttisch. Kurt hatte, nach einem kurzen Blick auf die Frau auf dem Roß, die den Einband zierte, nur »Eskapismus!« gesagt. Daß er ein »Na, dann amüsier dich schön!« darangeklebt hatte, machte alles nur noch beleidigender. Der Mann nahm sie einfach nicht ernst. Und Toleranz war für ihn ein Fremdwort.

Aber was sollte man schon groß von jemandem erwarten, der bei den Tennisübertragungen ausgerechnet Stefan Edberg, dieser Kreuzung aus Tiefkühltruhe und Panzerschrank, die Stange hielt? Sie, Dagmar Eickhorn, drückte sich natürlich für Boris Becker die feuchten Daumen platt.

Bei Boris Becker hatte man doch wenigstens immer was zum Mitzittern und -leiden. Daß er in ersten Runden und ersten Sätzen etwas unkonzentriert war, verstand sie nur zu gut. Ihr ging es, wenn sie sich morgens in ihr Arbeitszimmer setzte, auch nicht anders: Als Künstler hatte man so seine Anlaufschwierigkeiten und Motivationskrisen. Aber dann hängte man sich rein. Und wenn es der rotblonde »Leimener« tat, dann ging sie voll mit. Sie jubelte mit ihm. Sie jammerte mit ihm. Sie applaudierte auf dem Sofa, daß der Inhalt ihres Weinglases sich über Kurts Hose ergoß. Letztens hatte sie sogar mal einen ganzen Tie-Break lang auf dem Klo gesessen, weil sie sich der schier unerträglichen Spannung nicht mehr gewachsen fühlte. Bezeichnenderweise waren samt und sonders alle Fotos, auf denen BB gut aussah, von Fotograf**innen** geschossen worden. Männer brachten ihn nicht gut rüber.

Kurt Sichelbach in seiner unsäglichen Drögheit zum Beispiel fand die Verve, mit der Boris Becker seinen Beruf ausübte, schlichtweg »degoutant!«. Ein Mann müsse sich beherrschen können, salbaderte er, sich in jeder Situation als voll kontrolliert erweisen.

»War das gerade ein Zitat von John Wayne oder Humphrey Bogart?« pflegte sie dann zurückzuschnappen. Die Antwort jedoch interessierte sie nicht sonderlich: Sie konzentrierte sich lieber auf den Moment, da Boris Becker sein schweißnasses Hemd auszog. Zu gerne hätte sie einmal ausprobiert, ob der Mann aus Monte Carlo (von wegen Leimen!) zwischen zwei Laken die gleiche Leidenschaft entwickeln konnte wie zwischen zwei Seitenauslinien. Den Mann aus Winsen an der Luhe aber ließ das völlig kalt. Kaum hatte Boris Becker nämlich sein Hemdchen gelüpft, schon sagte Kurt Sichelbach »So ein Schaumschläger!«. Man konnte seine rechte Hand darauf verwetten.

Überhaupt: dieses ewige Auf-dem-Sofa-Sitzen und die Welt mittels Fernbedienung an sich vorbeirauschen lassen! Sie gaben ja inzwischen schon die Karikatur eines alten Ehepaars ab, und das erst nach noch nicht einmal einem Monat des Zusammenlebens, und obwohl sie gar nicht verheiratet waren! Nun gut, ab und an gingen sie auch aus, in Restaurants, Museen und Konzerte. Das aber nur, weil

Kurt ja immer noch nicht mit seiner Düsseldorf-Checkliste fertig war.

Nein, alles in allem betrachtet, hatte sie jetzt schon die Travestie von dem Leben, das sie sich immer erträumt hatte. Eine Gamma-Zwo-Beziehung! Und das sollte schon alles gewesen sein? Wo war die Erregung? Wo war der Nervenkitzel? **Wo bitte schön blieben die Räusche?!**

Soweit sie zurückdenken konnte, hatte sie sich immer ein Dasein wie im Film erträumt, aufregend, spannend, actiongeladen, gespickt mit Passionen, Begierden, Gelüsten. Angenommen aber, es käme jemand des Wegs mit einer Filmkamera und würde ihr Leben auf der Elisabethenstraße nicht nur filmen, sondern auch den traurigen Mut finden, es später einem interessierten Publikum vorzuführen: Es würde keine zehn Minuten dauern, bis die ersten anfangen würden zu buhen. Die andere Hälfte wäre schon längst eingeschlafen. Ausnahmslos alle aber würden später an der Kasse stehen und empört ihr Geld zurückhaben wollen – so sah doch die Realität aus!

Sie aber, Dagmar Eickhorn, fühlte sich noch viel zu jung, um jetzt schon zu resignieren! Wütend knackte sie eine Walnuß nach der anderen für den Waldorfsalat, daß es nur so krachte. Bei der nächsten Gelegenheit würde sie hier mal auf den Putz hauen, aber kräftig.

Als sie ein Rumoren aus Richtung Tür vernahm, fühlte sie sich wie der Dampfkessel in *Shining*. Genau in dem Moment hier aufzukreuzen, wo es nichts mehr zu tun gab außer ein wenig Petersilie über die Platten zu streuen – das sah ihm ähnlich. Es war immer so viel von den biologischen Uhren der Frauen die Rede: Aber auch die Männer hatten eine in sich ticken. Einen Wecker. Der stets exakt dann schrillte, wenn zu Hause alles getan war. Wenn sie nicht mehr Gefahr liefen, noch irgendwo im Haushalt helfend Hand anlegen zu müssen.

»Woooow!« hörte sie Kurt in der Diele rufen. Er hatte die Lack- und Geschenkfolienarrangements gesehen. Gleich würde er in die Küche kommen und seiner Kaltmamsell ein Trinkgeld zustecken. Ein verbales, wohlgemerkt.

»Du bist eine Hexe, weißt du das? Du kannst zaubern!« – Da war er schon. Strahlend wie der Ahnherr aller Honigkuchenpferde.

»Ich **wollte**, ich wäre eine Hexe!« dampfte Dagmar. »Dann hätte ich nämlich über diesem ganzen Mist hier nur dreimal meinen Zauberstab geschwungen, und schon wäre das Büfett fertig gewesen. Statt dessen rackere ich mich den ganzen Tag ab wie eine Besengte! Guck mal, wie meine Hände aussehen! Ganz zerfressen von den Gemüsesäuren!« Anklagend hielt sie ihm ihre Hände unter die Augen.

»Du Armes!« sagte er und küßte sie. »Aber warum ziehst du denn auch keine Gummihandschuhe über?« Der Blödian!

»Weil man in diesen Dingern keinen sinnlichen Kontakt zu seiner Umwelt herstellen kann. Aber das verstehst du ja nicht. Du bist ja ein Mann. Du hast ja keine Ahnung von der Magie, die selbst in einem Radieschen wohnt. **Lach nicht!** Ich meine das bitterernst. Aber woher solltest du das auch wissen: Dir fällt ja noch nicht einmal auf, wie weit du in deinem vollklimatisieren Büro und in deinem Glas- und Betonbunker schon von allem entfernt bist, was Leben bedeutet!« – Das saß. Jetzt ging's ihr schon etwas besser.

»Tut mir ja auch leid, daß ich ausgerechnet heute nicht früher kommen konnte. – Aber stell dir vor, was heute los war: Ich habe endlich den Schlingensiepens . . .«

Salbader, salbader, salbader! Was gingen sie diese blöden Schlingensiepens an? Nahezu täglich mußte sie sich Schlingensiepen-News anhören, und irgendwann einmal hatte sie damit angefangen, einfach wegzuhören.

»... Ach ja?« fragte sie zwischen, so spitz es irgend ging. Aber er merkte nichts. Er schwallte weiter.

»Es ist also amtlich! Wir haben ergo heute doppelt Anlaß zu feiern!«

»Was du nicht sagst! ...« O ja, sie konnte es noch eine Nuance anspitzen.

»Hier, ich habe es sogar schriftlich!« sagte Kurt Sichelbach stolz, kramte aus seiner indiskutablen Sportkombi einen Stapel kleiner Pappstückchen hervor und legte ihn exakt auf die Stelle des Küchentischs, die vor zwei Stunden noch von den Sellerieknollen bedeckt gewesen war. Es waren Visitenkarten. Funkelnagelneue. Rechts prangte das Logo der *Turm-Versicherung*. Links stand **Curt C. Sichelbach**. Darunter: Abteilungsleiter.

»Seit wann schreibst du Kurt mit **C**?« fragte Dagmar. Ganz ruhig. Ganz sachlich.

»Seit heute. Ich finde, daß es mehr hermacht.«

»Und was soll das **C Punkt**?« – Der Dampfkessel pfiff.

»Das steht natürlich für Clondyke! Das ist eine Hommage an dich. Du bedauerst mich doch immer, weil ich als Protestant nur einen einzigen Vornamen habe. Dem habe ich jetzt abgeholfen.« Er war sichtlich irritiert. Gut so.

»Das ist keine Hommage, das ist eine Beleidigung! Der reine Etikettenschwindel. Brauchst du das wirklich: dir ein derartiges Pfauenrad anzukleben? Du tönst doch sonst immer so rum, gegen die Angeber, die Aufschneider. Alles Makulatur! In Wahrheit bist **du** es, mit all deinen Dünkeln, der es bitter nötig hat, sein kleines, armes Ego aufzublasen und anzugeben wie ein Sack nasse Seife.« Hervorragend.

Curt C. Sichelbachs Rücken wurde noch länger, noch straffer. Selbst sein Hals gewann etwa 2 Zentimeter Höhe.

»Ich weiß nicht, was in dich gefahren ist, und ich bezweifle, daß du es selbst weißt. Sag mir Bescheid, wenn es dir einfällt. Im übrigen darf ich dich darauf aufmerksam machen, daß wir nur noch eine halbe Stunde haben, um uns umzuziehen.«

Sprach's und verschwand einfach. Drehte sich um und ging. Sie, Dagmar Eickhorn, in der Küche stehen lassend wie die Käsestangen! Der Mann war so langweilig – **mit ihm konnte man sich noch nicht einmal streiten!!!**

Türenknallend verschwand Dagmar im Bad, all ihre Accessoires und Klamotten unter dem Arm. Die Fete absagen kam natürlich wieder einmal nicht in Frage. Einen Gutteil des Otto-von-Bismarck-Fußbild-Vorschusses hatte sie in einen Fummel gesteckt, wie sie noch nie einen besessen hatte. Ein Schlauch war's, kurz, wie es die Mode verlangte. Nicht mit Pailletten bestickt, nein: Er bestand aus nichts anderem als Pailletten. In einem schwer zu definierenden Gold-Rost-Braunton, je nachdem, aus welchem Winkel welches Licht darauf fiel. Mit einem atembefreienden Dekolleté. Zwei Wochen hatte sie für diesen Fummel gehungert (wofür Kurt wieder mal kein Verständnis aufgebracht hatte: »Warum hast du das Kleid nicht einfach eine Nummer größer gekauft?«).

Ihm zu erklären, daß man ein solches Kleid, wie es Marlene Dietrich trug, wenn sie im Pariser Olympia den bodenlangen weißen Nerz fallen ließ, um ihr unvergleichliches »Johnny, wenn du Geburtstag hast . . .« zu singen, das an Marilyn erinnerte, wie sie auf die Bühne trippelte, um »Happy Birthday, Mr. President« zu hauchen – daß man ein solches Juwel niemals eine Nummer größer kaufen konnte, das überstieg natürlich seine Vorstellungskraft.

Heute würde sie auch nicht lange mit dem Lidschatten herumschmieren. Etwas Mascara, das reichte. Vielleicht nur ein hauchzarter Strich mit dem Augenbrauenstift durch die Lidfalte; was weiland einer Greta Garbo recht gewesen war, das konnte Dagmar Eickhorn nur billig sein. Und keine langwierigen Malereien mit den Konturenstiften! Schmale Lippen standen für Durchsetzungsvermögen und Intellektualität. Nur einen Hauch braungoldenes Lipgloss: exakt. Das war Understatement. Das war dezent. Vornehm sah sie aus. Sündhaft (und) teuer.

Wenn nur die Schweineborsten nicht gewesen wären! Wie wär's, wenn sie sie auftürmte? Mittig? – Kohlhiesels Töchter! Rechts? – Schauderhaft: kirmesmäßig, irgendwo zwischen Raupe und Schießbude. Links? – Ogottogott!

Wild entschlossen griff Dagmar zur Drahtbürste und striegelte die Schweineborsten straff aus der Stirn nach hinten. Zweifelsohne, das hatte was. Einen kleinen Einschlag von Jung-Siegfried zwar, in einer alten Bayreuth-Inszenierung von Wieland Wagner, aber: Man hatte die Borsten schon scheußlicher gesehen.

Dagmar drehte sich, stieg auf die Fußspitzen, um im Spiegel möglichst viel von sich zu erhaschen. Sie war hingerissen. Nein, kein Schmuck! Kein Ring, keine Uhr, kein Armband, noch nicht einmal das winzigste Paar Ohrclips, das sie besaß. Die *Turm*-Frauen würden ihre Schatullen geplündert und sich über und über mit Schmuck behangen haben, da konnte sie sich sicher sein. Wie die Weihnachtsbäume. In dieser Versammlung würde sie nur durch ihre Persönlichkeit glänzen. (Ganz nebenbei: Das bißchen echter Schmuck von ihrer Mutter, das den Bankrott des Erich Eickhorn überlebt hatte, würde im Vergleich zu diesem Geprotze sowieso unangenehm abschmieren.)

Als Dagmar aus der Dusche kam – was heißt »kam«: trat,

rauschte, schwebte! – nestelte Kurt noch an seinem Smoking-Kummerbund. Sie hatte ihm bislang das Kleid noch nicht gezeigt, noch nicht einmal in der Tüte. Es hatte sie sehr viel innere Kraft gekostet, denn üblicherweise konnte sie keine wie auch immer geartete Sensation für sich behalten; Neuigkeiten nicht und Überraschungen oder Geheimnisse schon gar nicht. Selbst Geburtstagsgeschenke überreichte sie meist zwei Tage zu früh. Weil sie sonst fürchtete, platzen zu müssen.

Der Effekt, den der Marlene-Marilyn-Fummel nun auf Kurt machte, konnte daher nur als äußerst befriedigend und, was ihren vorherigen Zorn anging, ebenso befriedend bezeichnet werden:

»Der Herr stehe mir bei«, stoßseufzte er. »Du siehst phantastisch aus!«

»Du aber nicht minder«, mußte sie anerkennend feststellen. Kurt sollte nur Smokings, nichts anderes mehr tragen: Er war dafür geschaffen. Die Distinguiertheit in Person. Nicht mehr zu lang und zu dünn. Nein, von gestreckter Eleganz. Das männliche Pendant zu einer Sektflöte.

»Und keiner außer mir weiß, daß alles echt ist!« murmelte er, zart über ihr Dekolleté streichend.

»Vorsicht, mein Lipgloss!« sagte Dagmar, ihn auf Distanz schiebend. Und mit einem anzüglichen Blick unter seinen Kummerbund:

»Hast du einen Colt in der Tasche, mein lieber Clondyke, oder freust du dich wirklich, mich zu sehen!« – Wer aussah wie Greta-Marlene-Marilyn, der durfte ruhig auch noch Mae West, die Schamloseste von allen, zitieren!

»Das, meine liebe Dagmar, zeige ich dir, wenn alle weg sind. Vielleicht auch schon früher – wenn sie uns langweilen!«

Während sie Clondyke Sichelbach dabei zusah, wie er mit

geübtem Griff und sicherem Dreh die erste Flasche vom Schäumenden öffnete, zuckte ein kleiner, kreativer Blitz durch Dagmars Hirn. Welch ein erotisches Bild: das weiche, samtige Schwarz des Smoking-Ärmels. Das harte, scharfkantige Weiß der Hemdmanschette. Ein wenig Gold gleißte; die Manschettenknöpfe (von Opa Sichelbach) und die Armbanduhr (das Geschenk seines Vater zum zweiten juristischen Staatsexamen). Und dann Kurts Hand. Sehnig. Kräftig. Von zartblauen Adern durchzogen. Sie **könnte** Bäume fällen, wenn **er** es nur wollte. Aber er wollte nicht, das sagte die Hand. Die Nägel waren poliert, die Haut war gepflegt. Alles in allem: ein Bild der Kultiviertheit. Der gebändigten Kraft. – Zum Teufel mit dem Lipgloss!

Nachdem sie sich im Bad kurzfristig restauriert hatte, suchten Dagmar Eickhorn und Kurt Sichelbach die Platten und CDs aus, die die Stimmung des Abends prägen sollten. Nichts wirkte so suggestiv wie Musik, darin waren sie sich einig. Unterhalb vom *Pasadena Roof Orchestra* würde heute nichts laufen. Dann verstreuten sie noch die letzten Reste aus den Silber- und Goldflitterfläschchen sowie ein paar Handvoll Lametta. Schließlich bauten sie sich, als sie das elektrische Licht gelöscht und die Kerzen entzündet hatten, in dem geheimnisvollen Schwummerschwulst der Diele auf. Nebeneinander. Bereit zum Empfang der Gäste.

Nur schade, daß Michael Kamm sie nicht so sehen konnte!

Kapitel 8

»That's why the lady is a tramp«

(Sammy Davis jr., Mr. Entertainment)

»Du lebst also doch noch«, stellte Erich Eickhorn fest, als er Dagmar aus dem Mantel half. »Ich habe schon jeden Tag die Todesanzeigen in den Düsseldorfer Nachrichten durchforstet, damit ich wenigstens bei deiner Beerdigung noch einen Blick auf dich hätte ergattern können. Manchmal öffnen sie ja die Särge noch mal – für Väter, die ihre Töchter monatelang nicht gesehen haben.«

»Du kannst dir einfach nicht vorstellen, was ich alles um die Ohren hatte«, sagte Dagmar. Okay, ihr hatte in den letzten Wochen bisweilen das schlechte Gewissen gepocht wie ein entzündetes Nagelbett, wenn sie an ihren Vater dachte, der einsam in seinem Anderthalbzimmer-Appartement im Seniorenwohnhaus *Jan Wellem* saß. Mit kaum einer anderen Gesellschaft als seinem High-Tech-Schachcomputer, den er von *Satanus* auf den Namen *Sieglinde* umgetauft hatte: »... Nur eine Frau kann so durchtrieben sein! ...«

Manchmal fuhr er auch, das wußte sie, mit der S-Bahn raus zum Flughafen und setzte sich in das Aussichtscafé, um stundenlang und mit wachsender Sehnsucht den donnernden Düsenriesen bei ihren Starts in eine Ferne hinterherzuschauen, die ihm für immer unerreichbar war. Seit fünf Jahren war er Dialysepatient; sein Bluthochdruck machte es ihm unmöglich, sich in die Lüfte zu schwingen.

Das Fliegen aber hatte es ihm angetan. In seiner Jugend war er atemlos durch ganz Düsseldorf gerannt, um auch nur ja keinen Zentimeter vom Anblick der gigantischen Zeppeline zu verpassen, die majestätisch über der Stadt schwebten. Die Offiziellen des Luftfahrtvereins hatten sich schließlich des Jungen erbarmt, der sich tagelang um Gelände und Gebäude drückte: Wenn die Zeppeline landeten, durfte Erich Eickhorn, platzend vor Stolz und Eifer, im Verein mit den anderen Süchtigen die Ankerleinen auffangen und am Boden festzurren.

Als der Sog dröhnender Motoren und wirbelnder Propeller den Traum vom Fliegen in die Realität zog, hatte Erich Eickhorn kein Geld. Schwarzer Freitag, Weltkrieg. Dann hatte er keine Zeit: Möbelhandlung, Wirtschaftswunder. Nach seiner Pleite war ans Fliegen wieder nicht zu denken; als er von seiner Rente sich endlich eine Pauschalflugreise hätte erlauben können, war er krank geworden.

Also saß er im Aussichtscafé. Seine Lieblinge waren die Jumbo-Jets: ». . . Ich sehe, daß sie fliegen können«, pflegte er zu kommentieren. »Aber ich glaube es nicht.« Wenn Dagmar das hörte, spannte sich immer ein viel zu enger Stahlreifen um ihr Herz. – Besser, sie erwähnte jetzt nicht, daß sie vor drei Tagen noch aus einem Jet geklettert war. Mit zittrigen Knien und schweißnassen Händen, denn sie haßte das Fliegen. Weil sie, wie ihr Vater, in den Tiefen ihrer Seele ebenfalls nicht glauben konnte, daß es tatsächlich funktionierte.

»Ich hatte wirklich viel zu tun«, wiederholte Dagmar. »Das mußt du doch verstehen. Die ganze letzte Woche war ich in Paris. Auf der Île Saint-Louis habe ich Tag und Nacht auf der Lauer liegen müssen, ob ich ein paar von den VIPs erhasche, die da jetzt wohnen. Vor ein paar Jahren war die Winzinsel vor Notre-Dame noch ein richtig vergammeltes kleines Dorf mitten in der Stadt – heute ist sie eine der teuersten Wohngegenden.« – Nein, sie brauchte nicht zu lügen, in letzter Zeit war sie tatsächlich eine schwer Beschäftigte. Nicht unbedingt jeden Tag, auch nicht ausnahmslos jede Woche.

Aber Kurt kam allabendlich nach Hause und erkundigte sich mit seinem unvermeidlichen »Na, wie lief's denn heute bei dir?« nach dem weiteren Verlauf ihrer Karriere. Dabei hatte sie feststellen müssen, daß sie nur äußerst ungern eine Tageszusammenfassung brachte, die sich auf beredte Schilderungen des Telefonhypnotisierens und des nervenzerfetzenden Wartens auf Aufträge beschränkte. Das machte sich nicht allzugut im Vergleich zu den -zig Tausenden von Markstücken, die Clondyke Sichelbach jeden Tag entweder seinen ehrlichen und vom Schicksal schwer heimgesuchten Versicherungsnehmern zuscheffelte oder den Betrügern verweigerte. Es gab weitaus mehr her, wenn sie ihm abends, sofern sie nicht die Kamera betätigt hatte, wenigstens von all den wichtigen Leuten in verschiedensten Redaktionen erzählen konnte, die sie selbst angerufen hatte. Das beeindruckte ihn. Das verlieh ihr Gesicht. Darüber hinaus hatte es ihr, quasi als Nebenprodukt, zu ihrer nicht geringen Verblüffung auch den einen oder anderen Job verschafft. Das Glück der Tüchtigen: Sie hatte sich manchmal ganz einfach zur rechten Zeit in die richtige Konferenz hineingeklingelt.

»Was sagt denn eigentlich dein Kurt dazu, daß du so oft weg bist?« stellte nun auch ihr Vater die Frage aller Fragen. Anscheinend brannte sie allen Leuten in ihrem Umkreis auf der Seele wie ätzende Säure. Wie es ihr bei ihren Ausflügen erging, was sie erlebte, ob sie gut dabei verdiente – all dies interessierte anscheinend niemanden. Tout Düsseldorf wollte immer nur wissen, ob sie nicht heimlich zu Hause dafür ausgeschimpft wurde. Wie ein kleines Mädchen, das sich auf dem Heimweg vom Kindergarten vertrödelt hatte. Niemand auf der Welt wünschte sich, daß mal irgend etwas klappt, merkte sie sich. Wonach alle lechzten und geiferten, das waren Katastrophen.

Ihr Innerstes jedoch wurde bei Anhörung der sattsam bekannten Lautfolge der Frage aller Fragen mit unschöner Regelmäßigkeit in einen weißglühenden Reaktorkern verwandelt. Indessen – sie hatte inzwischen gelernt, es dabei nicht jedesmal zu einem gesellschaftlichen GAU kommen zu lassen. Für gewöhnlich begnügte sie sich inzwischen damit, sich auf dem Absatz herumzudrehen und die Fragesteller mit einem Problem, das nicht das ihre war, einfach stehenzulassen.

Was hätte sie auch antworten sollen: Daß er es war, Kurt Sichelbach selbst, der sie oft genug auf Tour schickte? Der sie zum Flughafen brachte und förmlich in den Flieger schob, vor dem sie sich so fürchtete? – Das hätten die Neidhammel in all ihrer Mißgunst doch sofort als willkommenen Anlaß genommen, überall die Mär zu streuen, daß er sie nur loswerden wollte. In Wahrheit hatte er sich, auch wenn sie sich das selbst nicht gerne eingestand (und ihm schon gar nicht!) unter anderem zu ihrem Manager gemausert. Sich, wie früher, mit kreativen Krisen, mit allgemeinem Weltschmerz und mit nudelgefülltem Blähbauch tagelang unter die Bettdecke zu verkriechen, war in der Gegenwart eines Curt C. Sichelbach zu einem Ding der Unmöglichkeit geworden.

Außerdem: Sie suchte ja tatsächlich gerne das Weite. Nicht nur wegen der beruflichen Notwendigkeit. Noch nicht einmal wegen des Abenteuers, das es für sie immer noch bedeutete, sich allein mit ihren Kameras in die Fremde zu verfügen und sich dort zu bewähren. Sondern: Es machte mächtig Spaß, nach Hause zurückzukommen. Dann war auf der Elisabethenstraße von Fernsehprogrammen oder Beatles oder Stones keine Rede. Statt dessen knisterte es dann und funkte. Und wenn sie überhaupt auf dem Sofa landeten, dann wahrlich nicht zum Zwecke des friedlich Nebeneinandersitzens. Jedesmal, wenn sie zurückkehrte, feierten Kurt und sie erneut eine Premiere. Mit Feuerwerk. Mit Prunk und Pomp. Mit Glanz und Gloria. Mit Saft und Kraft.

Solches aber konnte man seinem armen, alten Vater schlecht klarmachen. Sich auf dem Absatz umzudrehen, kam in Anbetracht der waltenden Umstände (dies war ihr erster Besuch bei Erich Eickhorn seit vier Wochen) auch nicht in Betracht. Daher:

»Was Kurt zu mir sagt, geht dich doch nun gar nichts an«, sagte sie. Gar nicht sonderlich unfreundlich. Eher sachlich. Eigentlich ganz lieb. – »Komm, ich mach uns einen Kaffee, und dann erzählst du mir, was ihr in eurem Karnevalsverein alles für diesen komischen Rosenmontagszug im Mai plant.«

Der diesjährige Rosenmontag war eine Pleite ohnegleichen gewesen. Mit tränenerstickter Stimme hatten der Prinz und die Venetia vom Rathausbalkon ihren bereits bis auf die Haut durchweichten und vom Orkane verwehten närrischen Untertanen mittags verkünden müssen, daß buchstäblich nichts lief. Der Sturm hatte die Festwagen gepackt und gebeutelt und all ihres Schmuckes beraubt. Die Dekorationen und Tribünen flogen durch die Innenstadt, man fürchtete um Leib und Leben der Teilnehmer wie der Zuschauer.

Dagmar hatte die Schreckensnachricht recht gelassen hingenommen. Obwohl sie es liebte, sich zu maskieren und zu verkleiden, und obwohl sie es sehr zu schätzen wußte, daß in den letzten Jahren die großen Trommeln am Rhein weniger im Marsch- als im Samba-Rhythmus erdröhnten, hatte sie die Aussicht, Kurt, den Zugezogenen, in die letzten Riten rheinischer Folklore einweihen zu müssen, alles andere als beflügelt. Sie wußte aus seinen Erzählungen nur zu genau, daß ganz Norddeutschland sich am Rosenmontag vor den Fernsehgeräten versammelte, um über das welsche Treiben dieser Verrückten indigniert den Kopf schütteln zu können: In Winsen an der Luhe wuchs man in der festen Überzeugung und dem unerschütterlichen Glauben auf, daß unmittelbar hinter Hannover der Balkan begann.

Erich Eickhorn aber war an diesem 26. Februar das Herz gebrochen. Nicht nur, weil er dadurch um den Höhepunkt seines Jahres geprellt worden war. Als langjähriger Ehrenpräsident der Karnevalsgesellschaft *KG JECKE PITTER* fuhr er natürlich bei jedem Rosenmontagszug mit: hoch oben auf einem mimosengeschmückten Prunkwagen, im goldenen »Ornat« (einem dunkelgelben Smoking), ordenübersät und mit meterlangen Fasanenfedern an seiner Glitzermütze. Und mit mächtigem Armwurf, mit beiden Händen schaufelte er ohne Unterlaß, Ermüdungserscheinungen oder Rücksicht auf sein fortgeschrittenes Alter Bonbons, Pralinen, kleine Plastikpäckchen Senf und Blumensträußchen über die Häupter der jubelnden, schunkelnden, tanzenden Menge.

Daß ihm dieses Glanzlicht seines Lebens durch höhere Gewalt in diesem Jahr ausgepustet worden war, das hätte er noch verkraften können. Nicht aber die ganz Düsseldorf beschämende Tatsache, daß man andernorts den Unbilden des Wetters mutig getrotzt hatte. **In Köln**, ausgerechnet! Dort waren sie gezogen, mit Stunden Verspätung zwar, auch vergleichsweise schlicht – die Mitglieder der prächtigen Reiterkorps waren von ihren hohen Rössern geklettert und hatten die kilometerlange Strecke mit dem eigenen Fuße abmarschiert –, **aber der Kölner Rosenmontagszug war nicht abgesagt** und auf den Mai verschoben worden! Das war's, was Erich Eickhorn nicht verwinden konnte.

In der uralten Rivalität zwischen den beiden stolzen Metropolen am Strom, die viel zu nah beieinanderlagen, als daß sie miteinander hätten Frieden halten können, hatte

Düsseldorf die Jahrhundertschlappe nicht erlitten, sondern sich selbst, durch übergroße Vorsicht, beigebracht. Dagmar war sehr sicher: Wenn ihr Vater ein Samurai gewesen wäre – er hätte sich an diesem 26. Februar in Weiß gehüllt und entleibt. Weil er mit dieser Schmach und Schande nicht länger hätte leben wollen.

Ein Blick auf ihren Vater aber ließ Dagmar postwendend bedauern, an diesen wunden Punkt gerührt zu haben. Erich Eickhorn war weit davon entfernt, zu erbleichen und sich zu seinen Ahnen zu versammeln. Genaugenommen ähnelte seine derzeitige Gesichtsfarbe eher einer dieser Trauben, die im Rhonetal rund um Châteauneuf-du-Pape wuchsen.

»Du wagst es, das deinem Vater ins Gesicht zu sagen?« brüllte er, daß die Wände des Seniorenhauses erbebten. – Er sollte sich nicht so haben; so schlimm war das Rosenmontagsdebakel nun auch wieder nicht.

»Reg dich bitte nicht so auf, Vati«, äußerte sie vage. »Denk an deinen Blutdruck!«

»Ich **will** mich aber aufregen!« schrie Erich Eickhorn. »Ich stehe hier und muß mir von meiner eigenen Tochter ins Gesicht sagen lassen, daß mich ihr Leben nichts angeht! Und dann soll ich mich nicht aufregen dürfen?!« – Herrjeh, das brachte ihn also derart in Harnisch. Dann wurde es jetzt temperamentvoll: Ihr Vater reagierte manchmal wirklich überempfindlich. Legte jedes Wort auf die Goldwaage.

»Seit Jahren sehe ich zu, wie du dein Leben verpfuschst. Und habe ich mich etwa eingemischt? Nein, ich habe mich nie eingemischt!« – (Schön wär's!) – »Ich habe mich vornehm zurückgehalten.« – (Heilige Einfalt!!) – »Erich, habe ich zu mir gesagt, laß das Kind seine eigenen Erfahrungen machen.« – (Kind! Hatte man Worte?!) – »Laß es aus seinen Fehlern lernen. Aber jetzt muß ich mich einmischen! Da hast du zum ersten Mal in deinem Leben jemanden gefunden, der dir ein bißchen Sicherheit bieten kann. Der dich versorgen kann, wenn ich mal nicht mehr bin.« – (O Allah!!!) – »Aber was machst du? Statt daß du ihn dazu bringst, dich so schnell wie möglich zu heiraten, gondelst du wie verrückt in der Weltgeschichte herum! Und ich soll mich nicht aufregen, wenn mein eigen Fleisch und Blut sich zugrunde richtet! In deinem Alter sind alle anderen Frauen schon mehrfache Mütter! – Habe ich denn etwa kein Recht auf Enkel?«

Der blanke Aberwitz. Da hatte sie sich zu einer Geste mildtätiger Barmherzigkeit durchgerungen, um einem einsamen Greis einen netten Nachmittag zu bereiten – nur um nun mit diesem drastischen Exempel von Altersstarrsinn konfrontiert zu werden. Er hatte es wieder einmal geschafft: Ihr sträubten sich die Nackenhaare.

»Für was hältst du mich eigentlich – für deine **Zuchtstute**?«

Es war wieder soweit. Die Dinge nahmen ihren üblichen Lauf. Kaum fanden sich die zwei Generationen Eickhorn unter einem Dach versammelt, schon fetzten sie sich. Seltsamerweise aber nahm niemand übel. Wenn sie sich trennten, heiser, erschöpft und ausgelaugt, so nicht ohne gegenseitige Hochachtung. Die eine Generation hatte wieder einmal dem Sturm der anderen tapfer standgehalten.

Dagmar fühlte sich daher keineswegs sonderlich mißgestimmt, als sie zwei Stunden später durch die City joggte, um noch schnell ein paar Einkäufe zu tätigen. Ein wenig wurmte zwar die feste Gewißheit, daß sich ihr Vater jetzt just in diesem Moment im Glanze eines eingebildeten Sieges sonnte. Andererseits tat es wohl zu wissen, daß an ihm der gleiche Wurm nagte. Denn natürlich hatte sie das letzte Wort gehabt. Oder? – Egal. Hauptsache, sie konnte sicher sein, daß sie durchaus noch in der Lage war, sich präzise auszudrükken, wenn es die Situation erforderte. Bisweilen plagte sie nämlich die leise Befürchtung, neben Kurt, dem Spröden, an dem jeder Streitversuch abperlte wie an einem Friesennerz, allmählich ebenfalls Moos anzusetzen.

Die Stadt zu bebummeln, machte seit neuestem weitaus mehr Spaß als noch im vorigen Jahr. Solange man es mit seinen Hungerhonoraren gerade eben schaffte, die Krefelder Erbengemeinschaft zu ernähren, hatte die Luxusquadratmeile etwas absolut Niederschmetterndes gehabt. Man konnte nur entweder die Augen schließen oder sich mit dem Gedanken an die Gründung einer neuen Linksaußenpartei trösten. Nun, da man aber über Einkünfte verfügte, die fast regelmäßig zu nennen waren, riskierte man hie und da schon mal einen Blick in die Auslagen. Rein theoretisch, klar, auch nicht ohne die nötige kritische Distanz, aber doch mit einer gewissen Kontinuität. Man war über das Angebot informiert.

Heiteren Sinnes und erhobenen Hauptes konnte man sich inzwischen selbst der kleinen Bank am Marktplatz nähern, die man vor nicht allzulanger Zeit nur mit hochgeschlagenem Kragen und schwarzer Sonnenbrille zu betreten gewagt hatte. Neu und völlig überraschend war die Erkenntnis, daß Kontoauszüge eine ebenso fesselnde Lektüre sein konnten wie *Der Herr der Ringe*.

Dagmar riß die blauen Umschläge, die sie aus der Bank geholt hatte, ungeduldig auf und dabei gleich ein paar Passanten um. Nun ja, die Ziffern standen leider immer noch auf der falschen, nämlich der linken Seite der Ausdrucke. Aber erstens waren es nicht mehr so erschreckend viele und hohe Zahlen, und zweitens hatte sie immerhin ihre Ehrenschulden bei Kurt bereits getilgt. Sollte sich jetzt noch einmal ein Gerichtsvollzieher zu ihr verirren, würde sie ihn wenigstens im Rahmen ihres Kreditlimits zufriedenstellen können. Indessen war mit derlei unerwünschten Besuchen kaum noch zu rechnen: Sie hatte Clondyke hoch und heilig versprechen müssen, nie wieder, für was auch immer, eine zweite Mahnung zu bekommen.

Daß sie auch fürderhin darauf verzichten mußte, ihm die volle Parität beim Haushaltsbudget anzubieten, blieb natürlich weiterhin mißlich. Allerdings nutzte sie die eine oder andere Gelegenheit zu großzügigen Gesten: Als sie neulich einmal gemeinsam vor einem Juweliergeschäft gestanden hatten, um sich in den Anblick eines kleinen Schatzkästleins zu vertiefen, aus dem unzählige Schnüre makellosester Perlen quollen, eine schöner als die andere, da hatte Clondyke Sichelbach gefragt: »Möchtest du eine haben? Eine kleine, meine ich!« Und sie hatte tatsächlich zu der inneren Kraft und Größe gefunden, ihm zu antworten: »Bist du bescheuert? – Ich bin doch keine von deinen *Turm*-Damen, die sich von ihren Mackern mit Klunkern behängen lassen!«

Keine teuren Geschenke – das hatten sie, zwecks Wahrung der Ehre der Dagmar Eickhorn, vereinbart, bevor sie zu ihm zog. Allerdings gab es Präzedenz- und Grenzfälle, deren Deutung sich als äußerst diffizil erwies. Vor einigen Tagen hatte sich Clondyke als Filou profiliert, indem er abends mit einem Stapel glänzend bunten Papiers unter dem Arm erschienen war. Es handelte sich um die Prospekte eines Reisebüros, das sich auf USA-Trips spezialisiert hatte. »Das ist kein Geschenk. Das ist eine Bitte«, hatte er gesagt, spitzfindig, wie es nun einmal Juristenart war, und dabei ausgesehen wie Mephisto in der Aufführung einer Wanderschmiere. Großmut aber war eine ihrer Stärken – wie hätte sie ihm, nach allem, was er für sie getan hatte, eine Bitte abschlagen können?

Düsseldorf – Frankfurt – Atlanta – Charleston – New Orleans: Dagmar mußte sich schwer beherrschen, beim Überqueren der Straße nicht zu hüpfen.

Da drüben war *Bim's Marktwirtschaft.* Einer der Orte, die sie seit Monaten gemieden hatte wie ein Leprazentrum. Aber sie war in Hochstimmung. Ein Blick in das Schaufenster an der Ecke: Sie sah gut aus. Zwar noch nicht so teuer und edel, daß der Tresenbesatzung schlagartig die Altbiergläser aus den Händen fallen würden. Aber sie hatte genug zu erzählen, um dem einen oder anderen alten Szene-Bekannten – so einer da war – zu denken zu geben. Warum also nicht auf einen Kaffee hineingehen?

Drinnen dann die herbe Enttäuschung, daß niemand da war, den sie kannte und vor dem sie ein bißchen hätte angeben können. Unverrichteter Dinge wieder kehrtzumachen, hätte aber auch mehr als blöde ausgesehen. Also setzte sie sich entschlossen an einen Tisch, wobei sie das unangenehme Gefühl beschlich, daß jemand sie permanent anstarrte. Vielleicht sah sie doch schon zu anders, zu bürgerlich, zu spießig aus. Ungeduldig wartete sie auf ihren Kaffee, um so schnell wie möglich wieder verschwinden zu können, und umgab sich unterdessen mit einer Aura von Unnahbarkeit.

Trotzdem aber näherte sich eine Gestalt ihrem Platz.

»Long time no see«, sagte jemand. Ein Bariton.

Sie blickte auf: schwarzes Leder. Sie blickte noch höher: ein Glatzkopf! – Es war empörend, wie sich die Skinheads unter dem Deckmantel von Schwarzrotgold inzwischen überall breitzumachen wagten!

Sie blickte wieder ein wenig tiefer: eisblaue Augen. Mit Lächelfalten. Und darunter: das unverschämte, unverwechselbare Piratengrinsen! Michael! Michael Kamm! Und sie hatte noch nicht einmal Ohrclips an!!

»Na, wie stehen meine Aktien: Darf ich mich zu dir setzen?«

Sie fühlte sich nicken. Sie fühlte, wie mindestens vier Liter

Blut in ihren Kopf schossen, einmal oben gegen die Schädeldecke schlugen und dann wieder in die Füße sackten. Vor allem aber fühlte sie das dringende Bedürfnis, sich sofort, ohne jede Verzögerung, in Luft aufzulösen.

»Gut siehst du aus, mein Schatz. Eine ganze Zeit lang warst du ja so was wie das Phantom der Szene. Man hat eine Menge von dir gehört, aber niemand hat dich zu Gesicht gekriegt. Laß dich mal richtig anschauen –« Er nahm ihr Kinn in seine Hand und drehte ihren Kopf prüfend hin und her wie eine Melone vom Marktstand. »Steht dir gut, die Frisur!«

Was man von seiner wahrlich nicht behaupten konnte. Die Glatze glänzte, Dagmar konnte sich darin betrachten wie in einem frisch polierten Spiegel. Wo war nur sein Neufundländerfell, fragte klagend ihr Bauch. Die Antwort aus der Großhirnrinde ließ keine Hundertstelsekunde auf sich warten. Sie durchfuhr Dagmar mit der Macht eines Laborblitzes zur Erprobung eines Faradayschen Käfigs. Selbst ihre Schuhe begannen zu glühen: Krankheit! – *Krebs!* – **Chemotherapie!**

Kurt behauptete doch immer, sie sei eine Hexe. Hatte sie etwa in all den Monaten, da sie sich still abends im Bett ihren apokalyptischen Vernichtungs- und Mattsetzungsfeldzügen, ihren imaginären Racheorgien an Michael hingab, unheilbringende Vibrationen der dritten bis fünften Art freigesetzt? Rein versehentlich irgendwelche hochwirksamen Voodoo-Zauber über ihn geworfen? – Nun war er krank, wahrscheinlich unheilbar krank, und alles war ihre Schuld, ihre übergroße Schuld. Sie konnte ihm nicht mehr in die Augen sehen.

»Nun sag doch mal ehrlich: Dieses Poster, das ich da neulich von dir gesehen habe, das mit den Vogelkrallen – das war doch dein idiotischer kleiner Wellensittich, oder? Okay: es ist *Fake*, aber ein verdammt gut gemachter. Weißt du eigentlich, daß du Talent hast, Mädel?«

Er war so tapfer. So mutig. Er verbarg seine Angst. Seine Leiden. Er wollte es mit sich ausmachen, seine Mitmenschen nicht belasten. Er wollte seine letzten Monate in größtmöglicher Normalität verbringen. Wie hatte sie ihn verkannt! Erst in der Tragödie erweist sich wahre menschliche Größe!

»Aber warum sagst du denn gar nichts, Daggi-Schätzchen? – Kein Gruß, kein Kuß?«

Er nahm ihre Hand.

»Krieg ich noch nicht einmal ein Begrüßungsküßchen? Auf die guten, alten Zeiten?«

Allmächtiger Himmel: Er ging in seiner unendlichen Tapferkeit sogar so weit, daß er flirten wollte. Doch abgesehen einmal davon, daß sie eigentlich noch nie gewußt hatte, wie man diesen leichten, flirrenden Ton produzierte, den Sabine Sträter zum Beispiel bis zur Vollendung beherrschte: Wie zum Teufel flirtete man mit einem Todgeweihten?!?

Sie küßte ihn zart auf beide Wangen, à la Parisienne. Nicht zärtlich, nicht lockend, eher getragen und weihevoll. Dann küßte sie ihn auf die arme Glatze. Und versuchte dabei, die Magie all der Heilerinnen zu entwickeln, von denen in den Büchern, die auf ihrem Nachttisch lagen, immer so viel zu lesen stand. Dann räusperte sie sich:

»Was sprechen wir dauernd von mir – erzähl doch mal, wie's dir so ergangen ist.« – Sie war bereit. Mit irgend jemandem mußte er seine Qualen und Ängste schließlich teilen. Sie war stark. Sie konnte ihm einen Teil des Unerträglichen abnehmen. Sie würde an seiner Seite stehen. Bis zum bitteren Ende. – Sie sah sich am offenen Grab. Mit schwarz wallendem Schleier vor dem versteinerten Antlitz. Tränenlos. Aufrecht. Wie damals Jacqueline Kennedy.

Er erzählte von diversen Jobs, von den *Düsseldorfer Türen*, die eingeschlagen hatten wie eine Granate. Von seiner neuen Harley Davidson, mit der er durch den Frühling brauste, und die er im Juli in die USA überführen lassen würde, um dann die alte Pionierroute von den Neuengland-Staaten bis zum Pazifik nachzufahren. – Dieser mutige Mann. Wahrscheinlich plante er all diese Dinge, um seine inneren Abwehrkräfte mit positiver Vorsatzbildung zu mobilisieren.

»Ich geh auch in die Staaten, in vier Wochen«, konnte sie sich nicht verkneifen einzustreuen.

»Beruflich oder privat«, wollte er wissen.

»Teils, teils«, sagte sie (daß man einem Moribunden gegenüber auf sämtliche Spezialeffekte verzichten mußte, stand schließlich nirgendwo geschrieben).

»Nicht schlecht, Frau Specht«, sagte Michael Kamm anerkennend. »Dann kannst du ja wenigstens einen Teil der Kosten beim Finanzamt abdrücken.«

So sprachen sie noch über dieses und jenes, über Nichtigkeiten, über Belanglosestes. Denn was waren Jobs und Steuern und Brennweiten und Bekannte angesichts der letzten, großen Herausforderung?

Dagmar hatte schließlich das Gefühl zu platzen. Sie mußte aktiv werden. Sie mußte ihm vermitteln, daß sie Anteil nehmen wollte. Sie mußte ihn dazu bringen, sich ihr zu öffnen, auf daß sie ihm helfen konnte. Sie mußte ihm eine Brücke bauen, die es ihm erleichterte, sein schweres Los auf sie abzuwälzen. Sie mußte ihre Hand auf die seine legen:

»Nun erzähl aber doch mal, was mit deinen armen Haaren passiert ist!« – Der Ton stimmte. Voll Wärme. Voll Zartgefühl. Voll Balsam. Dagmar, die Trösterin der Betrübten.

»Ja, weißt du's denn nicht? Hat's dir denn niemand erzählt!« – Er kam näher. Ganz nah. Seine Augen lächelten nicht mehr. Er legte den Kopf schief. Er machten den Welpen. Dann machte er den Mund auf, und sie sah seine perfekten Korsarenzähne schimmern:

»Das ist ein Zeichen von Trauer, Daggi-Schätzchen. Weil

du mich so schnöde verlassen hast. Weil ich dich so vermisse. – Was meinst du, sollen wir nicht den ganzen Scheiß vergessen? Du weißt doch: Do it again, Sam?« – Er fiepte. Wie beim Junge-Neufundländer-Spiel.

Die schwarzen Schleier zerrissen, daß es krachte. Irgendwo in der Nähe ihres Sonnengeflechts wurde eine dicke, starke Baßsaite gezupft und sagte: Yannng! Die Großhirnrinde aber meldete: Du hast gewonnen! Du hast ihn in der Hand! Er rutscht auf den Knien und winselt. Du bist die Königin. Du hast ihn mattgesetzt.

Bloß: Die Erde stand nicht still. Die Himmel öffneten sich auch nicht. Keine Erzengel schwebten ein in *Bim's Marktwirtschaft*, um mit Posaunenklang von ihrem Triumph zu künden. Keine Pauken, keine Trompeten, keine Harfen. Noch nicht einmal ein leises Frohlocken.

Statt dessen fühlte sie sich plötzlich hohl und leer. Nun, da sie das Ziel erreicht, auf das sie all die Monate so zielstrebig und hochmotiviert hingearbeitet hatte – nun spürte sie, wie die Energie aus ihr entwich wie aus einem angestochenen Ballon. Sie hatte mal in einem Interview aufgeschnappt, daß es Boris Becker genauso ging. Wenn er Wimbledon gewonnen hatte, konnte er sich auch erst immer drei Tage später freuen. – Die Königin erhob sich:

»Laß uns ein andermal darüber reden, ja? Ich muß jetzt weg. Ich ruf dich aber die Tage mal an« – Die Königin schritt zur Tür.

Als sie die Wohnung auf der Elisabethenstraße betrat (nachdem sie eine halbe Stunde durch die Straßen gejoggt war, um sich zu beruhigen), bot sich ihr ein Bild häuslichen Friedens. Kurt saß auf dem Sofa und las, wie konnte es anders sein, eine seiner Tageszeitungen. Otto von Bismarck saß auf Kurts Schulter und studierte ebenfalls die Börsenkurse.

»Wie lief es bei dir heute«, fragte Kurt, von der Zeitung aufblickend.

»Ich war bei meinem Vater«, sagte Dagmar. »Schöne Grüße!«

»Danke«, sagte Kurt und las weiter.

»Dann hab ich noch kurz bei *Bim* reingeschaut. Du rätst nicht, wen ich da getroffen habe.«

»Stimmt«, sagte Kurt und schlug eine Seite um.

»Michael. Michael Kamm. Ich hab ihn kaum wiedererkannt. Denn stell dir nur vor: Er hat sich eine Glatze scheren lassen. Ratzeputz.«

»Das ist ja hochinteressant«, sagte Kurt und las weiter. Ein solch demonstrativer Mangel an Anteilnahme, eine derartige Mißachtung ihrer Person durfte nicht geduldet und mußte sofort geahndet werden! Trotzdem bemühte sich Dagmar redlich, in ihrer Stimme nicht allzu grellen Triumph mitschwingen zu lassen.

»Und weißt du, warum er das getan hat? – Einzig und allein meinetwegen! Aus Trauer. Weil ich ihn verlassen habe!«

Das wirkte. Kurt ließ endlich die Zeitung sinken. Er sah sie an, öffnete den Mund, als wollte er etwas sagen, schloß ihn dann aber wieder. Manchmal hatte er wirklich Ähnlichkeit mit einem Karpfen. Schließlich, nach einer kleinen Bedenkzeit, machte er den Mund doch wieder auf.

»Du darfst nicht immer alles glauben, was dir jemand erzählt. Und dann möchte ich dich herzlich bitten, dir eines für die Zukunft zu merken: Taten, nicht Worte zählen!« Die Zeitung ging erneut hoch. Clondyke war nicht von seinen Goldminen wegzulocken. Im direkten Vergleich zu ihrem schwarzen Korsar war er ein unverbesserlicher Miesepeter. Ein Oberlehrer. Ein Sauertopf.

Müßig, ihn zu fragen, was er mit seinen Binsenweisheiten

eigentlich bezwecken wollte: Wenn er Zeitung las, war mit ihm einfach nicht zu reden.

Aber eigentlich stand auch ihr nicht der Sinn nach Konversation. Sie mußte nachdenken. Allein. In aller Ruhe. Schwerwiegende Entscheidungen waren zu treffen.

Kapitel 9

»Chanson d'amour – ratadatada!«

(Manhattan Transfer, gemischte Truppe)

»Warum mußt du eigentlich immer alles auf den letzten Drücker erledigen, Dagmar?« erkundigte sich Kurt höflich und interessiert. »Du kennst seit Wochen den Abflugtermin, aber jetzt ruinierst du deine – und meine, wie ich hinzufügen darf! – Nerven, indem du in der letzten Minuten noch packst.«

Etwa seit einer halben Stunde stand er in bislang stummer Anklage vor der Tür, neben sich auf dem Dielenboden sein kleines Köfferchen. Über der Schulter den Trenchcoat. Mit dem vielsagenden, charakteristischen Karofutter nach außen, wie es der Gewohnheit aller Männer aus den höheren Büroetagen entsprach. Dagmar hatte diese Stammessitte schon immer albern gefunden: Dann sollten sie sich doch gleich den Kontoauszug mit ihrer monatlichen Gehaltsüberweisung aufs Revers sticken lassen!

»Hör auf, mich zu nerven«, sagte sie. »Mach dich lieber nützlich und erzähl mir, wo du das Sonnenöl versteckt hast!«

»Warum sollte ich um Himmels willen Sonnenöl verstekken?« wollte Kurt wissen.

»Weil du doch immer alles wegräumst, was nicht niet- und nagelfest ist und was sich nicht wehrt«, erklärte Dagmar. »Daß mein Chaos Methode hat, ist dir dabei leider entgangen. Kaum hast du aufgeräumt – schon finde ich nichts mehr! Als ich noch alleine lebte, habe ich immer gewußt, wo das Sonnenöl war.« – Daß man es damals seltener brauchte, weil man sich keinen Urlaub hatte leisten können – dies zu erwähnen, wäre jetzt im Abreisestreß unpassend gewesen.

»Da wir gerade beim Thema Sonnenöl sind: Weshalb meinst du eigentlich, diese Schmiere unbedingt mitschleppen zu müssen?« fragte Kurt. »Ich darf dir vielleicht in Erinnerung rufen, daß wir nicht auf Safari in ein Drittweltland oder die Antarktis gehen. Wenn ich recht informiert bin, ist bei den Eingeborenen der Vereinigten Staaten von Amerika der Gebrauch von Lichtschutzfaktoren durchaus üblich und verbreitet. Außerdem ist die Vermutung mehr als unbegründet, daß ausgerechnet in den nächsten drei Wochen samt und sonders alle Supermärkte und Drugstores zwischen Georgia, South Carolina und Louisiana geschlossen haben sollten.«

Er hatte sein Köfferchen natürlich schon vor drei Tagen gepackt. Und mit spitzen Bemerkungen ihr Brüten über dem Turbo-Zeitplaner kommentiert, in dem sie immer neue Listen ihrer noch zu erstehenden, noch zu waschenden, zu bügelnden, bereitzulegenden Reiserequisiten erstellte, durchstrich, überarbeitete.

»Das ist doch reine Energieverschwendung«, hatte er überflüssigerweise bemerkt (hatte sie ihn etwa um seine Meinung gebeten: nein!). »Wirklich wichtig ist nur, daß du deinen Paß und deine Travellerschecks nicht vergißt. Alles andere ist eh nur Tand.«

Sein Gesicht hätte sie sehen mögen, wenn sie zu ihrem festlichen Erster-gemeinsamer-Urlaub-Eröffnungsdinner im *Peachtree Plaza* – just auf der Peachtree Street in Atlanta, wo auch schon Rhett Butler und Scarlett O'Hara gewohnt hatten (seine Beförderung machte das Absteigen nur an allerersten Adressen möglich) – nur mit Paß und Schecks bedeckt erschienen wäre!

Es gab eben Dinge im Leben, für die war der männliche

Verstand als solcher einfach zu eng. Männer würden nie verstehen, daß man nicht nur das in den Koffer packte, was man brauchte, sondern vor allem das, was man eventuell brauchen **würde** oder **könnte**. Sonnenöl von einer ganz bestimmten Firma etwa, die garantiert ihre Produkte nicht an armen, unschuldigen Kaninchenaugen ausprobierte – der weibliche Intellekt war eben viel umfassender.

Dagmar baute sich also vor ihm auf und stemmte die Hände in die Hüften:

»Deine Ironie ist gänzlich fehl am Platz. Davon werde ich auch nicht schneller fertig. Daß sie da Sonnenöl haben, weiß ich auch. Die Frage ist nur, welches. Darf ich dich darauf aufmerksam machen, daß Atlanta in etwa auf der geografischen Breite von Kairo liegt? – Wenn **du** Hautkrebs kriegen willst: Bitteschön. Ich will jedenfalls nicht herumlaufen wie ein gekochter Hummer. Ich brauche einen Lichtschutzfaktor Marke Kohlenkeller. Und zwar einen, für den nicht die unschuldige Kreatur hat leiden müssen!«

Letzteres war ihm wohl einigermaßen unerklärlich, denn er verdrehte rat- und hilfesuchend die Augen zur Decke. Sie verfügte derzeit aber leider nicht über die Muße, ihm die Zusammenhänge einzeln und in ihrer ganzen Komplexität zu erläutern.

Beim Stichwort »leiden« war ihr eingefallen, daß sie dringend noch Usch anrufen mußte. Sie hechtete zum Telefon:

»Hallo, Usch? – Ich bin's. Nein, wir sind noch nicht weg. Was ich dir unbedingt noch sagen wollte: Die beiden Drachenbäume müssen wirklich immer feuchte Wurzelballen haben, hast du das notiert? Gut. Am besten gehst du mit den Fingern an die Erde. Wenn der Finger schmutzig wird, ist es okay. Aber nicht **zu** schmutzig, hörst du? – Was? – Du, hör mal, ich hab jetzt wirklich keine Zeit zu quatschen. Ja, ich weiß, es ist wichtig, aber wir sprechen uns dann in drei Wochen, wenn ich wieder da bin, alles klar? – Mach's gut, Usch. Und grüß Thommy – wenn du ihn siehst. Tschüs!«

»Die Bornheimers lassen sich wieder mal scheiden«, informierte sie Kurt kurz, während sie an ihm vorbei zum Bad hetzte, um die Suche nach dem kaninchenfreundlichen Sonnenöl wiederaufzunehmen. Kurt rasselte anstelle einer Antwort nur mit dem Schlüsselbund, den er in der rechten Hand trug. In der linken hielt er das Sonnenöl.

»Wo hast du das denn aufgetrieben?«

»In deinem Beauty-Case. Du hattest es schon eingepackt.«

»Ich hoffe, das wird dir eine Lehre sein: Du hältst mir dauernd meine angebliche Schlamperei vor, und dabei bin ich ordentlicher, als ich selbst ahne. Ich finde, du solltest dich entschuldigen!«

»Sorry«, sagte Kurt, mit einer kleinen, satirischen Verbeugung.

»Nebenbei: Hast du im Beauty-Case vielleicht auch meinen Fön gesehen? Ich versteh das nicht. Heute morgen habe ich ihn nach dem Duschen noch benutzt, aber kaum wollte ich ihn einpacken, schon war er wie vom Erdboden verschluckt . . .«

Kurt murmelte irgend etwas vor sich hin. Was sie aber nicht verstehen konnte, weil es klingelte.

»Es geschehen noch Zeichen und Wunder«, sagte Kurt. »Sabine ist nur zwölf Minuten zu spät.«

Sabine waren zwei Ehrenämter übertragen worden. Sie erstens zum Flughafen zu fahren; ausgerechnet Clondyke Sichelbach, der beim Buchen ausschließlich auf den namhaftesten Hotels beharrt hatte, war für die Gebühr des Flughafenparkhauses wieder zu knausrig: Versteh ihn einer! Zweitens hatte sie sich bereit erklärt, Otto von Bismarck in Pflege zu nehmen. Der offensichtlich bereits Unheil witterte und ruhelos auf seiner Stange auf und ab rannte. Ganz dünn vor Angst: Otto war eher häuslich und haßte Ortswechsel.

»Froh schlägt das Herz im Reisekittel – vorausgesetzt, man hat die Mittel«, dröhnte Sabine, wie immer ganz in Schwarz und edler Abgerissenheit. »Wieso seid ihr noch nicht fertig? Wir sollten eigentlich schon längst on the road sein, und die Stadt ist mal wieder dicht.«

»Wir sind fertig!« verkündete Kurt. Ohne auch nur die geringste Rücksicht auf Dagmars Fön zu nehmen. Er nahm einfach – ohne sie zu fragen! – die Koffer und das Beauty-Case, prüfte noch einmal sorgfältig die Verschlüsse. Um sie dann doch noch einer Ansprache zu würdigen:

»Dagmar, laß mich doch eben noch einen kurzen Blick in deine Handtasche werfen.«

»Was soll der Unfug. Wenn du glaubst, daß du den Fön in meiner Handtasche findest, hast du dich aber gewaltig geschnitten. Da paßt schon seit Tagen nichts mehr rein!«

»Dein Fön interessiert mich nicht. Ich will nur wissen, ob du, neben all dem anderen Tand, den du ständig meinst, spazierentragen zu müssen, auch an deinen Paß und deine Travellerschecks gedacht hast.«

Diese Demütigung! Und das auch noch vor Sabine, die aussah wie die Grinsekatze aus *Alice in Wonderland*.

»Wo sind wir hier eigentlich? Beim Kommiß? Beim Spindappell?« mußte sie sich Luft machen. Trotzdem hielt sie ihm ihre offene Handtasche unter die Nase. Um ihn zu beschämen.

»Meine Damen, mein Fürst: Es geht los!« – Kurt bepackte sich mit den Koffern. Sabine griff nach dem Vogelkäfig. Dagmar beschied sich, in vornehmer Zurückhaltung, mit Handtasche und Beauty-Case. Auch bestand sie darauf, nachdem das Gepäck unter einigem Gerangel und Gezerre endlich im

Kofferraum verstaut war, ostentativ auf der Rückbank, neben Otto von Bismarck, Platz zu nehmen. Der schmollte nämlich auch.

Kurt nahm vorne neben der Fahrerin Platz und zeigte sich während ihrem nervenzerfetzenden Fahrspurwechsel allzu amüsiert von Sabines alten Witzen über Stephanie von Monaco und deren schicksalhafte Verstrickungen in Liebschaften, die sich die *Frau von Welt*-Redaktion erst mühsam aus den Fingern saugen mußte. Dagmar war heilfroh, daß sie mit dieser Kategorie von Zeitschriften kaum noch etwas zu tun hatte.

Was allerdings die schicksalhaften Verstrickungen betraf: Im Vergleich zu ihr, Dagmar Eickhorn, war die monegassische Prinzessin nichts als eine trübe Funzel. Zu wissen, daß man von Düsseldorfs Szene-Zar, vom Mann aus den Movies bis zum Wahnsinn geliebt wurde, genau zu wissen, daß er seit vier Wochen Tag und Nacht auf den entscheidenden Wink von ihr wartete – und ihn dann doch nicht anzurufen: Eine solche Geschichte würde selbst der Chefredakteur der *Frau von Welt* wegen allzu offensichtlicher Unglaubwürdigkeit aus dem Heft kippen.

Aber genau so verhielt es sich. Sie hatte sich gemartert. Ihre Hand war auch öfters zum Hörer gezuckt. Sie hatte sich vorgestellt, wie es sein würde, wenn. Aber sie hatte nichts unternommen. Sie hatte gearbeitet und dann ihre Koffer gepackt, ohne auch nur ein einziges Mal mit Michael zu sprechen. Warum, wußte sie auch nicht so recht. Wahrscheinlich reichte ihr fürs erste das sichere Gefühl, ihn in der Hand, ihn kirre gemacht zu haben, völlig aus. Über alles weitere würde sie nachdenken, wenn sie gut erholt aus ihrem Urlaub zurückkam. Oder wenn sie eines Tages in der Lage war, majestätisch in ihrem dunkelblauen Jaguar bei seiner Oma vorzufahren.

An der Auffahrt zum Flughafen herrschte das übliche Gedränge. Aber Sabine parkte dreist und frech in der zweiten Reihe und verstopfte damit eine ganze Fahrspur:

»Sollen Sie mich doch ausrufen!« sagte sie unbekümmert. Dann langte sie nach hinten und zerrte Otto von Bismarck aus dem Auto. »Der kommt mit. Wenn ihr schon in das Land meiner Träume verschwindet, dann soll er auch brav Winkewinke machen.«

Eine typisch Strätersche Schnapsidee. So etwas hielt sie für originell und kapriziös. Und es war einfach hanebüchen von Kurt, daß er sie mit seinem Lachen noch bestärkte. Statt sich um sie, Dagmar, und ihre entsetzliche Flugangst zu kümmern.

In der langen Warteschlange vor dem Check-in-Schalter erregten sie natürlich mit dem armen, dünnen Wellensittich einiges Aufsehen. Aber genau das war ja der Zweck der Sträterschen Übung. – Dagmar wäre spätestens jetzt energisch eingeschritten. Wenn sie nicht, wegen der Sache mit der Handtasche, hätte weiterschmollen müssen.

In ihrem heiteren Plauderstündchen war Sabine inzwischen beim Insider-Tratsch angelangt:

»Es gilt inzwischen als erwiesen, daß Bodo vom Bruch um Usch Bornheimer wirbt. Man hat die beiden letztens zusammen im *Frontpage* gesehen. Und er soll sich mindestens eine halbe Stunde mit ihr unterhalten haben. Stellt euch das vor: Bodo **spricht**. Mit **Usch**. – Ich persönlich aber halte das für puren Unsinn. Ich bin sicher: Er wollte sie nur aushorchen. Wahrscheinlich hat er sich anschließend hingesetzt und seinen Bericht an den KGB geschrieben. Die westliche Dekadenz, Abteilung Frauenbewegung.« Können Karpfen wiehern? Offensichtlich. Dagmar konnte sich nicht erinnern, daß Kurt je derart haltlos über ihre Witze gelacht hätte.

»Dabei muß **ich** ja schließlich am besten wissen, was passiert, wenn Bodo wirklich balzt«, schwallte Sabine unverdrossen weiter. »Er spricht kein Wort. Aber er schickt Rosen. Fünfundzwanzig Stück. Jede Woche. Mit einer Karte, auf der nichts anderes steht als B.v.B.« – Nun zupfte sie doch wahrhaftig Kurt am Ärmel:

»Falls dich das überrascht, Kurt, solltest du dir merken: Männer umschwirr'n mich . . .« – und entblödete sich nicht, den alten Gassenhauer zu trällern. Es war unerhört.

»Rosen sind doch ein alter Hut!« sah sich Dagmar genötigt, nunmehr doch einzugreifen. »Für **mich** hat sich gerade jemand eine Glatze scheren lassen!«

»Ach«, sagte Sabine und blickte anzüglich auf Kurts Kopf. Unverschämt: Sein Schopf war nicht gerade üppig zu nennen, aber kahl war er auch nicht!

»Nicht Kurt, du Dummbart. Jemand anders. Ich möchte keine Namen nennen. Du weißt ja: Eine Lady genießt und schweigt.« Jetzt sah Kurt keinen Grund mehr zum Lachen. Er wurde plötzlich so ernst, als hätte sie ihm gerade seine Börsenkurse zerrissen.

»Falls du damit Michael Kamm meinst – und den meinst du ja immer! –, da kann ich dich beruhigen, Dagmar. Seine Glatze hat mit dir nicht das geringste zu tun!« Was war heute in ihn gefahren: Sie dauernd vor Sabine bloßzustellen!

»Aber ja doch«, beharrte sie. »Er hat die Glatze, weil er um mich trauert. Weil ich ihn verlassen habe! Das hat er mir doch selbst gesagt.«

»Du bist einfach zu leichtgläubig. Michael Kamm muß mit der Glatze herumlaufen, weil er eine saublöde Wette verloren hat.«

»Das ist nicht wahr!« – Das durfte nicht wahr sein.

»Doch. Ich war selbst dabei. Ich habe sogar den Vertrag aufgesetzt. Zwischen ihm und Bodo. Ich wollte eigentlich nicht darüber sprechen. Aber ich kann einfach nicht zulassen, daß du dich wegen dieses Schaumschlägers überall zur Närrin machst.«

Dagmar spürte, wie sich über ihrer rechten Augenbraue die Wutfalte eingrub, die Kurt ihr schon so oft mit dem Finger wegmassiert hatte. Vor ihr lagen zwei Starts und zwei Landungen und insgesamt neun Stunden Flugpanik. Hinter sich hatte sie nichts als Demütigungen. Sie sah keinen Grund, **nicht** rotzusehen.

»Du lügst«, keifte sie, »daß sich die Balken biegen. In deiner Eifersucht und deinem Besitzanspruch schreckst du vor nichts zurück. Dir ist nichts heilig. Alles mußt du niedermachen, niemandem glaubst du auch nur ein Wort, du bist krankhaft mißtrauisch. Du hast zu viel Schlingensiepen gelesen, das ist es. Du bist und bleibst ein Misanthrop. Und so kalt wie ein Fisch. Blubberst durch dein Meer von Paragraphen. Und alles, was mit Seele zu tun hat, mit Wärme, mit Glut, mit Leidenschaft, mit Besessenheit – das ist für dich nichts anderes als Kitsch und Schmalz. Und von so jemandem lasse ich mir jetzt die Traumreise meines Lebens vermiesen.« – Das mußte mal gesagt werden.

Die anderen Touristen in der Check-in-Schlange blieben stehen, verrenkten sich die Hälse. Kaum einer sprach mehr ein Wort. Alle genossen die willkommene kleine Unterhaltungseinlage, die sie von ihrem Anreisestreß und ihrer Flugangst ablenkte. Aus den Lautsprechern verkündete eine gepflegte Frauenstimme, daß der »Passenger Mr. Timothy Baxter« zum »*Lufthansa*-Information-Desk« gebeten werde, »please«.

Kurt war ein wenig blaß geworden, immerhin. Sein langgestreckter, gerader Rücken versteifte sich. Die Schultern zog er hart nach hinten. Der Hals, der Dagmar immer schon an eine Giraffe erinnert hatte, straffte sich, als würde von unten ein Besenstiel durchgeschoben.

Aber dann lächelte er doch tatsächlich! Charmant. Verbindlich. Heiter. Entgegenkommend. So, als sei er soeben von einem kleinen, kapriziösen Kompliment überrascht und entzückt worden. In Dagmars Kopf gingen auf einen Schlag alle roten Blinklichter an, eine Sirene gellte durch die grauen Zellen. Sie kannte dieses Lächeln. Sie hatte es oft genug an ihm gesehen, wenn er irgendwelche Maulhelden an Kneipentresen mit ein paar kurzen Worten auf Zwergmaß zurückstutzte und mundtot machte. So lächelten Skorpione in einem dunklen Schiffsrumpf, wenn sie an den Moment dachten, da ihre Bananenstaude ausgepackt würde.

Kurt faßte in die Brusttasche seines Jacketts und zog den Plastikumschlag vom Reisebüro hervor. Nach einigem Nesteln hielt er das gelbe Ticket und das bunte Blöckchen mit Hotel-Vouchern in der Hand und wedelte damit vor ihrem Gesicht herum.

»Ich denke, es ist besser, wenn du deine Traumreise allein antrittst«, sagte er. »Ohne dich dabei von ebenso kalten wie lügnerischen Fischen stören zu lassen. Jetzt kann ich's dir ja beichten: Für meinen Geschmack geht es in den Südstaaten ohnehin viel zu heiß her. Wie du sehr richtig bemerkt hast, bevorzuge ich es eher leicht unterkühlt. Weshalb ich also besser auf Oslo umbuche. Ich wollte immer schon mal rund ums Nordkap blubbern. – Über die Finanzen brauchst du dir keine Sorgen zu machen. Ich habe überall Vollpension gebucht und bezahlt. Und für die kleinen Extras zwischendurch wirst du sicherlich schnell jemanden finden, der gerne einspringt. Von dir in den letzten Monaten ausführlichst belehrt, weiß ich ja inzwischen, daß es nur im Alten Süden noch wahre Gentlemen gibt.«

»Schliepich«, jammerte Otto von Bismarck und versuchte, sich in der hintersten Bauerecke zu verstecken.

»Du kriegst die Motten!« stellte Sabine fest. Was mischte die sich denn schon wieder ein!?

Aber Kurt hatte seine Ansprache noch nicht beendet:

»Wenn du dich mit dem Einchecken beeilst, schaffst du es vielleicht sogar noch, deinen heißgeliebten und hochverehrten Glatzkopf anzurufen und ihn von dieser überraschenden Wendung in Kenntnis zu setzen. Möglicherweise hat er ja Zeit oder Lust oder Geld, dir hinterherzufliegen. Falls nicht: Mach dir keine Sorgen. Du findest deinen Rhett Butler schon noch. Wo soll er denn herumlaufen, wenn nicht irgendwo zwischen Atlanta, Charleston und New Orleans? – Ich jedenfalls wünsche dir eine gute Reise, mein Schatz. Amüsier dich gut!«

Mit sanfter Gewalt öffnete er ihre geballte Faust, schob Ticket und Vouchers hinein und faltete ihre Finger wieder zusammen. Dann knickte er seine gotische Gestalt und drückte ihr einen lauten Kuß auf die Stirn:

»Und paß schön auf, daß dich kein Alligator schluckt. Was den Naturschutz angeht, verstehen sie in den Staaten keinen Spaß. Ich bin zwar kein Experte im US-Recht – aber daß auf Vergiftung von Alligatoren hohe Strafen stehen, nicht unter zehntausend Dollar, vielleicht sogar Freiheitsentzug, das kann ich dir in die Hand versprechen.« – Er lächelte immer noch.

Dann nahm er seinen Koffer von dem Wägelchen, drehte sich um und zog von dannen. Steif, hölzern und aufrecht. Zum Ausgang.

In ihrem Bauch begann es zu brodeln. Namenlose Wut wahrscheinlich, was sonst. In ihrer Großhirnrinde glühten die Nervendrähte und löteten aus den verschiedensten Ekken Assoziationen zusammen. Einzelne Bilder, aus denen plötzlich ein Film wurde.

Kurt mit den weißen Lilien. Kurt, wie er ihr durch eine naßkalte Dunkelheit nachrannte. Kurt, der ihr im *Victorian* aus ihrem verdreckten Mäntelchen half, als sei es aus Purpur und Hermelin. Kurt, wie er ihr immer und wieder erzählte, daß sie jedem Auftrag und jedem Auftraggeber gewachsen war. Kurt, der auch noch für den kleinsten ihrer Erfolge einen Korken knallen ließ. Kurt im Smoking.

»Kurt«, flüsterte sie tonlos. Das, was da im Bauch kochte, war keine Wut. Es war Furcht.

»Curt!« sagte sie. Jetzt tat es auch schon im Hals weh. Sie mußte sich räuspern.

Nichts. Er ging weiter. Steif und zielstrebig. Weg von ihr.

»Clondyke!« rief sie.

Er verzögerte seinen Schritt. Wurde etwas langsamer. Blieb stehen. Drehte sich aber nicht um.

»**Bitte**, Clondyke!!« brüllte sie.

Er stellte seinen Koffer ab.

Jetzt gab es niemanden mehr im weiten Umkreis der Schalterhalle, der es noch eilig hatte. Doch sollten die Idioten nur gaffen und Maulaffen feilhalten, ihr war es egal. Sie wollte, nein, sie durfte ihn nicht verlieren. Kurt, den Drögen. Den Karpfen. Den Oberlehrer. Ihren Ruhe- und Gegenpol. Ihren Manager. Ihren Geliebten. Ihren Bleiklumpen. Ihren Anker. Ihren Mann.

Und wenn sie auch daran erstickte, und wenn sie es auch noch nie zu jemandem gesagt hatte, jetzt, vor all den Leuten hier, mußte es heraus:

»Es tut mir leid, Clondyke!« schrie sie.

Jetzt drehte er sich um, endlich. Er lächelte nicht mehr. Er sah schlimm aus.

»Du kennst mich doch! Ich rede öfters wirr. Ich falle eben manchmal unter Paragraph – ach, weiß ich auch nicht, welchen. Den mit der Unzurechnungsfähigkeit!« kam es aus ihr herausgesprudelt.

»Atlanta! Alligatoren! Magnolien! Scheiß doch der Hund drauf!«

Ein paar von den Idioten fingen an zu lachen und zu johlen. Dagmar spürte, wie sich ihre Beine in Bewegung setzten:

»Ich will **mit dir** fliegen, Clondyke! Und wenn du unbedingt darauf bestehst, sogar zum Nordkap!«

Nun kam auch er auf Trab. Seine unsägliche Krawatte begann zu flattern. Sie liefen aufeinander zu. Sie prallten zusammen. Irgendwo auf der Mitte.

»Was du meinst, ist der Paragraph 21 StGB«, sagte Curt C. Sichelbach, als er wieder Luft bekam. »Aber entgegen einem weit verbreiteten Irrglauben geht es darin nicht um Unzurechnungsfähigkeit. Der Einundzwanzig befaßt sich mit der verminderten Schuldfähigkeit – das sind zwei völlig verschiedene Aspekte, die ich dir jedoch ein anderes Mal erklären kann. Was jedoch das Nordkap angeht: Auch das eilt nicht. Glaubst du etwa, ich lasse all die schönen Übernachtungen verfallen und die teuren Dinners in Mülleimern vergammeln?«

Er würde sich nie ändern. Er war und blieb ein Spröder. Ein Erbsenzähler.

Sabine kam angerannt, sensationslüstern, von dem Drama deutlich sichtbar animiert. Im Rhythmus ihrer Laufschritte wippte der Vogelkäfig, in dem sich Otto von Bismarck verzweifelt Halt suchend an seiner Stange festkrallte und mit den Flügeln versuchte, in all den Turbulenzen das Gleichgewicht zu wahren.

»Eierkopp!« schimpfte er mit einer Inbrunst, daß der weiße Flaum an seiner kleinen Kehle erbebte. Und:

»Schliepich!« Immer schön abwechselnd.

Er hatte recht. Mehr gab es zu dem Thema wirklich nicht zu bemerken.

Martina Gaschae · Ich liebe dich

ÜBER DAS BUCH:

Dagmar Eickhorn handelt, liebt und lebt drauflos. Und gerät dabei natürlich in Sackgassen, Fallen und innere Gefängnisse. Wie wir alle. Denn wer ist schon selbstbewußt, stark und gelassen genug, um sich im Irrgarten der Liebes- und Zweisamkeitsgefühle zurechtzufinden?
Doch es ist möglich, für sich selbst so viel Verständnis zu entwickeln, daß man nicht mehr in die Irre geht. Es ist möglich, eine erfüllte Beziehung zu leben.
Wie? Das steht in diesem Buch. Allerdings nicht in Kochrezept-Manier. Weshalb Sie sich auch viel besser fühlen werden, wenn Sie es gelesen haben. Denn hier gehören Eigeninitiative und Lust auf Leben zur Grundausstattung.

ÜBER DIE AUTORIN:

Martina Gaschae, geboren 1950 in Wittstock, ist seit 1975 Diplompsychologin und seit 1986 Mutter einer Tochter. Nach vielen Jahren erfolgreicher Tätigkeit als Paartherapeutin und Fachberaterin in Medienfragen begibt sie sich jetzt beruflich auf andere Wege, mit dem langfristigen Ziel, partnerschaftliche Probleme und ihre Bedeutung in Relation zu setzen zu anderen Problemen unserer Zeit.

Martina Gaschae

Ich liebe dich

Das Sachbuch

Ullstein

Ullstein Buch Nr. 34779
im Verlag Ullstein GmbH,
Frankfurt/M – Berlin

Originalausgabe

Umschlaggestaltung:
Theodor Bayer-Eynck
Umschlagillustration:
Nikolai Punin, c/o Irmeli Holmberg

Printed in Germany 1991
Gesamtherstellung:
Ebner Ulm
ISBN 3 548 34779 7

Juli 1991

STATT EINES VORWORTES

Was um Himmels willen kann mir dieses Buch noch erzählen? Wenn Sie sich eben diese Frage gestellt haben, sind Sie schon auf dem richtigen Wege.

Wenn Sie noch dazu der Meinung sind, daß es weiß Gott heute Wichtigeres gibt als Liebe, Lust und Leidenschaft, sind Sie auf diesem Weg schon ein ganzes Stück weit fortgeschritten.

Und wenn Sie die beiden ersten Absätze für ausgesprochenen Quatsch halten, sollten Sie das Buch auf gar keinen Fall mehr aus der Hand legen.

Denn dies ist das »endgültige Buch« zum Thema Liebe und Partnerschaft. Es will in beispielloser Beispielhaftigkeit umfassend und endgültig darauf hinweisen und wirken, daß wir alle mehr leben als lesen, mehr sagen als schweigend tragen sollten. Leicht verständlich und schwer grenzgängerisch – so daß nur noch dieses Buch zum Thema vonnöten sein wird und wir uns endlich wieder dem wirklichen Leben zuwenden können.

Ich werde mich bemühen, so subjektiv und unvorsichtig zu sein, wie es mir in diesem Rahmen möglich ist. Denn das Wesentliche an diesem Buch sind Sie. Sie sind gefordert, sich eine Meinung zu bilden. Ich werde Ihnen nicht den Gefallen tun, Sie mit Meinung zu versorgen.

Nach der Lektüre werden Sie hoffentlich aus den verschiedensten Gründen kein Buch zu diesem Thema mehr in

die Hand nehmen (außer den Fortsetzungen dieses Werkes).

Zum Beispiel weil Sie, wenn Sie erst mal wieder auf den Geschmack gekommen sind, das eigenhirnige Denken gar nicht wieder aufgeben mögen.

Und das ist auch gut so. Denn der amerikanische Trend, sich selbst anhand von Psycho-Boomern in der inneren Emigration zu therapieren, nimmt auch hierzulande langsam überhand. Die epidemische Ausbreitung dieser Westentaschen-Selbst-Therapie gilt es zu stoppen. Schnelle Hilfe dürfen Sie also von mir nicht erwarten. Ich liefere Ihnen weder beruhigende Zahlen noch heiße Tips noch Rezepte. Ich hoffe, sozusagen homöopathisch zu wirken. Mit Zeitzünder, nicht von jetzt auf gleich.

Wenn Sie sich darauf einlassen können, ist das schon mein erster Erfolg.

Liebe und Partnerschaft sind Grundlagen unseres Lebens. Stimmt. Sollten es zumindest sein, heute mehr denn je. Aber langsam entsteht der Eindruck, daß es nichts anderes mehr gibt. Arbeit zum Beispiel kommt überhaupt nicht vor. Es hat den Anschein, als fände unser Leben nur nach Dienstschluß statt.

Wir haben uns irgendwie im Laufe eines langen Prozesses darauf verständigt, nur noch einen winzigen Bruchteil des großen Ganzen wahrzunehmen: die mehrheitlich heterosexuelle Menschen-Paarung und die damit verbundenen Probleme. Zahlen, Daten, Fakten und ein paar handliche Patentrezepte können leicht ein Volk wie unseres über weite Strecken beschäftigen. Hauptsache, jemand nimmt uns das Denken ab.

Auch Sprache ist uns ungeheuer lästig. Wir lassen unsere Worte gern von anderen mit Inhalten füllen, bzw. weigern uns, über Inhalte nachzudenken.

Wir Deutschen scheinen vollkommen zufrieden zu sein, wenn uns jemand sagt, wo's langgeht. Das muß meist ein Mann sein. In Sachen Liebe darf auch schon mal eine Frau ran.

Und wir sind hochzufrieden, wenn wir ausspionieren können, was die Nachbarn tun. Bzw. wie sie es tun. Wenn wir dann noch ein paar griffige Patentrezepte serviert kriegen, stopfen wir uns die auch noch rein und erwarten, dann endlich was von der Liebe zu verstehen. Ich hoffe, Ihnen diese Hoffnung nehmen zu können.

Als ich anfing, Psychologie zu studieren, war für mich vollkommen klar, daß eine meiner Hauptaufgaben im späteren Berufsleben sein würde, diese Gesellschaft »gesünder« zu machen. Ich war allen Ernstes und reinsten Gewissens davon überzeugt, daß PsychologInnen und PsychotherapeutInnen durch Forschung, Lehre und Praxis entscheidend zur Verbesserung von individuellen und damit auch gemeinschaftlichen Lebensformen beitragen könnten. Und natürlich sollten.

Das Gegenteil scheint heute der Fall zu sein. Der Zuwachs an Wissen in der Psychologie scheint uns noch unglücklicher, abhängiger und fremdbestimmter zu machen, als wir ohnehin schon waren.

Die etablierte Psychologie machte lebendige Menschen zu Zahlenmaterial. Ganze Lebensgeschichten wurden überflüssig, vor lauter Gier, die Psychologie anhand von überprüfbaren Daten als Wissenschaft auszuweisen. Und immer weniger waren die vom eigenen Leben Betroffenen Experten für dasselbe.

Das gilt im besonderen Maße für Frauen. Denn sie sind es, die seit Jahren überflutet werden mit SpezialistInnen-Ergüssen über Liebe, Lust und Leid. Nicht über Arbeit. Denn Leben und Arbeit ist Männersache.

Wir Frauen sollten uns in Sachen Liebe wirklich nichts mehr

anhängen lassen. Das kann uns nur zur Falle geraten. Und wenn Männer jetzt auch noch sagen, sie wollen sie – die Liebe – von uns lernen: na Mahlzeit! Dann können wir jegliche Teilhabe am wirklichen Leben sowieso gleich vergessen.

Denn erst, wenn wir vor uns selbst zugegeben haben, daß wir das Lieben nicht perfekt beherrschen, erst dann fühlen wir uns auch nicht mehr so verantwortlich für Herz und Schmerz. Und dann erst können wir uns dem Leben zuwenden.

Aber solange das nicht so ist, solange wir selbst glauben, Spezialistinnen der Liebe zu sein, sind wir in dieser Rolle gefangen. Wir werden weiterhin zum Markt gehen und dieses unser Spezialwissen zum Kauf oder Tausch anbieten, je nachdem, was der Markt gerade bietet.

JedeR von uns kennt sie: die staunenden potentiellen KäuferInnen vor dem Schaufenster unserer Persönlichkeit, in dem wir die attraktivsten Artikel, die wir zu bieten haben, zur Auslage bringen. Von Zeit zu Zeit dekorieren wir um. Zeitgeist-Ladenhüter kommen ins Lager, um sie bei Gelegenheit wahllos an unkritische Käufer zu verschleudern. Wir halten uns auf dem laufenden, sind stets informiert, was in Sachen Lust und Liebe gerade gefragt ist. Und das tun wir, da wir fürchten, sonst selbst auf dem Markt der Tauschgeschäfte schnell zum Ladenhüter zu werden.

Wir alle, Männer wie Frauen, haben teil an dem Basar. JedeR ist gleichzeitig Kunde und Anbieter. Was aber nicht heißt, daß jeder getätigte Deal, jedes abgeschlossene Liebesgeschäft zu gleichen Lasten ginge, daß jedeR die gleichen Chancen hätte, oder gar, daß jedeR sich in etwa des gleichen Nutzens erfreuen könnte.

Das würde partnerschaftliche Verhältnisse bedeuten, und die können wir meistens noch nicht voraussetzen.

Da wir in einer Kaufgesellschaft leben, hat sich der Konsumgedanke auch in unserem Fühlen breitgemacht. Da wird

finanzielle (vermeintliche) Absicherung gegen emotionale Versorgung eingetauscht. Haushaltsführung und Kindererziehung gegen Kost und Logis und das gegenseitige Versprechen, sich niemals allein vor dem Fernseher sitzen zu lassen. Und um nicht ständig mit dieser ernüchternden Wahrheit konfrontiert zu sein, hängen wir ihr flugs ein romantisch flatterndes Mäntelchen namens »Liebe« um, in deren Namen dann all dies und viel Schlimmeres geschieht.

Millionen von Männern und Frauen treiben sich täglich auf dem Liebes-Markt herum, rastlos auf der Suche nach dem ganz speziellen Schnäppchen. Sie bieten an, sie tauschen, sie feilschen, sie stecken ein. Und in all dieser hektischen Betriebsamkeit beschleicht sie immer wieder das dumme Gefühl, leer ausgegangen zu sein. Obwohl die Taschen voll sind bis obenhin.

So geht es wohl auch dieser Frau da. Sie kommt vom Markt. Dagmar heißt sie. Dagmar Eickhorn. Sie ist wütend. Und sie hat viel zu oft »Vom Winde verweht« gelesen.

KAPITEL 1

Sein oder Schein

Man braucht als Frau nicht unbedingt ein so ausgeprägtes Rhett-Butler-Syndrom wie Dagmar Eickhorn, um so gründlich in die Liebes-Irre zu laufen, wie sie es tut. Wenn wir ganz ehrlich mit uns selber sind, träumen wir doch alle immer noch den romantischen Traum von der Liebe. Zwar vielleicht nicht mehr vom Prinzen in der Warteschleife zur Macht, sondern eher vom König, vom Platzhirsch. Das Gefälle aber bleibt: Er zieht uns zu sich hinauf. Und wehe, es ist andersherum. Das kommt zwar heute einem Gerücht zufolge verstärkt vor, ist aber natürlich von den ökonomischen Möglichkeiten her eher selten und aus den Wunschvorstellungen der meisten Frauen immer noch ausgeschlossen.

Dagmar nun ist vor gut anderthalb Jahren just von einem solchen Leittier als passende Hirschkuh auserkoren worden. Seither »liebt« sie unaufhörlich und unbeirrbar an Michael Kamm hin, weil sie hofft, irgendwann einmal quasi als Belohnung ihre Investitionen in genau derselben Währung zurückzuerhalten. Natürlich unter der Voraussetzung, daß sie unverdrossen immer mehr desselben gibt und tut. Je bedeckter er sich gibt, desto mehr bemüht sie sich um ihn. Je unverständlicher sein Verhalten wird, desto stärker bemüht sie sich, sein Verhalten zu verstehen. Sie wird nicht müde, Entschuldigungen dafür zu finden, warum das Objekt ihrer Mühe das Erwünschte nicht tun/sagen/unterlassen konnte. Und weil sie ihn schon so gut versteht, bzw. leider auch noch

in der Meinung gefangen ist, ihr Verständnis sei die beste ihrer Fähigkeiten, besteht sie darauf, sich in dieser Kunst fortzubilden. Und ein verschlossener, unwilliger, »schwieriger«, weil unbelehrbarer Mann ist genau die Herausforderung, die eine in Einfühlung geübte Frau mit Ehrgeiz braucht. In dieser Disziplin läuft sie zu Hochform auf und meint, ihren Wert spüren zu können.

Ein Mann, der Offenheit, Verständnis, Interesse, Entgegenkommen oder gar »Feminismus« mitbringt, ist keine geeignete Disziplin. Sie kann ihr nicht enden wollendes Verständnis nicht an den Mann bringen und fühlt sich somit beraubt. Und der Mann, der die »Frau« an ihrer Seite hätte werden können, zieht unbeachtet weiter seine Kreise.

Ganz anders eben Michael Kamm. Der gibt offensichtlich Dagmar Anlaß zu den allerschönsten Hoffnungen; denn er bringt nicht nur die Qualifikation als anerkannter Szene-Platzhirsch Düsseldorfs mit ins Rennen, nein, er hat sich auch als Mühe-Mann bestens bewährt. Und darüber hinaus sieht Dagmar in ihm die neuzeitliche Antwort der alten Bundesländer auf ihren seit Teenager-Tagen verehrten Südstaaten-Helden.

Nun ja. Warum auch sollte ausgerechnet Dagmar Eickhorn von diesen Wahn- und Wunschvorstellungen verschont bleiben, die uns alle so piesacken? Warum sollte ausgerechnet sie als erste begreifen, daß es einen solchen Mann nicht gibt? Offenbar teilt sie diesen Traum von einem Mann mit unzähligen BewohnerInnen dieses Planeten, wie Zuschauerzahlen und Einspielquoten bis heute beweisen. Den Traum vom Mann, der nur nach außen »männlich« hart, markant und todesmutig ist, im Innersten aber weich, hingebungsvoll und zärtlich, eben liebesfähig – wie eine Frau. (Bitte sehr – da haben wir es schon wieder. Haben Sie es gemerkt? Wir haben es selbst vollkommen verinnerlicht.) Rhett

Butler ist, wie es sich für erfolgreiche Phantasie-Gestalten gehört, total unrealistisch und natürlich psycho-un-logisch konzipiert. Margaret Mitchell hat ihn aus einer ihrer wahrscheinlich schönsten Phantasien gekonnt aufs Papier geworfen und dabei Millionen von Frauen mitten aus dem Herzen geschwelgt.

Dagmar erwischen wir in einem Moment, wo sie im Begriff ist, sich selbst und ihren Männerphantasien auf die Schliche zu kommen. Sie macht gerade – wahrscheinlich zum wiederholten Mal – die Erfahrung, daß aus der Phantasie geborene Korsaren/Piraten/Traummänner zur direkten Realitätsbewältigung nicht taugen. Später irgendwann wird sie hoffentlich beschließen, sich diese Goldstücke zu erhalten, sie aber dort zu belassen, wo sie geboren wurden. Im Reich der Phantasie. Von dort aus können sie durchaus uns allen zum Segen gereichen. Solange wir wissen, daß sie ausschließlich dorthin gehören.

Dagmar hat sich bisher mit dieser Erkenntnis schwergetan. Ein Blick auf den inneren, äußerst langfristig angelegten Lehrplan in Sachen »Liebe« hat ihr immer wieder Mut gemacht. Ganz im Sinne der erfolgreichen Kaiser-Franz-Strategie: Jetzt schaunma mal, und dann sehnma schon. Zeit hat Dagmar schließlich mehr als genug. Sie hat sich voll auf Michael konzentriert. Es wäre ja auch schließlich lächerlich gewesen, hätte sie sich neben dieser wahrhaft historischen Lebensaufgabe auch noch mit der Beschaffung von schnödem Mammon beschäftigen wollen. Nein, sie beschränkt sich auf das Wesentliche, auf die unmerkliche Umformung eines lebendigen Mannes.

Natürlich ist es ewig schade, daß Dagmar Michael Kamm nicht einfach von Anfang an als schmückendes Beiwerk in ihrem Leben einordnen konnte – Sonnenblumen, Tischkarten und Silberflitter vergleichbar. Zu Dekorationszwecken

zu verwenden. Aber dieser Gedanke liegt Dagmar so fern wie den meisten von uns: Uns zeitweise einen Mann an den Hut zu stecken, weil er uns schmückt. Und mehr nicht.

Andererseits ist es gut für den Gang der Dinge. Denn da sie alles andere, was nicht mit der Bearbeitung von Michael Kamm zu tun hat, beiseite schiebt, wächst ihr Frustpegel. Positive Vorsatzbildung, das Hypnotisieren des Telefons und telepathische Anstrengungen funktionieren bei ungeübten Menschen eben selten auf Anhieb. Und bei Herrn Kamm können sich keine Veränderungen einstellen, da Dagmar sich in ihren Umerziehungsmaßnahmen im wesentlichen auf zwei Vorgehensweisen beschränkt: erstens das Warten auf geeignete Momente und zweitens das Hantieren mit Zaunpfählen. Diese beiden Maßnahmen sind ebenfalls so gut wie nie von Erfolg gekrönt (auch bei sehr großer Übung nicht).

Und so ist sie jetzt an diesem Moment angelangt, wo die Tüten, die Blumen und das Leben immer schwerer werden, und zwar in genau dieser Reihenfolge. Plötzlich schießen ihr Gedanken durch den Kopf, wie dieses ganze Elend von Autonomiebestrebungen und Emanzipationsideen einmal am Punkt Hans-Wilhelm begonnen hatte. Und wo sie gelandet war, nur weil sie selbst ihr Leben führen wollte, nur weil sie eigenverantwortlich auch die schweren Dinge des Lebens – den Weltatlas ebenso wie die Sonnenblumen – anpacken wollte. Und wahrscheinlich denkt sie, hätte ich doch auf Michael gehört wegen der Schmalzstullen. Genauso wie ich damals ohne dies ewige Pochen auf Gleichheit meine Schlüssel hergegeben habe, ohne seine zu kriegen. Genauso wie ich ja auch wirklich mit der ewigen Laberei um eine paritätische Haushaltsführung aufgehört habe.

Siehste, Dagmar! Du eignest dich doch noch zur Dame, paß mal auf! Geübt hast du nun schon seit neunzehn Monaten. Was? Na, das Schlucken. Nein, nicht das Schlucken von

Alkohol: das Schlucken – ja, eigentlich deiner selbst. Immer wenn du dir selbst auf der Zunge liegst, machst du den Mund auf – und dann machst du ihn ganz schnell wieder zu. Aus Angst, »ihn« zu brüskieren oder gar zu verlieren. Nicht einmal die (Nippes)Leiche im Keller hast du ihm anvertraut.

Und trotzdem willst du ihn um jeden Preis behalten. Du solltest ihn nicht mehr Michael, sondern »Herr Oberwichtig« nennen. Das paßt besser zu eurer Beziehung. Und sage nicht, das hättest du ja so nicht gewollt. Es liegt ja auch in deiner Hand. Tu was, und hör endlich auf damit, dich und andere zu belügen.

»Die Lüge, die Als-ob-Tat, ist der Weg, *dazuzugehören* und gleichzeitig zu *verschwinden* . . . Die Lügenden entziehen sich selbst den Boden, um die eigenen Personen zu erhalten, die eigene Sicht zu entwickeln und in die Welt zu stellen, unübersehbar zu machen. Die Lügenden schaffen sich selbst aus der Welt. Sie bereiten ihr eigenes Verschwinden vor, sie arbeiten an ihrem eigenen Verschwinden.«

Christina Thürmer-Rohr: Vagabundinnen

Hast du überhaupt noch irgendein Gefühl für dich selbst, außer der Freude darüber, daß Michael dich erwählt hat? Hast du noch konkrete Vorstellungen von dem, was du kannst und was du nicht kannst; was du willst und was du nicht willst? Ich fürchte, nein. Du schwirrst ziemlich hilf- und haltlos durch einen weiten Raum, und an den jeweiligen Zuschreibungen von draußen (vorzugsweise von Herrn Oberwichtig) machst du fest. Aus ihnen beziehst du dein Gefühl für dich selbst, dein Selbst-(Wert-)Gefühl.

Dir selbst ist die Person Dagmar Eickhorn mit ihren im wahrsten Sinn des Wortes blendenden Inszenierungen, mit

ihren verflossenen und für unpassend befundenen Liebhabern und last not least ihrem Scheißjob nicht sehr viel wert, fürchte ich. Sonst würdest du sie nicht so schnöde behandeln. Du läßt ihr nämlich im realen Leben so gut wie nichts zukommen. Nur in der Phantasie, da darf sie prassen und schwelgen. Okay, natürlich kannst du dich nicht von heut auf morgen in die Jugendstilvilla nach Oberkassel rüberarbeiten.

Aber du könntest etwas mehr dazu tun, daß sich dein Traum von Leidenschaft, Vertrautheit, Geborgenheit und zärtlicher Zuwendung noch hier im Diesseits erfüllt. Die Sache mit der »beständigen Liebe bis in den Tod« gehört, glaube ich, in die Rhett-Butler-Kiste. Eine solche solltest du dir wirklich zulegen, weil ... aber ich weiß schon, du hast noch nichts zum Reinpfeffern. Na, laß nur, das kommt schon.

Mich würde wirklich mal interessieren, wann du dir verlorengegangen bist. Hast du es eigentlich gemerkt? Kann doch nicht sein. Das hat doch eigentlich wirklich ganz vielversprechend angefangen mit deinem Bemühen um Selbstbestimmung, um Autonomie (obwohl, was du darunter verstehst, das sollten wir vielleicht später noch mal klären) und Emanzipation. Das kann doch nicht alles – oder vielleicht doch? Kann vielleicht doch erst alles mit Michael Kamm begonnen haben. Denn er war ja der erste, der von dir überhaupt gewogen und für schwer genug befunden worden war. Aber ich weiß nicht, dieser ... na ja, jeder das ihre.

Jetzt wollen wir erst mal sehen, wie es weitergeht. Wütend bist du ja, das ist schon mal gut. Wut und Wahrheit haben viel miteinander zu tun. Wie ich das meine? Wer wütend ist, taktiert nicht mehr.

Allerdings bist du in der Hauptsache immer noch wütend auf Gamma Zwo, und ich frage mich, wann du da mal die Adresse umschreibst. Auf dich selber bist du auch wütend,

aber wegen der falschen Sachen. Selbstkritik ist gut. Aber es ist wichtig, daß wir uns die richtigen Sachen ankreiden und nicht die falschen.

»Wer eine Prädisposition zu übergroßer Abhängigkeit hat, muß sich stabilisieren. Die Abhängigkeit voll auszuleben, in vielfacher Hinsicht sogar, dieser Weg führt ins Desaster. Und dennoch wählen Frauen diesen Weg, wenn sie sich mutwillig neben einer emotionalen Abhängigkeit auch noch in eine finanzielle, soziale, psychische Abhängigkeit begeben. Sie setzen möglicherweise darauf, daß eine starke Abhängigkeit eine entsprechende Bindung zur Folge haben wird. Vielfältige Vernetzungen werden – so meinen sie – die Verbindung unauflöslich und unzerstörbar werden lassen – das gemeinsame Konto, die gemeinsamen Kinder, der geregelte Haushalt, der gemeinsame Besitz.«

Cheryl Benard, Edit Schlaffer: Laßt endlich die Männer in Ruhe

Aber das kriegen wir schon. Der Streit, den du mit Michael vom Zaun brichst, gibt ja zu den schönsten Hoffnungen Anlaß. Nicht nur, *daß* du mit ihm streitest, sondern *wie* du es tust – nämlich vollkommen hemmungslos, unsachlich und destruktiv. Ganz offensichtlich hast du bisher die Chance ausgeschlagen, »konstruktives« oder »faires« Streiten zu lernen. Handbücher dafür gäbe es nämlich genug.

Statt dessen beschimpfst du deinen Herzallerliebsten, bist nicht im mindesten objektiv, bemühst dich nicht einmal darum, hörst ihm überhaupt nicht zu. Du hast dich selbst in deiner Wut nicht im Griff. Du machst falsch, was du nur falsch machen kannst.

Und trotzdem ist es das Richtige.

Bravo.

Denn wahrscheinlich hast du deinem Michael nie zuvor so deutlich die Meinung gesagt, nie zuvor vielleicht auch sie so deutlich gespürt. Ob du im Recht bist oder nicht, ist dabei zweitrangig. Abwägen und Zuhören haben wir gelernt. Das können wir gut, zu gut.

Aber diesen leeren, verständnislosen Blick aufmontieren, im Brustton der Überzeugung irgendeinen sinnlosen Quatsch vertreten, und vor allen Dingen: im Zweifelsfall das Gegenüber auch mal niederbrüllen – das sind Aufgaben, liebe Dagmar. Ich sehe dich schon zucken: Ja, aber ... er hat doch auch nicht ganz unrecht, wenn er sagt ...

Natürlich nicht. Wahrscheinlich hatte er auch recht mit den Schmalzstullen. Und vielleicht mit der nickeligen Kleinkrämerin. Und dem keifenden Weib und dem kleinmütigen Gezänk. Aber was soll's? Du schreist dir deinen gesamten gesammelten Frust von der Seele, und das sollst du auch.

Es ist Grund zur Freude angesagt. Dagmar Eickhorn hat ihr inneres Engelshaar überwunden. Sehr gut, meine Liebe. Selbst wenn du hin und wieder mal den Falschen triffst. Macht nichts. Besser als wenn du immer nur dich selbst verletzt. Und wenn du Lob und Tadel immer nur verteilst, nachdem du dich vergewissert hast, das Richtige zu tun, kommst du möglicherweise nie dazu. Oder in die äußerst undankbare Rolle der Hoffnungsträgerin für die Zukunft der Menschheit. Lernen wir doch von den Männern – z. B. Unverfrorenheit.

Denn erst, wenn Frauen sich trauen, Stuß zu reden, und erst, wenn sie dies dann auch genauso ungestraft tun dürfen wie Männer, sind wir der Gleichberechtigung ein gutes Stück näher auf den Leib gerückt.

Auch Dagmars Hader mit sich selbst nach dem Streit ist verständlich und verzeihlich. Lange hat sie in der Furcht gelebt, wie Scarlet zu sein. Zickig und weder bereit noch in der

Lage, die wahren Qualitäten des Helden an ihrer Seite zu erkennen. Nie hatte sie so sein wollen. Und nun war sie es – in ihren Augen – doch.

Vielleicht, meine Liebe, solltest du dich mit dieser Seite deiner selbst endlich einmal anfreunden, statt ihr immer die Nicht-Anwesenheitsecke zuzuweisen und ihr so Macht über dich zu geben. Warum willst du nicht zickig sein? Jeder Mensch ist hin und wieder zickig. Auch Männer. Nur nennen sie es bei sich selbst Charakter. Und wir machen kräftig mit.

Außerdem – denke nicht, daß es für dich ein Happy-End mit einem neuzeitlichen Rhett Butler gäbe, wenn du dich ihm nur verstehend, gewährend und liebevoll zubeugen würdest. Das wäre kein Happy-End, sondern ein Graus. Das »absolute Glück«. Und »absolutes Glück« macht dumm und träge und vertreibt die Leidenschaft. Und willst du einen Hausschlappen? Nein. Wir alle nicht. Wir alle wollen anscheinend die dunkle, die schwierige Seite »des Mannes« als Lebensaufgabe. Voraussetzung ist natürlich, daß er sie uns – trotz aller »Schlechtigkeit« – dauerhaft zwecks Bearbeitung zur Verfügung stellt.

Mit dieser Sache hat es übrigens etwas Merkwürdiges auf sich. Fast jede Frau denkt, wenn sie sich mit einem Mann zusammentut: »Den bieg' ich mir schon zurecht!«

So auch Dagmar. Und dann tut sie, was alle Frauen tun: das Gegenteil von dem, was sie sich vorgenommen hat. Sie paßt sich an. Sie klappt zusammen wie ein Taschenmesser – ständig in Angst, etwas zu tun, was der »geliebte« Mensch nicht gut findet, was sie in Gefahr bringen könnte, ihn zu verlieren. Statt sich in dem Bewußtsein zu sonnen, daß das Objekt ihrer Begierde sich ihr zugewandt hat, weil sie sie selbst war, und eben gerade nicht, weil sie versuchte, *irgendwie zu sein,* macht sie sich selbst entschlossen nieder. Verpönt ist ab sofort alles, was an die eigene Person erinnern könnte.

Selbst Gamma Zwo würde angesichts solcher Niedertracht vor Neid erblassen, wenn es ihn gäbe.

Und so ziehen Dagmar und Michael in die Schlacht. Bei Dagmar brennt wie in einer Kettenreaktion eine Sicherung nach der anderen durch, und Michael, nachdem die coole Masche nicht mehr zieht, schlägt kräftig zurück. Die beiden führen etwas gegeneinander, was man auf der Weltbühne einen »gerechten Krieg« nennen würde: JedeR ist überzeugt davon, im Recht zu sein und gibt infolgedessen nicht einen Fingerbreit nach. Im Gegenteil – jedeR der beiden ist entschlossen, den anderen mit was für Mitteln auch immer unterzupflügen.

Es gibt sowohl auf der privaten wie auch auf der politischen Ebene Situationen, in denen solche Konfrontationen nicht mehr zu verhindern sind. Aber hier wie dort sollten wir alle unser Bestes tun, etwas gegen ausweglose Situationen zu unternehmen. Weder die einen noch die anderen Konflikte sollten wir schmoren lassen, bis sie uns verbrennen.

Denn wir haben es gerade erfahren: Selbst wenn ein Streit beigelegt, ein Krieg zu Ende ist, bleibt immer zuviel verbrannte Erde zurück. Überall, auch in der Seele, gibt es Ölquellen, die unüberschaubaren Schaden anrichten können, wenn sie getroffen werden.

Es gibt keine »gerechten«, es gibt nur selbstgerechte Kriege. Und die müssen wir verhindern.

Aber nicht auf unsere Kosten, nicht durch unser Verschwinden, sondern durch unsere verstärkte Präsenz. Überall. Privat ist nicht nur privat, und Politik ist nicht nur Politik. Alles, was wir privat erleben, ist auch politisch von Bedeutung.

Es muß ja nicht gleich so eine Wahnsinnsaktion werden wie die von Lysistrata im antiken Athen, Sie wissen schon, die kollektive Geschlechtsverkehrsverweigerung der Frauen, mit der sie das Kriegsende herbeizwangen. Aber vor Michael

Kamm in die Knie gehen, nur weil er möglicherweise mit einem Messer zwischen den Zähnen ganz dekorativ ausschauen könnte ... das ist doch nun wirklich zu blöd.

So weit ist sogar auch die gute Dagmar schon gediehen. Zwar immer mal wieder mit zweiten Gedanken, aber immerhin. Sie sagt ihr Fest nicht ab. Dankenswerterweise. Denn dadurch lernen wir die Leute kennen, die sie um sich geschart hat. Da sind zum einen Usch und Thomas Bornheimer, sie 38, Studienrätin, er, geb. Schmitz, 28, Werkzeugmacher, das einzige Ehepaar in der Runde.

Weiterhin Bodo vom Bruch, schweigsam, geheimnisumwittert.

Sabine Sträter, beliebt, weil unbekümmert und stets guter Dinge.

Und last not least Kurt Sichelbach als Überraschungsgast, lang, dünn, linkisch, mit schütterem mausgrauem Haar.

Sie alle stellen sich mit ihren Gastgeschenken besser vor, als es eine Zusammenfassung ihrer Charaktere jemals könnte. Bodo vom Bruch schießt den Vogel ab mit der Gebrauchsanweisung zu seinem Geschenk – einer weißen Boxershorts mit roten Herzchen –: »Ich hab gedacht, wenn der Mike die trägt, hast du auch deinen Spaß dran.« Solcher Art sind häufig Geschenke von Männern: Waschmaschinen, Spülmaschinen, Eierkocher usw.

Usch Bornheimer hat sich mit ihrem Bestseller »Wenn Frauen zu sehr lieben« zwar nicht gerade mit Ruhm bekleckert, aber immerhin trifft sie nach alter Beste-Freundinnen-Art mitten ins Schwarze.

Sabine Sträter hat allerdings ein bemerkenswertes Mitbringsel: einen (zwar etwas un-passenden, aber doch) Mann. Dessen hervorragendste Eigenschaft zu sein scheint, daß er so gar nicht stört.

Dagmar bemüht sich also redlich, sich selbst und ihre Gä-

ste vom Fehlen des Michael Kamm abzulenken. Lacht, trinkt, gastgebert und zieht sich dann zurück, um den Höhepunkt des Abends zu servieren. Aber der serviert sich aus einer unerwarteten Richtung selbst, ganz wie es seiner Art entspricht: in bester Gastgeberlaune, als wäre nie der Himmel eingestürzt.

Michael Kamm. Da steht er und macht durch sich selbst die Sensation des Abends zunichte. Und diese droht in Dagmars Händen zu erkalten, bis sich ein aufmerksamer Gast der beiden erbarmt. In Dagmar tobt ein Chaos von sich widersprechenden Gefühlen. Wut, Stolz, Scham und vieles andere mehr, aber über und vor allem die Erleichterung, daß sie ihn wiederhat, den Mann ihrer Träume. Den Mann, der zu ihr paßt wie kein anderer – abgesehen von ein paar winzigen Schnörkeln vielleicht . . .

Ja, ja, so geht's, meine liebe Dagmar. Kein Wunder, daß du dich hohl fühlst. Mußt du doch fast alles, was du am heutigen und an früheren Tagen erlebt hast, beiseite schieben, um dir den Schmarrn glauben zu können, den du dir da einzureden versuchst.

Bist du denn wirklich so versessen auf diesen »jungen Neufundländer«? Und wenn ja, versuche doch mal zu ergründen, was es denn an ihm eigentlich ist, das du so brauchst. Schnüffeln, knabbern und wuffen können auch andere.

Und übrigens, deine Selbstbefragung nach Meisterschaft in Sachen Verdrängung: Da klappt es noch nicht so ganz perfekt; denn es kommt ja doch ein gewisser Widerwille bei dir hochgeblubbt, als Michael dich sexuell befrieden will.

Aber wenn du dir noch ein bißchen Mühe gibst, könntest du es schaffen. Wenn du zum Beispiel häufiger mal Gefühle vorspielst, die du nicht hast, oder Gefühle wegpackst, die du hast. So wie gerade beim Vorturnen im Bett mit Michael:

Weg mit der Wut, her mit dem Kino-Orgasmus. Das ist prima. Dann brauchst du dich nicht mehr mit dem Scharfwerden zu plagen, und vor allen Dingen ist Michael dann aus dem Schneider, gell, denn ihn trifft es doch immer ganz besonders hart, wenn du »nicht kommst«. Ja, ja.

Siehst du, so schlägst du gleich mehrere Fliegen mit einer Klatsche.

Außerdem entfernst du dich ganz unmerklich und kontinuierlich immer mehr von dir selbst. Und zuletzt wirst du einfach gar nicht mehr von ungeplanten Gefühlen gequält. Das ist dann der sogenannte Null-Zustand, indem jedeR von dir haben kann, was er/sie will, nur du selbst nicht mehr. Weil du nicht mehr weißt, wer du bist und was du willst.

Und dann stehst du neben dir, klopfst dir großzügig auf die Schulter und sagst mit Michael Kamm im Chor: »Na siehste, jetzt geht es dir doch schon viel besser. – Was sollte eigentlich das ganze Theater vorhin?! War doch wohl mehr als überflüssig. Stell dich also in Zukunft nicht bei jeder Kleinigkeit so an, meine Liebe, sonst . . .«

Kusch.

KAPITEL 2

High Noon im Saloon

Man kann es auch als Frau kaum glauben: Dagmar Eickhorn, eben noch auf der Show-Bühne mit einem eingesprungenen Kino-Orgasmus, drückt ihrem Traummann eine Zumutung aufs erbitterte Auge. Und zwar nicht als Notlösung, weil keine ihrer Freundinnen Zeit hat, sondern einfach so. Sie versucht gar nicht erst, Otto von Bismarck woanders unterzubringen. Sie tut das Naheliegende – sie übergibt an ihren Partner.

Wunderbar ist das. Wir sollten uns das noch ein wenig auf der Zunge, im Bauch, vor allem aber im Kopf zergehen lassen.

Endlich bist du ein Stück von deinem verqueren Autonomie-Verständnis los, das wir im ersten Kapitel kennengelernt haben. Dort warst du noch wild entschlossen, der gesammelten Unbill des Lebens, selbst geschaffen oder nicht, allein die Stirn zu bieten. Von einem männlichen Partner/Gegenüber hast du nicht mehr erwartet, als daß er für dich den automatischen Türdrücker betätigen sollte – den Rest würdest selbstverständlich du übernehmen. Hier und jetzt hast du dir selbst die Tür geöffnet, indem du einfach eine Selbstverständlichkeit als solche voraussetzt. Du gehst ganz einfach davon aus, daß man auch als Frau störende Elemente des Alltags an den Partner delegieren kann. Wenn du diese bislang überwiegend theoretische Grundannahme weiter übst, dann hast du schon einen großen Schritt in Richtung

Liebesfähigkeit getan. Bis sie dir in Fleisch und Blut übergegangen sein wird, ist zwar sicher noch ein langer Weg zu gehen, aber die Ansätze sind gut.

Wer hätte nicht angesichts des Verlaufes der Bettszene am Ende des letzten Kapitels gedacht, daß bei unserer Heldin ja nun doch Hopfen und Malz verloren ist, daß wir nun wirklich nicht mehr bei Adam und Eva und vorgespielten Orgasmen anfangen wollen.

Aber wie wir sehen: Es besteht Anlaß zur Hoffnung. Den guten Michael hat sie offenbar so vollständig überfahren, daß er nicht einmal mehr Gelegenheit hatte, ihr aus gegebenem Anlaß nochmals seine Lebensprinzipien zu unterbreiten. Und deshalb findet er sich jetzt in der etwas lächerlichen Situation, vor dem Wellensittich seine Freiheitsbestrebungen darzulegen. Manch eineR mag es zwar nicht so recht glauben, aber wenn es um die Aufrechterhaltung eines brüchigen Selbstbildes geht, wie in diesem Fall, ist die Qualifikation des Publikums erst in zweiter Linie von Bedeutung. Wesentlich ist die hörbare Beschwörung des erwünschten Zustandes (»Ich lasse mich nicht erpressen«), um sich an dieser von neuem aufranken zu können. Das kann man – und auch frau – sich in etwa so vorstellen wie eine Schlangenbeschwörung.

Da entsteht vor Michaels innerem und vor unser aller staunenden Augen das Bild des beinharten, aber sozial engagierten Nonkonformisten, der unbeirrt seinen geraden Weg geht, voller Verachtung für Verstrickungen des gemeinen Volkes. Wenn es um Selbsttäuschung geht, schlägt Michael Dagmar noch um einige Längen. An Stellen, wo bei Dagmar durchaus ein ironisch-liebevoller Durchblick ins selbstgeschaffene Chaos da ist, herrscht bei Michael tiefste Dunkelheit.

Und so blättert er denn – während er über Not und Elend in der Welt philosophiert – in einem Lifestyle-Magazin.

Die glanzvollen Fassaden der Düsseldorfer Türen sind nicht umsonst sein Metier. Er ist in Sachen Mogelpackung sehr geübt, aus welchem Grund, bleibt uns verschlossen.

Michael Kamm ist ein Mann, der sich in einem »Dauerverdrängungszustand« befindet. Er hat noch weniger als Dagmar Zugang zu sich selbst. Zu groß ist die Angst, einer unliebsamen Wahrheit ins Auge blicken zu müssen, einem dankbaren Großmutter-Söhnchen beispielsweise oder einem mittelmäßigen Werbefotografen oder einem angepaßten Macho-Dödel. Seine Stromlinienform in Sachen sozialer Erwünschtheit straft er ganz einfach mit Nichtachtung. Und wenn sie ihm dann doch ganz ungewollt mal unterkommt, hat er plausibel scheinende Erklärungen zur Hand, die freilich außer ihm selbst niemanden beruhigen können. Z. B. die Sache mit dem Kurzhaarschnitt. Seine Vorstellung von der Traumfrau könnte aus einem Groschenroman abgefiddelt sein, und seine Kritik am weiblichen Geschlecht – darüber brauche ich hier wohl kein Wort zu verlieren.

Für Dagmar wäre es wahrscheinlich mal ganz gut, seine Einschätzung und Perspektive ihrer gemeinsamen Sache so deutlich offenbart zu kriegen. Aussagen wie »Daggie nervte nicht«, »akzeptierte ihn so, wie er nun mal war« würden wahrscheinlich blankes Entsetzen bei ihr auslösen. Hatte sie doch nichts anderes getan und vorgehabt, als einen taktisch klugen Moment für einen pädagogisch-klinischen Eingriff abzuwarten.

Ja, Dagmar, so ist das mit den geeigneten Momenten. Mal abgesehen davon, daß es mit einem Eingriff in der Regel nicht getan ist – es gibt nicht den geeigneten Augenblick an sich. Man wie frau muß sich den Moment an-eignen. Dann ist er geeignet. Tun wir das nicht, geht die Geschichte so weiter, daß Frauen Männer verlassen und Männer nicht begreifen, was eigentlich los war.

Es reicht eben gerade nicht aus, daß Männer »im Haushalt helfen« und daß Frauen, statt die Erfüllung ihrer Bedürfnisse einzufordern, mit Zaunpfählen, Telegrafenmasten oder ähnlichem wedeln.

Hier können wir, o Wunder, wieder etwas von den Männern lernen. Denn sie wissen, daß weder das Schwenken von Zaunpfählen noch das von Telegrafenmasten von großem Nutzen ist, wenn es um die Durchsetzung von Interessen geht. Wir wissen es eigentlich auch, aber wir verhalten uns nicht danach und lassen uns so nicht die geringste Chance, die Beziehung, das Magnetfeld, zwischen zwei oder mehreren Menschen mitzubestimmen. Und dieses hat wiederum mit Liebe(sfähigkeit) zu tun. Der Ort einer partnerschaftlichen Beziehung liegt zwischen den Partnern, beide bestimmen Form und Inhalt. Nicht nur in Liebesbeziehungen, auch in künstlichen Beziehungen wie TherapeutIn/KlientIn ist das eigentliche Geschehen die Füllung des Raumes zwischen den beiden beteiligten Personen. Im besten Fall erreichen beide eine gleichberechtigte gemeinsame Bestimmung des Therapiezieles. So sollte es jedenfalls sein. Eine Therapie kann dann nicht gut sein, wenn der Therapeut so übermächtig ist, daß der Klient von ihm abhängig wird, bzw. wenn andererseits der Klient seinen Therapeuten erfolgreich und bewußt an der Nase herumführt.

Und eigentlich müßte uns allen klar sein, daß gerade in sogenannten Partnerschaften dieser gemeinsam definierte Weg verbunden sein muß mit einem ständigen Prozeß des Sich-aneinander-Reibens – und zwar nicht nur im körperlichen Sinn. Das ist aber ganz offensichtlich den allerwenigsten klar.

Dagmar und Michael sind da wirklich keine Ausnahmeerscheinungen. Das Bild, das uns die beiden bieten, finden wir in fast jedem heterosexuellen Paar wieder: ein Mann und

eine Frau, vermeintlich vereint durch die Liebe, in Wirklichkeit aber getrennt durch Welten.

Denn tatsächlich ist es nicht der kleine Unterschied, der uns Frauen so zu schaffen macht. In erster Linie sind es die Begleiterscheinungen und Folgen, die alltägliche Auseinandersetzung mit der Fremdheit des anderen Geschlechts, die uns soviel Energie kosten, viel zuviel. Die Männer quält die Andersartigkeit der Frauen nicht so sehr. Und das ist auch kein Wunder, denn erstens geben wir ihnen ständig ausreichend Gelegenheit, darüber hinwegzusehen, weil wir uns so phantastisch anpassen können, und zweitens betrachten sie das Fach »Beziehungsarbeit« nicht als das ihre. Und das gilt natürlich nicht nur für den privaten Bereich.

Folglich delegieren sie diese auf allen Ebenen an uns. Sie verlassen sich da voll und ganz auf uns, und das können sie auch. Sie wissen, daß wir dezent, verläßlich und effektiv alle anstehenden Probleme zu ihrer Zufriedenheit lösen werden. Wir halten ihnen den Rücken frei von Kindern und den unspektakulären Themen in Politik und wissenschaftlicher Forschung, damit sie sich ungestört an die Front begeben können, wie sie das so gerne tun. Michael jedenfalls sieht sich gerne als Frontmann, und der Zensor, der uns den Kriegsbeginn am Golf als Computerspiel verkaufen wollte, schien diesen Kitzel auch zu mögen. Es ist eben alles wie normal in der Welt der wildgewordenen Männer: Wer sich schwach fühlt, muß nach Tarzan-Art laut und schrill brüllen, sich mit den Fäusten an die Brust schlagen und – in Ermangelung einer Liane – an der Hand einer Frau durch den Dschungel des Lebens schwingen. Aber – wie Michael Kamm schon betonte: Wichtig ist, daß man jederzeit loslassen kann. Als freier Mann. So wie man den Sozius einfach abbauen kann, wenn es einem paßt. Na gut, und als Einzelgefährt kommt man dann ein wenig ins Schleudern, aber das ist nur die

Übergangszeit, bis man sich wieder umgewöhnt hat. Auch das, was »man« so tut und denkt im Zusammenhang mit Domestizierung, Freiheitswillen und Balance . . . nicht schlecht, Frau Specht.

Warum gibt es eigentlich für uns Frauen nichts Schöneres, als domestiziert zu werden? Warum eigentlich sind wir immer so glücklich, wenn Männer uns anbieten, daß wir unsere Freiheit aufgeben dürfen? Und warum quält uns immer wieder diese Angst, nach dem Abbau des Beiwagens die Balance nicht wiederzukriegen?! Wir wissen doch aus Erfahrung, daß es nur einer gewissen Zeit der Umstellung bedarf. Aber leider und nicht ganz ungerechtfertigterweise trauen wir uns selbst nicht so über den Weg. Wir haben in uns eine andere Sorte von Unsicherheit als die Männer, nämlich die Angst, nicht gut genug zu sein. Wie Dagmar: »zu klein, zu pummelig, zu . . . irgendwas«. Irgend jemand wird schon irgendwas finden, was nicht in Ordnung ist an uns.

Ein Mann wie Michael bedeutet für sie die Chance, sich selbst anzunehmen. Da er einen hohen Marktwert hat, glaubt Dagmar, ihren Eigenwert zu steigern, indem sie ihn sich nutzen läßt. Aber diese Chance entpuppt sich leider früher oder später als Trugschluß, denn sie kann ihm nur Gefühle glauben, die sie sich selbst entgegenbringt. Wenn also Dagmar keine Liebe, keinen Respekt für sich hat, funktioniert es nicht. Sie wird ständig nach mehr Anerkennung verlangen, wie ein Faß ohne Boden. Und eines Tages wird sie Michael verachten dafür, daß er sie liebt. Und dann wird sie entweder weiter mit ihm unglücklich bleiben oder eine Therapie machen oder allein ganz von vorne anfangen.

Da sie aber durch den freundschaftlichen Umgang mit den eigenen Macken doch noch eine kleine Zuneigung zu sich selbst herübergerettet hat, kann sie in einem winzigen Moment überschäumender Wut die Wahrheit sehen und

Konsequenzen daraus ziehen. Sie knallt Michael ganz nach Art des von ihm so geschätzten Vollblutweibes (was auch immer das sein mag) ihre Wut vor die Füße und um die Ohren. Wieder einmal ist sie in diesem kurzen, aggressiven Moment der Erleuchtung in der Lage zu sehen, daß sie mit diesem Mann nichts als Schwierigkeiten haben wird und daß der Hauch von Rhett Butler, den sie ihm angeheftet hat, zur Bewältigung von Alltagsproblemen untauglich ist.

Dagmar ist auf dem Weg zur erwachsenen, liebesfähigen Frau wieder ein kleines Stückchen weitergekommen – auch wenn mit schweren Rückfällen zu rechnen ist, aber das ist so bei Entwicklungen, die wirklich Bestand haben sollen. Man geht auch als Frau immer ein Stück vor und dann wieder ein kleines Stück zurück. Das macht gar nichts.

Das wirklich Wichtige ist, daß wir mal aus der Haut fahren. Über die Stränge schlagen, über den eigenen Schatten springen. Daß wir merken, daß die Welt nicht stehenbleibt und daß uns nicht der Blitz trifft, wenn wir in unserer allumfassenden Fürsorge nicht nur für andere, sondern auch und in erster Linie für uns selbst sorgen.

»Wesentlich für Frauen ist es, sich selbst in ihre Fürsorge und Liebe einzubeziehen und nicht nur andere zu lieben. Ebenso kommt es darauf an, die eigenen Interessen als ebenso legitim anzuerkennen wie die anderer. Frauen müssen sich von der Bürde befreien, das bessere Geschlecht zu sein. Einerseits geben sie damit die Idealisierung der weiblichen Fürsorglichkeit auf. Andererseits können sie aber die Zumutung, ständig zugunsten anderer zurückstecken zu sollen, von sich weisen.«

Anita Nieder: Sind Frauen das unschuldige Geschlecht? in: Psychologie und Gesellschaftskritik, 10. Jahrgg., Heft 2

Das einzige große Lob, das man uns hin und wieder macht, gilt nämlich genau dieser als weiblich festgeschriebenen Fähigkeit. Und das hätte uns eigentlich schon längst mal aufhorchen lassen sollen. Denn es ist ja genau diese Bezogenheit auf andere, die uns im Wege ist bei dem Versuch, uns selbst an die erste Stelle der Aufmerksamkeitsliste zu setzen. Das heißt, wenn Männer wie Michael Kamm uns für diese »altruistischen« Fähigkeiten loben, sollten bei uns gleich sämtliche Alarmglocken läuten; denn erstens erwarten sie natürlich als Belohnung für das Lob auf absehbare Zeit heftig umsorgt und verstanden zu werden. Zweitens halten sie uns dadurch in der für sie sehr wichtigen Hab-acht-Stellung; und schließlich drittens legen sie uns endgültig auf die HoffnungsträgerInnen-Rolle fest, die wir unfreiwillig für uns entworfen haben. Demzufolge können sie sich bequem zurücklehnen und unsere Versuche zur Rettung der Gesellschaft beobachten und kommentieren.

Weil wir lernfähig sind, haben wir auch schon viel gelernt. Wir haben gelernt, diese Strategie zu erkennen, zu durchschauen und nicht mehr so oft darauf hereinzufallen. Und – was, glaube ich, noch wichtiger ist –: Viele von uns können schon anders als verbittert und zähneknirschend darauf reagieren. Und die übrigen werden es auch noch lernen.

Auch Männer wie Michael Kamm werden eines Tages verstehen müssen, daß es von uns aus eben nicht um (Macht)Spielchen geht, sondern um die Wahrung unserer Interessen, daß wir es sehr wohl ernst meinen, und daß die Träne im Augenwinkel keine Krokodilsträne ist, sondern ein Zeichen von Wut. Es kann aber nicht Dagmars Aufgabe sein, oder die sonst irgendeiner Frau, ihm das beizubringen.

So lange darf er ruhig weiterspielen, sich über Bommelmützen, Klammeräffchen und Medienfuzzis aufregen, ein paar endgültige Worte zu weltpolitischen Fragen spre-

chen und schließlich seine Seifenblasen im Kopf pflegen. Es fügt sich nämlich in seinem Sinne sehr glücklich, daß Männer wie Kurt Sichelbach, die auf eine eher formal gestellte Frage mit einer richtigen Antwort reagieren, sehr dünn gesät sind. Die meisten halten es – wie auch Bodo vom Bruch – mit der männlichen Form von Kommunikation: einsilbig, abgrenzend und unpersönlich.

»Frauen fangen sozusagen von außen an und arbeiten sich nach innen vor. Männer beginnen innen, indem sie eine feste Position beziehen, selbst wenn sie sich ihrer Sache nicht total sicher sind.«

Deborah Tannen: Du kannst mich einfach nicht verstehen

Dieses Verfahren hat mehrere unschätzbare Vorteile: Erstens vermeidet »man« damit – wie Michael es sagt – überflüssige »Labereien« über Seele und Rollenverhalten, und zweitens kann »man« sich lebendige Frauen von der Pelle halten und Phantasiefiguren weiterentwickeln. Die Traumfrau à la Michael Kamm: modern, eigenständig und selbstbewußt. Aber wie durch ein Wunder immer derselben Meinung, immer derselben Stimmung, wie »man selbst«. Die da ist, wenn »man« sie braucht. Die einen nicht in Anspruch nimmt, geschweige denn zu zähmen versucht. Handlich, praktisch, aber natürlich andererseits nicht zu handlich. Denn eine sogenannte Pussimau(s) wäre natürlich Gift für sein sorgsam gepflegtes Image! Schließlich und endlich ist er, Michael Kamm, seine Privatangelegenheit. Und zwar so privat, daß er selbst nur eine schwache Ahnung hat von dem Macho, der sich in ihm gehalten hat.

Des weiteren kann »man« sich, wenn »man« einmal gefaßte Meinungen nicht ständig einer öffentlichen Diskussion aussetzt, ganz herrlich ihrer Aufrechterhaltung widmen und

allseits anerkannte Vorurteile weiterpflegen. Wie z. B. den Homosexuellen gegenüber.

Da Michael Kamm wie die meisten Macho-Männer ungeheure Angst hat vor den homosexuellen Anteilen in sich selbst, sucht er sich abzusichern gegen alles, was ihn auch nur ansatzweise in die Nähe eines Verdachts der Homosexualität führen könnte. Und deshalb sind nicht nur schwule Männer eine Bedrohung für ihn, sondern auch solche, die »im Verdacht« stehen, schwul zu sein. Die Kriminalisierung in Gedanken zeigt das Ausmaß seiner Angst.

Und da sein Problem kein individuelles ist, hat die Männerschaft als Ganzes den männlichen Homosexuellen einen Platz am äußersten Rand der Gesellschaft zugewiesen.

»Die Stigmatisierung einer gut abgrenzbaren, schwachen, für die Allgemeinheit »gefährlichen« Gruppe ist ein so bekanntes Mittel der Politik, daß ich nur daran erinnern muß. Als Sündenbock im Innern der Gemeinschaft, »ingroup scapegoat«, dienten im Dritten Reich bekanntlich Juden, Zigeuner und Homosexuelle.«

Paul Parin in Paul Parin und Goldy Parin-Matthéy: Subjekt im Widerspruch

Wohingegen lesbische Frauen in der Phantasie von Männern, aber auch in der Realität, immer wieder gern als sexuelles Stimulans benutzt werden.

Noch ein Wort zu Bodo vom Bruch. Zum Glück müssen wir uns nicht mit der Frage beschäftigen, ob er denn nun eher hetero – oder eher homosexuell orientiert ist. Weil es nicht wichtig ist.

Uns bleibt hier nur festzustellen, daß er sich als Schweiger in Gesellschaft von Frauen hervorragend eignet als menschliche Projektionsleinwand, auf die, wer immer will, beliebige Wunschbilder zaubern kann.

Männer wie ihn gibt es jedenfalls im Überfluß. Männer, die so wenig Konturen haben, daß sie bei zehn verschiedenen Menschen zehn vollkommen verschiedene Phantasien auslösen können. Ein Typ Mann, der niemals auffällt, niemals stört, niemanden brüskiert und sehr allein ist. Was jetzt aber bitte nicht als Hilfsappell an die Frauen zu verstehen ist, denn die müssen sich erst mal um sich selbst kümmern. Und zweitens kann er sich ja äußern. Es ist furchtbar: Weil die meisten von uns Frauen immer noch darauf warten, daß uns die Wünsche von den Augen abgelesen werden, sind wir ständig in Versuchung, es den Männern vorzumachen. Natürlich in der Hoffnung, daß sie – wie die Kinder – uns nachahmen. Und hier liegt wieder der Hase im Pfeffer: Männer sind keine Kinder und wollen nichts mehr lernen, sondern wollen im Gegenteil so bleiben, wie sie sind.

Also lassen wir Bodo einen guten Freund der Männer sein, mit dem es sich wetten, trinken, politisieren und sporteln läßt, ohne daß wir genau wissen müssen, wie gern er die Männer mag.

Für Michael jedenfalls ist er ein idealer Gesprächspartner. Er kennt sich zentimetergenau aus in sportlichen Fragen. Außerdem wachsen Michael und Bodo beim gemeinsamen Gespräch über die Frauen Flügel. Flügel, die sie in ungeahnte Höhen tragen, so daß sie sich – mit dann doch alkoholischer Unterstützung – fühlen wie zwei Abenteurer nach einer Heldentat. Na ja, es ist auch schließlich gar nicht so ganz einfach, sich hoch über die Frauen aufschwingen, sei es auch nur in der Phantasie. Das ist doch schon fast eine Heldentat . . .

In einem Punkt muß ich Herrn Kamm allerdings leider beipflichten: Er hat recht mit seiner Aussage über Frauen und deren Verhältnis zu Präservativen. Nach meinem Eindruck hat sich da tatsächlich noch nicht genug verändert.

Auf eher offizielle Anfragen stellen die Frauen sich zwar auf die BenutzerInnenseite. In vertraulichen Gesprächen unter vier Augen wird jedoch häufig klar, daß sie die Verhüter zwar immer gebrauchsbereit und regelmäßig bei sich tragen, daß sie sie aber ebenso regelmäßig im sogenannten Ernstfall nicht benutzen. Und zwar nicht, weil sie sich etwa schämen, das Thema anzusprechen. Das ist – jedenfalls bei den gestandeneren Frauen – eher selten der Fall. Nein, es ist vielfach noch die alte Leier: »Wenn ich schon mal so richtig scharf bin, dann möchte ich auch nicht, daß irgendwas zwischen uns kommt.«

Diesen Satz müssen wir aber wohl ganz schnell und ersatzlos streichen. Denn erstens ist da sowieso unheimlich viel zwischen zwei Menschen, die miteinander Liebe machen. Trennendes und Verbindendes, was ja den Reiz der Begegnung, der sexuellen Begegnung, gerade ausmacht, und zwar bei heterosexuellen wie homosexuellen Paaren. Da kommt es auf das bißchen Gummi nicht an. Und zweitens gehört das auch mit zu der Fürsorgepflicht, die wir Frauen ab jetzt für uns selbst übernehmen sollten: Uns zu schützen vor ungewollter Schwangerschaft und vor AIDS. Denn wir sollten nicht meinen, daß wir diese schwere Infektionskrankheit jetzt ad acta legen dürfen, nachdem nun die erste Panik-Kampagne abgeflaut ist. Denn sie ist aus anderen Gründen abgeflaut, nicht etwa, weil es AIDS nicht mehr gäbe oder weil AIDS plötzlich ungefährlich geworden ist. Im Gegenteil. Gerade jetzt, wo die Medien uns nicht mehr täglich mit der Nase darauf stoßen, weil das Thema einfach medienökonomisch out ist, müssen wir verstärkt auf uns selbst achten. Und wenn wir ein übriges tun wollen, können wir versuchen zu verstehen, was damals diese überzogene Massenpanik ausgelöst hat.

»Die Bewohner der westlichen Welt leben in zunehmendem Maße in gerade solchen unerträglichen Verhältnissen. Die durch reichliche Informationen gespeisten Ängste vor der nuklearen Vernichtung sind einem rationalen Denken schwer zugänglich und scheinen keine Möglichkeit zu bieten, der Drohung aktiv entgegenzutreten. Andere Katastrophen, die ökologischen, ökonomischen usw. bedingen die gleiche Ratlosigkeit. . . . Da die verleugnete Angst vor der Katastrophe weiterbesteht und ihre Wirkung entfaltet, und da alle Informationen über die reale Entwicklung der Dinge geeignet sind, das Gefühl der Ohnmacht zu verstärken, wird die am meisten gefürchtete Gefährdung auf ein modernes Gebiet verschoben, das nicht unerträglich ist.«

Paul Parin in Paul Parin und Goldy Parin-Matthéy: Subjekt im Widerspruch

So absurd es klingen mag: Wir haben uns damals sozusagen dankbar von den Medien in diese Panik hineinmanövrieren lassen. Denn schließlich: Dies war eine Gefahr, die uns nicht im Gefühl völliger Machtlosigkeit beließ. Wir fühlten uns nicht hilflos und konnten deshalb riskieren, uns der Panik zu überlassen.

Klar? Klar. – Oder doch nicht? Nein, nicht wahr?!

Das macht nichts. Es gibt Dinge, die brauchen Zeit. Vor allen Dingen das Umdenken. Und das muß ganz langsam, wie von selbst geschehen. Und eines Nachts macht es »klack«, und es ist passiert.

Zurück zu Dagmar und Michael. Hat er sein Ziel erreicht, Dagmar in ihre Schranken zu verweisen? Er wollte sich seiner Autonomie versichern, vor allem aber Dagmar zeigen, wo es nicht langgeht: in Richtung Domestizierung von Michael Kamm. Wehret den Anfängen, so hatte er dieses Unterneh-

men getauft, und damit das Ende der ohnehin nicht existierenden Eickhorn/Kammschen Partnerschaft eingeläutet. Und es gab einen Moment, einen ganz kurzen Wimpernschlag lang, wo auch er im Besitz der Wahrheit war. Als er erstaunt, verwirrt erstmals das Undenkbare für möglich hielt: daß die kurze, pummelige Dagmar ihn, den Dreamboy aus den Movies, laufenließ. Daß sie ihrerseits den Beiwagen abmontieren könnte.

Ein kurzer Moment zwar nur, aber immerhin eine Sekunde, in der er Dagmar ernst nahm, in der er sie als Partnerin akzeptierte. Hätte es mehrere solcher kleinen Momente zwischen ihnen gegeben, hätten sie sich kennenlernen können. Und vielleicht, wer weiß, hätten sie sogar festgestellt, daß sie sich mögen.

Aber wie viele andere zuvor beendet Michael auch diese Situation abrupt. Denn dies war nicht der Moment für ihn, Nähe zu suchen oder Begegnungen zuzulassen. Schon gar nicht mit Dagmar: denn die hatte ihn ja schließlich vor versammelter Mannschaft demütigen wollen.

Keinen Gedanken verschwendet er mehr daran, daß ja ursprünglich er die Intention hatte, Dagmar zu provozieren. Daß er es war, der aus Demonstrationszwecken die Öffentlichkeit hergestellt hatte.

Natürlich nicht.

Denn Dagmars Reaktion war ganz anders ausgefallen, als er erwartet hatte. Nicht hingebungsvoll, bittend, erschöpft, sondern in allem das Gegenteil.

Und das stürzte ihn brutal aus dem Himmel der männlichen Eitelkeiten, wo er eben noch geschwelgt hatte. Hatte er nicht eben erst eine irrsinnig witzig-originelle Wette abgeschlossen, die er zu gewinnen gedachte, und hatte er nicht eben erst seine Qualitäten als Alleinunterhalter unter Beweis gestellt? Hatte er nicht mit anderen Worten seinem Image als

Szene-Fürst alle Ehre gemacht? Und da kam diese kleine Möchtegern-Dompteuse und wollte ihn vom Thron stoßen.

Das konnte er sich natürlich nicht bieten lassen. Er mußte sein Gesicht wahren. Denn so wie Dagmar ihr Selbstgefühl in erster Linie aus der Zuwendung Michael Kamms bezog, nährte sich seines aus der Abfolge der Ranglistenplätze in der Szene. Den Verlust von Dagmar konnte, ja, mußte er riskieren. Den Verlust seiner Führungsposition hingegen nicht. Was wäre dann von ihm übriggeblieben? Ein Mehlpampen-Dekorateur, der bei Oma wohnt.

Er würde schon noch eines schönen Tages seine Traumfrau finden. Zur Hölle mit Dagmar Eickhorn.

KAPITEL 3

In der Höhle der Bärinnen

Dein Abgang im vorigen Kapitel – also ich muß schon sagen, liebe Dagmar, im Prinzip nicht schlecht, aber verbal doch streckenweise aus dem Schmalztopf. »Dafür bin ich gut genug.« Ich finde, diese Larmoyanz steht dir nicht. Insgesamt aber sehe ich mit Begeisterung, daß du beginnst, dich wieder mit dir anzufreunden. Die Schlüssel-Arie – ist dir aufgefallen, daß du sie jetzt ganz anders, nämlich von dir aus, siehst? Plötzlich bist du nicht mehr die kleine Frau, die sich nach der Decke streckt, sondern Dagmar, die Große, die auf den Putz haut. Endlich ist auch das Warten vorbei auf geeignete Augenblicke, das Winken mit Zaunpfählen oder Telegrafenmasten. Es ist entweder-oder. So und nicht anders. Fisch oder Fleisch.

Endlich bist du dir wieder eingefallen. Und wieder einmal hast du den Mund nicht einfach unverrichteter Dinge wieder zugemacht. So geht's. In dieser Richtung mach ruhig weiter. Dann bist du eines Tages wieder da, wo du vor Michael Kamm schon mal warst.

Denn du hast keinen Grund dafür zu denken, du wirst nur geliebt, wenn du dich anpaßt und verleugnest. Und selbst wenn es so wäre: Auf diese Form von Liebe kannst du doch verzichten, oder? Aber tröste dich: Sogar Frauen, die im normalen Single-Alltag sowohl im Beruf als auch im Privatleben ihre Frau stehen, sich, was die Eroberung, das Benutzen und das Verlassen von Männern und Jobs angeht,

durchsetzen, handeln so. Dann nämlich, wenn sie »lieben« ...

»Wir müssen versuchen, unser Leben so einzurichten, daß wir uns vorstellen können, auch ohne Mann jemand zu sein. Erst dann werden wir nicht länger in ständiger Angst leben müssen, daß ein Mann uns nicht heiratet, nicht mehr liebt oder uns verläßt.«

Roswitha Burgard: Wie Frauen »verrückt« gemacht werden

Ja, ja, ich weiß, das willst du alles jetzt nicht hören, weil es dir so schlechtgeht. Weil dir Sekunden nach deinem Auftritt die Luft ausgegangen ist.

Raus aus dem Laden, Kurt Sichelbach noch mal angepfiffen, und dann wieder ins tiefe schwarze Loch gestürzt. Nein, Entschuldigung, diesmal ist es ja die schwarze Bärenhöhle. Niemand da, dich zu trösten, außer den verdammten Sahne-Tagliatelle. Die sprechen zwar nicht mit dir, tun dir auch nicht gut, lassen sich aber jedenfalls wehrlos einverleiben.

Nicht wahr, wie gut wäre es gewesen, anstelle der fettigen Nudeln Herrn Kamm zu verschlingen. Das wär's gewesen. Aber der Depp weiß ja nicht mal, daß du leidest, wie du leidest, und das zur gräßlichsten Herbsteszeit.

Die Gelüste, ihn aufs gröbste zu bestrafen, werden durch seine Nicht-Anwesenheit fast ungebremst auf dich umgeleitet. So ist es auch zu »normalen« Zeiten immer gewesen. Doch selbst wenn er durchaus strafbar – weil physisch vorhanden – war: Deine strategisch-taktischen Überlegungen ließen dich immer vor eindeutigen Sanktionen zurückschrecken. Meistens hast du es dann vorgezogen, dich nichts- und dadurch besonders vielsagend vorzugsweise in die Küche zurückzuziehen. Geduldig einer Annäherung seinerseits harrend. Auch zu diesen Gelegenheiten hast du es

also spielend geschafft, dich selbst statt ihn zu quälen. Hast euch beiden die Chance genommen, euch als erwachsene Menschen auseinanderzusetzen.

Er selbst, das Objekt deiner Begierde und deiner Wut, hat es natürlich – wer täte das nicht – vorgezogen, sich letzterer nicht auszusetzen und an angenehmerem Ort den Ausgang der Dinge zu erwarten. Es ist also alles gar nicht neu.

Neu ist vielleicht nur, daß da neben den üblichen Schuldgefühlen, Selbstbezichtigungen und Ängsten, den anderen zu verlieren, noch etwas anderes aufgetaucht ist: Du bist wirklich außer dir.

Dein Geist schwebt über dir, und das ist gut. So hat die Reue nicht von der ganzen Dagmar Besitz ergriffen. Zwar würde es tatsächlich momentan eine mittlere Katastrophe für dich bedeuten, auf Herrn Kamm verzichten zu müssen. Aber nicht etwa, weil er der passende Partner für dich oder gar unersetzlich wäre. Nein, die katastrophalen Auswirkungen hast du selbst herbeigeführt. Du hast ihn so sehr dazu benutzt, deinen eigenen Wert zu bestimmen, daß du mit ihm auch den Boden unter den Füßen verlieren könntest.

»Je mehr sie aber investiert, desto weniger bleibt von ihrem Selbst übrig; je kleiner sie sich macht, desto größer erscheint er; je ohnmächtiger sie wird, desto mächtiger empfindet sie ihn.«

Kathrin Ehbrecht, Christiane Gatzemeier: Macht und Liebe

Möglicherweise. Vielleicht aber auch nicht. Dein Geist ist immerhin noch da. Du bist aus der Haut gefahren und sitzt jetzt da an der Decke und beobachtest dich selber. Und es ist interessant zu sehen, wie du dich siehst. Was für Bilder du für dich findest. Wie du deine Person, deine Gegenwart und deine Zukunft momentan beurteilst.

Du beobachtest kein kleines verängstigtes Mäuschen. Du siehst eine Laborratte. Du siehst dich selbst als ein Wesen, das bei den meisten Menschen (ungerechtfertigterweise) Abscheu und Ekel hervorruft, und das obendrein noch ein grauenhaftes Schicksal erwartet. Deine anderen Visionen strotzen auch nicht gerade vor Lebensfreude und Ich-Bejahung: Da sind die Mumie, die Trauerweide, die Zwangsjacke, die Verrückte – die gute alte Selbstzerstörung.

Es ist doch immer wieder denkwürdig, daß Frauen just dann, wenn sie sich endlich auf den Weg zu sich selbst begeben, befürchten, sich selbst zu schaden, sich zu zerstören. Vielleicht, weil mit diesem Schritt oft, wenn nicht sogar immer, die Trennung von einem Mann verbunden ist. Vielleicht, weil dieses Ich, auf das sie zustarten, so weit entfernt und unbekannt und die Reise mithin gefährlich ist. Vielleicht auch, weil sie meinen, Strafe verdient zu haben, wenn sie sich in erster Linie mit sich selbst befassen wollen.

Wie auch immer, meine Liebe, in deinem Fall wäre es zu der ganz normalen, alltäglichen, unspektakulären Form von Selbstzerstörung gekommen – wenn du nicht endlich und endgültig ausgestiegen wärest. Mit deiner pädagogischen Ader nämlich und deiner »weiblichen« Rücksichtnahme hättet ihr zwar vielleicht tatsächlich eines fernen Tages zu einem Ganzen verschmelzen können. Aber mit Michael Kamm als Ganzem und mit dir als Schmelz.

Deiner Mutter freilich wäre das egal gewesen. »Hauptsache Mann.« Diese Botschaft hat sie tief in dir verankert, und aus Sicherheitsgründen wird diese Stimme dann in Momenten wie diesem noch einmal so richtig lebendig. Du bist vom geheiligten Pfad der »weiblichen« Tugend in vielerlei Hinsicht abgewichen. Und du kannst machen, was du willst: Wenn auf diesen Trampelpfaden durch den Urwald der Rollenkonflikte des 20. Jahrhunderts nicht alles läuft wie ge-

schmiert, meldet sich als erstes die Stimme deiner Mutter. Die schon zu Lebzeiten immer besser wußte als du selbst, was gut für dich war und was nicht. Vielleicht hast du dich ja auch aus diesem Grund in Michael Kamm verbissen: Nicht nur, weil er dich so sehr an Rhett Butler erinnert, sondern weil er dir genau wie deine Mutter das Gefühl vermittelt, irgendwie nicht ganz richtig, nicht ganz gut genug zu sein. Dies Gefühl kennst du von Kindesbeinen an. Es ist dir vertraut. Du fühlst dich darin zu Hause.

Und so sehr es dich auslöscht, es gibt dir gerade dadurch die Gelegenheit, dich der Verantwortung für dein Leben zu entziehen. Du darfst dich wieder als Kind fühlen und dementsprechend verhalten. Verlockend für eine Frau wie dich, die sich vor Michael Kamm eigentlich ständig überfordert hat, was Autonomie und Selbständigkeit anging.

»Vielen stark abhängigen jungen Frauen fällt es schwer (oder es ist ihnen sogar unmöglich), die Fassade der Stärke aufrechtzuerhalten, wenn sie ins heiratsfähige Alter kommen. In der Jugend haben sie vielleicht viel geleistet, aber jetzt sehnen sie sich danach, die Maske fallen zu lassen und die Abhängigkeit zu genießen. Ohne sich dessen bewußt zu sein, suchen sie nach einer Situation, die ihnen erlaubt, die Fassade der Selbständigkeit aufzugeben. Sie wollen sich in die Wärme und Geborgenheit zurückfallen lassen, in diesen Zustand, der sie an die Kindheit erinnert und der für eine Frau so verführerisch ist – in ein Zuhause.«

Colette Dowling: Der Cinderella-Komplex

Nein, nein, Mutter ist nicht an allem schuld. Das ist zu einfach und zu fad. Und überhaupt sind die Mütter ja immer nur dann schuld, wenn etwas in der Entwicklung ihrer Kinder

schiefläuft. Wenn alles nach Plan geht, liegt es natürlich »am Elternhaus«. Ein Prachtkind dank Papi.

Aber das, was deine Mutter dir erzählt und vorgelebt hat, macht einen entscheidenden Teil der Frau aus, die du heute bist. Auch wenn du ihr sehr untreu geworden bist in dem, was du dir später noch von anderen Frauen dazu geholt hast. Aber all diese Anteile sind lange nach der Muttermilch hinzugekommen, sind nicht so heftig verwurzelt und müssen deshalb um so stärker geschützt werden, wenn sie wanken.

»Die gesellschaftlichen Rollenzuschreibungen üben einen ungeheuerlichen Druck aus. Eine wirklich emanzipierte Frau macht doch so etwas wie das ›coming-out‹ der Homosexuellen durch. Das bedeutet eine ungeheure Auflehnung gegen die Rollenzuschreibungen und ist ein Akt der Deklarierung: ›So bin ich.‹«

Goldy Parin-Matthéy in Paul Parin und Goldy Parin-Matthéy: Subjekt im Widerspruch

Warum sich Frauen immer selbst entwerten? Tja, leider stimmt's: Es ist nicht alles nur das Werk der Männer. Wir selbst sind es, die uns auch weiterhin kleinmachen; die dem männlichen Bemühen, uns kleinzuhalten, effektiv – wie es unsere Art ist – zuarbeiten. Denn wir können uns eine Liebe ohne Selbstaufgabe gar nicht vorstellen. Und dementsprechend »lieben« wir. Und dieser Glaubenssatz »Wenn eine Frau geliebt werden will, muß sie sich erst mal liebens-wert geben«, der ist nicht nur deiner Mutter aus dem Herzen gesprochen, sondern Generationen von Frauen vor ihr. Und was wir alle unter einer liebens-werten Frau verstehen, hat sich leider immer noch nicht sehr verändert: die Frau, die sich freiwillig in den Hintergrund des individuellen und gesellschaftlichen Bildes stellt.

Auch deshalb finden Frauen öffentlich so wenig statt. Und

wenn, dann nur als »liebende« Frau im Hintergrund. Und auch das soll uns wieder Beispiel sein.

Für die meisten Frauen scheint tatsächlich die blanke Aussicht auf die Liebe eines einzelnen Mannes immer wichtiger gewesen zu sein als wissenschaftliche oder politische Anerkennung oder auch einfach nur die Anerkennung als eigenständige Person.

Leider gibt es zahlreiche Schriften, die derlei Bestrebungen noch unterstützen. Die uns in den Teufelskreis zurück- statt heraushelfen. Denn statt die Lösung für bereits existierende Probleme zu finden, lernen wir bei derlei Lektüre lediglich, neue Probleme an uns zu entdecken. Und so führen uns die »Hau-Ruck-Bücher« (»How To . . .«) unter dem Anspruch der Aufklärung immer weiter von uns selbst weg.

Dagmar Eickhorn hat sich bestimmt in ihrer Geschichte mit u. a. vierundzwanzig Ex-Männern nicht schlecht geschlagen, was ihre Selbstbestimmung anging. Bis eben ihr ganz persönlicher Platzhirsch kam. Der, den sie aufgrund ihrer psychosexuellen Entwicklung »lieben mußte«.

Aber Gott sei Dank geht es Dagmar anders als vielen Frauen im wirklichen Leben. Es gelingt ihr nämlich relativ zügig, sich aus eigener Kraft von den Selbstverwünschungen und dunklen Bildern zu befreien, und aus dem Selbstmitleid wieder aufzutauchen. Zwar ist ihr Ziel immer noch eine verdeckte Rückeroberung ihres Recken, aber jedenfalls erkennt ihr Geist, daß Selbsthader nicht hilft, sondern nur hindert.

So entdeckt sie die Kampflust wieder. Und nicht nur gegen Spaghetti und Leberwurstbrote, sondern auch gegen die eigene Lethargie.

Sie kann von Glück sagen, daß sie sich doch eine ganze Portion Kraft und Energie hat bewahren können. Das rettet sie jetzt vor dem Versinken. Sie reißt sich durch frei flottie-

rende Phantasiearbeit am Riemen. Sie stellt sich ihre Rache bildlich vor, und dadurch kehrt sie wieder ins Leben zurück.

Und als sie Körper und Geist wieder beisammen hat und gerade mit den elementaren Aufräumarbeiten beginnen will, passiert ihr Usch. Die Uralt-Freundin, mit der sie schon so manche Phase des Liebens und Lebens durchlitten hat.

Im Laufe ihrer gemeinsamen Geschichte haben die beiden Frauen einen ganz speziellen Umgang miteinander entwickelt, ohne den diese Freundschaft wahrscheinlich schon längst nicht mehr existieren würde. Die Gegensätze zwischen beiden werden deutlich genug. Im Gespräch zwischen ihnen wird an vielen Stellen deutlich, warum sie befreundet sind, was sie verbindet, was sie trennt. Sie sind (immer noch) befreundet, weil sie es verstanden haben, Trennendes und Verbindendes unter einen gemeinsamen Hut zu bringen, und der heißt: respekt- und liebevolle Distanz.

»Natürlich« gibt es zwischen den beiden keine Verschmelzungswünsche. »Natürlich« ist die Gefahr der Kränkung zwischen ihnen nicht so groß. Denn schließlich: Sie sind ja *nur* befreundet. Aber hat nicht ein kluger Mensch einmal gesagt, daß Liebe und Freundschaft sich eigentlich »nur« durch die (Nicht-)Ausübung von Sexualität unterscheiden?

Es stimmt zwar, aber es mag ihm keiner so recht glauben. Es hat doch etwas so Aufregendes, Wunderbares an sich, wenn man und auch frau das gewisse Kribbeln fühlt. Oder auch nur ahnt. Und das gehört nun mal dazu. Und da sollen wir uns mit so etwas Langweiligem wie freundschaftlicher Zuneigung zufriedengeben?!

Nein, nicht wahr, Dagmar? Du bist nämlich auch so eine Kribbeltechnikerin. Alles, was kribbelt, ist Sexualität und/ oder Liebe; alles, was entspannt, ist nur Freundschaft und somit relativ uninteressant, eher ein unauffälliges Beiprodukt

des Lebens. »Hat sich irgendwie so ergeben«, würdest du sicher sagen, wenn du gefragt würdest, warum Usch deine Freundin ist.

Wäre das etwa eine Antwort auf die Frage: »Warum liebst du diesen Mann?« Nie und nimmer! Liebe kann sich doch nicht ergeben, schon gar nicht »irgendwie«! Nicht wahr? Direkt eine Beleidigung für die Liebe. Und für uns selbst. Schließlich – wo sind wir denn?! Und wer sind wir denn?! Schließlich leben wir nicht irgendwo in irgendwelchen unterentwickelten Ländern, wo Männer und Frauen immer noch verheiratet *werden*. Schließlich sind wir eine reiche Industrienation, in der sich jedeR alles leisten kann.

Auch den Luxus von Problemen mit der Liebe. Das wäre doch gelacht, wenn wir auf diese Errungenschaft der industrialisierten Gesellschaft freiwillig verzichten würden. Denn es ist ja noch gar nicht so lange her, daß wir beides zusammen dürfen. Nein, falsch, wir als Frauen durften wohl beides zusammen, aber die Reihenfolge war festgelegt: Wir durften nicht heiraten, wen wir liebten. Wir durften nur lieben, wen wir heiraten mußten. Genau. Und jetzt sollen wir auf die freie Wahl unseres Liebes(un)glücks einfach verzichten? Mitnichten.

Schwierigkeiten in der Verständigung zwischen den Geschlechtern hat es wahrscheinlich immer gegeben und wird es immer geben. Einfach weil es den Stamm der Männer und den Stamm der Frauen gibt.

»Ob wir uns darüber bewußt sind oder nicht, ob wir sie wahrhaben wollen oder nicht, wir haben alle unsere Glaubenssysteme. Sie dienen dazu, unsere Erfahrungen zu organisieren; es sind Linsen, durch die wir die Welt sehen. Einige davon sind in der Natur sehr allgemein, andere hochgradig spezifisch. . . . Du hast deinen eigenen

»Set« von Annahmen über die andere Hälfte der Erdbevölkerung, über das andere Geschlecht.«

Jürgen Wippich / Ingrid Derra-Wippich: Frank Farelly

Beide Stämme haben unterschiedliche Stammesgeschichten hinter sich. Und demzufolge vertritt auch jeder Stamm unterschiedliche Interessen, wappnet sich so gut wie möglich gegen etwaige Aggressionen des anderen.

Wenn es aber um gemeinsame Interessen geht, fängt der Vergleich mit den Stämmen schon wieder an zu hinken. Denn die waren in der Wahrung ihrer Existenzgrundlagen weiser, als wir es heute sind. Kein Stamm hat die Natur je so ausgebeutet und ausgeblutet, wie wir es heute tun. Und kein Stamm konnte es sich auch leisten, wie hypnotisiert immer nur auf den anderen zu starren, um allgemeine Bedrohungen nicht wahrnehmen zu müssen.

Aber leider ist es so, daß das eine viel mit dem anderen zu tun hat. Denn wenn wir uns trauen würden, mal wieder um uns zu schauen, brauchten wir uns nicht so verzweifelt im Blick des jeweils anderen Geschlechts zu versenken.

Deshalb haben wir heute Liebe und noch mehr die Sexualität mit dem Mut der Verzweiflung in den Blickpunkt des allgemeinen Interesses gerückt. Wir sind umgeben von Gefahren, denen wir doppelt machtlos gegenüberstehen. Wir haben das Gefühl, weder *be*greifen noch *ein*greifen zu können.

Und da es unerträglich ist, angesichts einer Gefahr (geschweige denn einer existentiellen Bedrohung) untätig zu verharren, wenden wir den Blick von der Umwelt ab, dem Partner/der Partnerin zu. Wir schließen uns ein in diesen Blickkontakt. Wir vertiefen uns immer weiter in unsere Partnerschaft, tauchen immer weiter weg. Denn hier fühlen wir uns (all)mächtig. Jedenfalls an Heim und Herd hof-

fen wir, unser Leben nach eigenen Vorstellungen formen zu können.

Auch wenn das so nicht stimmt, aber wir können uns durch diesen Trick der Tatsache vergewissern, daß wir *mindestens nicht ganz ohne Macht* sind.

In dieser Hinsicht verhalten wir uns regelrecht staatsmännisch (Staatsfrauen gibt es noch zu wenig). Eine bekannte und bewährte Strategie, um das eigene Image »aufzurüsten«: Wenn es irgendwo, beispielsweise mit der Binnenwirtschaft, nicht so recht klappen will, eröffnet man am besten eine Außenfront ganz woanders, möglichst weit weg, und siegt dort. Dann sieht das Volk den Versagensfall auch nicht mehr so verbissen.

Und so machen wir es im Prinzip auch, nur umgekehrt: Wir können nach außen nicht und verkapseln uns mit unserem Innenleben nach drinnen. Und da die allermeisten von uns HerrscherInnen und Volk in einer Person sind, ist das Ganze ein gelungener, gigantischer Selbstbetrug.

Dieses Rezept funktioniert aber leider nur dann, wenn es unser Ziel ist (und bleibt), ständig sinnlos im Kreis zu laufen. Wir erreichen zwar eine Vollbeschäftigung in Sachen Selbsttäuschung, aber wir ändern gar nichts. Wir spinnen uns ein in die Innenwelt, um das Draußen nicht sehen zu müssen. Vielleicht wollen ja auch deshalb plötzlich so viele Männer von uns die Liebe lernen. Weil auch sie nicht mehr ertragen können, was sie angerichtet haben in der Welt.

»Nachdem wir jahrhundertelang auf die Aussagen der Männer und die Entwicklungstheorien gehört haben, die auf ihren Erfahrungen basierten, haben wir in jüngerer Zeit angefangen, nicht nur die Stummheit der Frauen zu bemerken, sondern auch die Schwierigkeit zu verstehen, was sie sagen, wenn sie sprechen. Doch in der anderen

Stimme der Frauen liegt die Wahrheit einer Ethik der Anteilnahme, die Verknüpfung zwischen Beziehung und Verantwortung und die Ursprünge der Aggression im Scheitern von Bindungen.«

Carol Gilligan: Die andere Stimme

Unsere Lebensbedingungen sind so komplex geworden, daß wir uns mit Vereinfachungen und »Entweder-oder«- Entscheidungen nicht mehr retten können. Weniger denn je gibt es heute nur Schwarz oder Weiß, Gut oder Schlecht, Ja oder Nein. Immer häufiger spüren wir Ambivalenzen, trauen uns aber nicht, sie zuzulassen.

Wir sollten es tun. Denn es geht ja nicht mehr darum, ob die Erde eine Scheibe oder eine Kugel ist.

Die Fragestellungen sind komplexer geworden. Und wenn wir nur einfache, eindeutige Antworten akzeptieren, können wir die Lösungen nicht finden.

Natürlich ist die Liebe kein Geschenk des Himmels, das uns entweder in den Schoß fällt oder eben nicht. Liebe ist aber andererseits auch kein Produkt, das man oder frau problemlos herstellen kann, wie uns so mancheR glauben machen will. Wir haben uns von der Idee des Gottesgeschenkes verabschiedet zugunsten der modernen Version: der »Beziehungsarbeit«.

Nichts bleibt mehr dem Zufall überlassen, alles ist machbar. Speziell die Deutschen haben eine Tendenz zu glauben, daß, wenn wir uns genügend anstrengen, am Ende alles gut wird. Es muß nur alles sauber, ordentlich, termingerecht und vor allem angestrengt erledigt werden. Dann *muß* es klappen. Auch in der Liebe. Und wenn Patentrezepte nicht greifen, zweifeln wir an uns, nicht an den Rezepten, und wissen uns nicht mehr zu helfen. Weil wir uns haben entmündigen lassen. Wir haben den Spezialisten sogar die Verfü-

gungsgewalt über unser Leben übergeben. Wir glauben, sie können es besser als wir selbst.

»Die industrielle Entwicklung des Abendlandes hat zum großen Teil auf Kosten von Gefühl und Intuition stattgefunden.«

Jorgos Canakakis: Ich sehe deine Tränen

Natürlich muß auch die Liebe sich ergeben, denn wir können sie nicht erzwingen. Und natürlich ist die Liebe ein Geschenk. Nicht jedeR hat sie in sich verfügbar. Und bei weitem nicht jeder hat das Glück, ihr in einem anderen Menschen zu begegnen.

Aber eigentlich brauchen wir sie auch gar nicht; jedenfalls nicht zur Bewältigung von Alltagsproblemen. Da ist sie uns eher hinderlich.

Denn wenn Frauen sich »ver«-lieben, tun sie das meistens »ver«-kehrt, nämlich immer noch wie zu Zeiten, als Frauen an den Universitäten noch nicht zugelassen waren. So als ob sie sich nur über den »Ernährer der Familie« die Welt ins Haus holen könnten. So als ob sie mit Heim und Herd so ausgelastet wären, daß jedenfalls er für ein wenig Aufregung und Abenteuer im Hause sorgen soll, wenn schon sonst nichts passiert.

Ich kenne viele Frauen wie dich, Dagmar, die durch sich selbst und ihren Beruf täglich so stark gefordert sind, daß sie eher jemanden zu Hause brauchen würden, der, ohne Fragen zu stellen, Versorgungsfunktionen übernimmt, als einen Korsaren.

Es gibt phantastische Frauen, faszinierend und aufregend, und natürlich mit mindestens einer Macke ausgestattet, die ihr Leben ganz (von) allein leben. Die eigentlich in keinem Sinne der Bereicherung durch einen Mann bedürfen. Und

trotzdem fühlen sich die meisten bemüßigt, sich einen zu greifen, »zu dem sie aufschauen können« – und sich dadurch natürlich auch freiwillig dazu verpflichten.

Und um zu ihm aufschauen zu können, muß er älter, reicher, klüger, verrückter, intellektueller, begabter oder noch anstrengender als sie selbst sein. Dafür gebührt ihm der Sokkel-Platz.

Wenn er fürsorglich(er) ist, treten wir ihn dafür in den Staub. Er braucht gar nicht mal der allseits ungeliebte Hausmann zu sein. Es reicht schon, wenn er sich kümmert. Den »Kümmerer« nehmen wir als Menschen und erst recht als Mann nicht ernst. Wir zahlen ihm damit zwar nur zurück, was wir selbst am eigenen Leibe erfahren haben, aber wir schneiden uns damit ins eigene Fleisch.

Dagmar zum Beispiel hat auch so einen in ihrer nächsten Umgebung: Kurt Sichelbach, der unscheinbare Dünne aus dem Norden. Ist Ihnen noch nicht aufgefallen? Das Überraschungsgeschenk von Sabine Sträter. Der schon mehrfach bewährte Retter in der Not. Dagmars Freund und Helfer, der immer wieder mal am Rande auftaucht. Er scheint so ein Typ zu sein. Fürsorglich, unabhängig, partnerschaftlich.

Besonders gut hat mir gefallen, wie er Dagmars geschnaubte Ankündigung, nach Australien zu reisen, aufgenommen hat. Aber die gute Dagmar merkt natürlich wieder einmal nichts. Dazu ist sie viel zu sehr mit dem mutwillig herbeigeführten Verlust ihres Traumtänzers beschäftigt.

Auch Usch Bornheimer hat Sorgen mit der Liebe. Die freilich ganz anderer Natur sind als Dagmars. Denn seit sie sich kennen, sind beide Frauen auf konsequent unterschiedlichen Wegen zu sich selbst unterwegs. Dagmar hat eigentlich seit dem berühmt-berüchtigten Korb für Hans-Wilhelm immer alleine herumgemurkelt. Denn sie hatte wohl damals nicht

nur Hans-Wilhelm im speziellen oder den Männern im allgemeinen, sondern auch Gruppenideologien, Massenbewegungen und in ganz besonderem Maße gesellschaftlichen Mode-Trends eine Abfuhr erteilen wollen. Eine Haltung, die zum Teil mit ihrem Autonomieverständnis und zum anderen Teil mit den Karnevaleransereien ihres Vaters zu tun hatte.

Usch hingegen war auf ihrer politisch/menschlichen Selbsterfahrungs-Odyssee so mancher Wahrheit, aber auch so mancher Irrung und Wirrung begegnet. Die sie nun fast alle mit sich herumschleppt. Die sie zum Teil beflügeln, zum Teil aber auch wieder flügellahm machen. Ihr Wissen hat Gefühle und Intuition einfach (jedenfalls zeitweise) mundtot gemacht.

Die beste Lösung für die zwei wäre wahrscheinlich gewesen, hätte man ihre Haltungen in einer Rührschüssel zusammenkneten können. Etwas mehr Theorie für Dagmar, etwas mehr Intuition für Usch. Und in einer gewissen Art und Weise haben sie sich diese Mischmaschine gebaut. In Form dieser jahrzehntelangen Freundschaft. Sie betreiben diese zwar nicht als Umerziehungsanstalt der jeweils anderen, aber durch ihre gemeinsame Geschichte und gegenseitige Vertrautheit wirken sie aufeinander, ohne es zu wollen. Gerade weil Veränderung der anderen nicht ihr Ziel ist.

Die Territorien ihrer Beziehung sind ganz klar abgesteckt. Die Rollen sind eindeutig definiert, Konfliktpunkte bekannt und Inszenierungen überflüssig. Sie können sich im gegenseitigen Vertrauen ineinander wiegen. Und sie können sich ohne Übergriffe gegenseitig kritisieren.

Sie kennen sich, und sie lieben sich trotzdem. Sie sind füreinander da, auch wenn sie die Probleme der anderen nicht verstehen oder anders sehen. Dagmar hat z. B. null Verständnis für Uschs Scheidungsgründe. Aber sie kennt das

Gefühl, von dem Usch redet; denn ihre Mutter hat sie offenbar mit genau denselben Gefühlen sitzenlassen wie Thomas jetzt Usch. Insgesamt jedoch kommt ihr das Ganze so lächerlich vor wie die Sache mit den Jokern von Onkel Friedrich, und sie versucht, Uschs Seelenzustand mit dem, was sie »gesunden Menschenverstand« nennt, wieder zurechtzurücken. Worauf Usch ihr wieder einmal wütend die Traumschnulze vom wehenden Wind als von langer Hand geplante Frauen-Verdummungs-Kampagne um die Ohren haut.

So ist es gut. Sich halten und wiegen und wüten und schweigen. Echte Freundschaft eben.

Wir sollten lieber die Suche nach den weißen Elefanten aufgeben. Die grauen Bären kommen von ganz allein. Wir müssen sie nur sehen.

KAPITEL 4

Stubenküken und Gerichtsvollzieher

Liebe Dagmar, ich bin dir zu wirklichem Dank verpflichtet, daß du mir und uns so gründliche Einblicke gewährst. In diesem Fall ganz speziell Einblicke in die gut gehüteten Geheimnisse der Illusions-Verdummungs-Branche. Nicht daß das, was du privat so tust und treibst, nicht von Interesse wäre. Aber wer von uns weiß schon Bescheid über »durchfotografieren«, den Effekt gelber Reflektoren, kleine Treppchen unter Knien und die Herstellung von Heiligenscheinen. Und vor allem: Wer will es wirklich wissen? Eigentlich niemand. Denn wer die »Liebe ist wichtiger als Karriere«-Geschichten liest, will sie auch glauben. Und wer sie nicht liest, braucht über die Hintergründe nichts zu wissen, weil er/sie die Geschichten sowieso nicht glaubt bzw. nicht interessant findet.

Die meisten Menschen wissen nicht *wirklich* Bescheid über die Mechanismen in der Presse. Sie wissen, daß es so etwas gibt wie Zielgruppen, Verkaufszahlen usw. Aber sie machen sich nicht bewußt, daß sie als einzelne das verlangen, womit wir dann als Ganzes überschwemmt werden.

Auch die sogenannten »seriösen Blätter« sind mit Vorsicht zu genießen. Es ist ein bißchen wie die Fangfrage in der Fahrprüfung vor -zig Jahren: Welcher Bahnübergang ist der gefährlichere: der beschrankte oder der unbeschrankte? – Antwort: Ersterer. Weil man bzw. frau sich darauf verläßt, daß die Schranken funktionieren. In den »seriösen Blättern« ver-

muten wir nun tatsächlich die Wahrheit, wenn wir schon soweit sind, der Yellow Press keinen Glauben zu schenken.

Wie es für Dagmar sein muß, ihren Lebensunterhalt als Fotografin bei eben dieser Regenbogen-Presse zu verdienen, können wir uns nur ausmalen. Denn wann immer sie die Kamera hebt, um zu arbeiten, produziert sie eine Lüge. Sie bastelt unermüdlich mit an einer »Blütenbarriere« zwischen uns und der Realität. Und wahrscheinlich ist es wirklich so, daß für sie Schein und Sein zeitweise verschwimmen wie Aquarellfarben auf feuchter Leinwand. Nicht nur im Beruf.

Unsere Arbeit ist ohnehin so phantastisch wichtig in unser aller Leben, hat ungeheure Auswirkungen auf unser Lieben. Und Dagmar als Mit-Aufrechterhalterin der ganzen Liebes-Romantik-Lügerei, wie soll sie sich – doppelt gefoult – dann noch mit sich selbst auskennen.

Sie arbeitet im Fach »Spiegelkabinett«. Sie weiß, wie sich eine Illusion gekonnt als Realität dekorieren läßt. Daher ist es kein Wunder, daß sie vor lauter Potemkinschen Dörfern seit langem den Ausgang aus ihrem eigenen Spiegelkabinett nicht mehr findet.

Denn leider ist die Kenntnis der Tricks nicht immer gleichbedeutend mit einer Schutzimpfung gegen sie. Manch eineR aus dem Illusionsgeschäft läßt sich gerade durch Mit-Tun vollkommen von der Wirklichkeit entfremden.

Sogar der Krieg wird uns in verdaulichen Häppchen ins Wohnzimmer geliefert. Man bekommt fast Lust, mitzumachen, so harmlos nimmt sich alles aus.

»Die Wasserstoffbombenexplosion am 7. März 1955 lief unter dem gemütlichen Namen ›Grandpa‹, also ›Opapa‹. Diesen Vorgang der Pseudofamilialisierung, der keinen Namen hat, nennen wir die ›Verbiederung der Welt‹ – ›Verbiederung‹ und nicht ›Anbiederung‹, weil, was sich

abspielt, nicht darin besteht, daß wir uns Fremdem oder Fremdestem an den Hals würfen; sondern darin, daß man uns fremde Menschen, Dinge, Ereignisse und Situationen so liefert, als wären sie Vertrautes; also bereits in ›verbiedertem‹ Zustand.«

Das Günther Anders Lesebuch

Und Dagmar ist auch im privaten Leben den schönen Bildern auf den Leim gegangen. Sie wartet auf ihren Piraten. Sie will weiter mit ihm jonglieren, sie will ihn zurück um jeden Preis. Blindwütig hat sie beschlossen, aus sich und Michael ein Traumpaar zu machen. Sie versucht sich Wirklichkeit zurechtzuschneidern.

Hat dir eigentlich schon mal jemand gesagt, daß wir die Wahl haben? Warum hast du dich nur so darauf fixiert, diese eine Möglichkeit mit aller Macht hinzubiegen, wieso siehst du nicht die anderen ? Oder ist es dein Ehrgeiz, deinen Mann als Hobby zu betreiben?

»Wenn es eine ganze Kunst ist, ›einen Mann zu fangen‹, ist es ein ganzer Beruf, ihn zu ›halten‹.«

Simone de Beauvoir: Das andere Geschlecht

Wie du schon ganz richtig festgestellt hast: Nichts macht so mächtig an wie Macht. Nur – die meisten Frauen sind nicht in ihrem Besitz. Deshalb mächteln sie untereinander und richten ihre Stärke gegeneinander.

Den Männern können wir Frauen nicht so ohne weiteres auf den Kopf spucken. Dazu sitzen sie schon viel zu lange an den Hebeln, die die Welt bedeuten. Außerdem trauen sich die meisten von uns auch gar nicht. Denn schließlich – wo kämen wir denn da hin, wenn die Männer kleiner würden, unbedeutender. Dann hätten wir niemanden mehr, zu dem

wir aufschauen könnten. Und niemanden mehr, dem wir die Schuld zuweisen könnten.

Also kämpfen wir weiter unter uns herum, ganz so, als wären wir noch mitten in der Pubertät. Wir erproben unsere Machtgelüste an potentiellen Mit-Spuckerinnen. Das Symbol der Macht, das wir zu erringen suchen, ist fast immer dasselbe: die Aufmerksamkeit eines Mannes. Heute geht es viel häufiger als früher auch um Anerkennung im Beruf, aber die bestimmt ebenfalls meist ein Mann. Ich befürchte allerdings, daß die gängigste Form des Machtkampfes unter Frauen immer noch die um den Apfel des Paris ist.

Wenn in einer Partnerschaft eine Frau zu dominant, zu unterwürfig, zu klug, zu dumm, zu fordernd, zu jammerig ist, findet sich sofort eine andere Frau, die dem Mann das jeweils Fehlende ersetzt und ihn viel besser versteht. Siehe zum Beispiel das punktuelle, stillschweigend signalisierte Einvernehmen zwischen Dagmar und Oliver Ochsenknecht.

Dabei könnten Frauen es sich doch leisten, unkonventionell zu denken. Warum zum Beispiel nicht mal einen Mann teilen? Nicht als »Geliebte und (Ehe)Frau« – und vor allen Dingen nicht heimlich. Sondern ganz offen. »Man-sharing« sozusagen. Das könnte zum Beispiel so aussehen: Ich habe da diese wunderbare Freundin, die nun wiederum ihrerseits diesen nahezu perfekten Mann hat. Ich sage zu ihr: »Du, heute abend brauche ich mal wieder deinen Mann zum Wein trinken/Kino gehen/Liebe machen/Tanzen gehen. Oder habt ihr schon was vor?«

Natürlich weiß diese wunderbare Frau, daß ich den ganzen Mann nicht haben will. Weil ich einen eigenen Kerl in meinem Leben nicht gebrauchen kann. Weder als Zierstück zu Hause noch als Trost für meine Seele. Und deshalb kann sie natürlich beruhigt zustimmen.

Mit gutem Grund sind gute Männer in guten Händen,

aber nicht jede ganze Frau braucht oder will einen ganzen Mann. Laut Statistik gibt es immer mehr Alleinlebende in der Bundesrepublik Deutschland. Und in diesen Zahlen enthalten ist eine wachsende Anzahl von Frauen, für die das Alleinleben vermeidbar wäre, die aber die Vorzüge dieses Status schätzen gelernt haben. Für sie ist das Alleinleben nicht ungeliebte Schleuse zwischen zwei Zuständen, sondern die beste Möglichkeit, ein Frauenleben zu gestalten.

»›Ich lebe allein‹ – diese Aussage hören wir zunehmend von Frauen, die wissen, was es heißt, zusammenzuleben, die nicht ohne Alternative dastehen und für die das Alleinleben auch mehr ist als eine Negativentscheidung gegen andere Lebensformen, sondern eine Existenz, die es wert ist, konsolidiert und verbessert zu werden.«

Ulrike Martiny in: Psychologie heute spezial, Frauen – Heft 2

Diesen Frauen würde es vielleicht durchaus reichen, wenn sie sich hin und wieder mal einen Mann ausleihen könnten. Und zwar keinen Miet-Mann. Die gibt es zwar auch, aber da weiß frau nie so genau, wie es dann um die jeweils gefragte Qualität bestellt ist. Und wer kauft schon gern den Kater im Sack?!

Hier und heute mit Dagmar haben wir es vorerst jedoch ganz unutopisch mit der immer noch alltäglichen Katzigkeit und Konkurrenz zwischen Frauen zu tun. Dagmar behauptet, sie habe diese justament erst an sich entdeckt. Wahrscheinlicher ist aber, daß sie sich weder von Usch noch von sich selbst auf die Schliche dieser heiklen Gefühle kommen lassen wollte. Konkurrenz zwischen modernen, emanzipierten Frauen – das war wie – wie irgendwas mit einem schlechten Nachgeschmack jedenfalls.

Nicht wahr, Dagmar, du siehst es ja eigentlich in deinem

tiefsten Innern ein, daß es einfach keinen Sinn macht. Und oft kannst du ja auch ganz gut mit Frauen ... wenn da nicht deine Vorurteile wären, daß bestimmte Dinge mit Frauen nicht gehen. Wenn da nicht immer wieder ein paar Simone Ochsenknechts dich zu einer höchst unsolidarischen Weißglut treiben könnten.

Warum schämst du dich eigentlich, wenn du auf bestimmte Frauen in bestimmten Situationen eine Wut hast? Natürlich möchtest du der Schlange Ochsenknecht eine reinhauen. Mit Recht, weil sie dich zwiebelt. Aber statt dich direkt mit ihr auseinanderzusetzen, kramst du in der Mottenkiste, die du noch von deiner Mutter selig als Aussteuer mitgekriegt hast. Sie hat dir vorgelebt, wie eine Frau Niederlagen zum Sieg ummünzen kann. Wie sie allen anderen den Sieg vermiesen kann. Wie sie letztlich alle als Verlierer zurücklassen kann, ohne sich selbst jemals riskiert zu haben.

Sie hat dich aber nie die Möglichkeit eines erkämpften, errungenen Sieges ahnen lassen. Weil sie sie selbst nicht sah.

Und in jeder Form der Abhängigkeit wirst du hilflos und katzt herum. Wie jetzt mit der »Schlange« am vermeintlich längeren Hebel. Und wie in deinen Beziehungen, wo du natürlich auch die Männer mit dem Hebel in der Hand siehst. Nie wolltest du sein wie deine Mutter, nie mit ihren Mitteln kämpfen müssen, nie in ihre abhängige Lage geraten.

Nun ist es doch passiert, und – wer weiß – vielleicht bist du auf dem besten Weg, deiner Mutter sozusagen posthum noch eine Auseinandersetzung abzutrotzen. Den Kampf, dem sie sich verweigert hat. Den sie vielleicht nicht führen konnte.

Erinnerst du dich, vor nicht allzulanger Zeit in dem Gespräch mit Usch waren ja erstmals außerhalb deiner Alpträume Wutblasen über deine Mutter an die seelische Ober-

fläche geblubbert. Und jetzt die Benutzung ihres Arsenals und vor allem deine freundliche Amüsiertheit ob dieser Tatsache. Vielleicht sind das die nachfolgend konzentrischen Kreise, die in diesem Fall deine Entwicklung zu einer *wirklich* autonomen Frau einläuten könnten. Denn bisher hast du nur mit pseudoautonomen Auftritten geglänzt.

»Autonomie ist derjenige Zustand der Integration, in dem ein Mensch in voller Übereinstimmung mit seinen eigenen Gefühlen und Bedürfnissen ist. Im allgemeinen verstehen wir unter Autonomie etwas anderes, nämlich etwas, was mit der Behauptung der eigenen Wichtigkeit und Unabhängigkeit zu tun hat. Das gilt insbesondere für ein Selbst, das, bewußt oder unbewußt, der Ideologie des Herrschens entspricht . . . Was dann mit Autonomie bezeichnet wird, ist die Freiheit, sich und den anderen ständig Beweise der Stärke und Überlegenheit liefern zu müssen.«

Arno Gruen: Der Verrat am Selbst

Bis Michael Kamm hast du jede Art von gefühlsmäßiger Bindung an einen Mann zu vermeiden gewußt.

Vielleicht war das der einzige Weg für dich, Erfahrungen mit Männern zu sammeln, ohne unterzugehen. Das funktioniert übrigens oft so. JedeR hat irgendein psychisches Päckchen zu tragen. Und in der Überwindung dieser Probleme sind wir im Grunde genommen alle hochgradig kreativ. Denn alles, was nach außen als Neurose, Macke, Charakter, Störung in Erscheinung tritt, ist in Wirklichkeit eine selbstgebastelte seelische Krücke. Eine eigene Erfindung, auf die wir ruhig auch stolz sein sollten; denn manch eineN hätte vielleicht ohne diese Fähigkeit viel Schlimmeres erwartet.

Und möglicherweise bist du ja jetzt soweit, daß du deine

Krücke in die Ecke schleudern kannst. Vielleicht kannst du dir jetzt endlich etwas gelassener und mit mehr Achtung ins holde Auge blicken. Jetzt, da du weißt, daß es auch anders als hold schauen kann. Und vor allem jetzt, da du willst, daß es häufiger anders schauen soll. Deinen persönlichen Gerichtsvollzieher hast du ja wahrscheinlich schon des öfteren als Übungsobjekt mißbraucht. Das war aber sozusagen außerhalb des Parcours, da deine Mutter mit Sicherheit niemals mit Gerichtsvollziehern hat plaudern müssen. Das war, so nehme ich mal an, Domäne deines Vaters, des auseinandersetzungsfreudigen Herrn Bankrotteurs. Und – ist es nicht fast zu schön, um wahr zu sein – wenn du jetzt eins und eins zusammenzählst, dann hast du eins. Dich selbst.

Bei Michael Kamm hast du dich zum ersten Mal in eine gefühlsmäßige Abhängigkeit begeben. Vielleicht deshalb, weil du spürtest, daß hier einer war, der noch größere Angst hatte als du. Der sich noch schwächer fühlte als du. Der seine Haut als Mann ebensowenig ausfüllte wie du deine als Frau. Geradezu fatal habt ihr euch ergänzt. Wie das häufig so geht. Michael Kamm verweigert dir, ebenso wie früher deine Mutter, Anerkennung und Auseinandersetzung. Und die Schlüssel. Er läßt dich nicht zu sich herein.

Und so stehst du wieder mal als »schlechtes Mädchen« draußen. Und das kennst du. Hier fühlst du dich zu Hause, wie bei Muttern. Und beschließt, ihn mit weiblich-mütterlichen Mitteln zu schlagen. Auf daß er dir erhalten bleibe und dir eine Existenz als Mutter und Kind zugleich biete. Denn mit Michael an deiner Seite würde dir der »schwere Kelch« für erwachsene Frauen und Partnerinnen gar nicht erst gereicht werden. Und du mußt zur damaligen Zeit ganz schön überanstrengt gewesen sein, sonst hättest du dich nicht an der Hintanstellung von Empfängnisverhütung aufbauen können.

Jedenfalls scheinst du unterwegs zu dir als erwachsener Frau zu sein, auch wenn es zunächst nur um Vorurteile, hilflose Wut und Häme ging. Wenn du genauer hinschaust, wirst du noch andere Lichtblicke erkennen können. Zum Beispiel deine Schönheitsqualen vergangener Zeiten landen – jedenfalls für den Moment – mit einem milden Lächeln in dem Korb mit dem Schildchen »Ablage«.

Natürlich hat deine Nonchalance auch damit zu tun, daß du »nur« den Anti-Korsaren triffst. Aber trotzdem sind deine Einsichten an dieser Stelle weiblichkeitsbewegend. Wenn sich das doch bei jeder Frau so ausdrückte und einprägte wie bei dir.

Es hat sich schon einiges getan in deiner Einstellung zu dir selbst, wenn du dich jetzt einfach in deiner momentanen Eigenschaft als malerische Ruine in dies Lokal begibst, statt dich vorher noch notdürftig zu restaurieren.

Na klar hat jede Frau das Recht dazu, so aufzutreten, wie sie ist, erst recht jede arbeitende. Nur nimmt sie es sich meistens nicht, sondern will zu allem anderen eben auch noch diesen ätherischen Wesen Konkurrenz machen, die dafür bezahlt werden, ihre Schönheit zu perfektionieren, um danach ihre Haut zu Markte zu tragen.

Es ist tatsächlich äußerst perfide, wie sie auf dich, auf uns alle, allgegenwärtig vom Glanzpapier herunterlächeln in ihrer makellos schlanken Schönheit. Angesichts dieses Perfektionismus ist es wirklich nicht leicht, die eigenen Schweineborsten und nicht vorhandenen Augenbrauen liebevoll zu hegen und zu pflegen. Zu gerne wären wir aus Sicherheitsgründen auch äußerlich perfekt. Damit »man« uns nichts am Zeug flicken kann.

Tja, und nun kommst du als moderne Trümmerfrau in diesem Nobelzobelschuppen an, und Herr Kurt präsentiert sich als wahrhaftiger Kavalier. Ist auch mal nicht schlecht, oder?

Ich meine, jemanden an der Seite zu haben, der den Ernst einer Situation erkennt, aber dennoch bereit und imstande ist, angemessen unernst damit zu spielen. Und plötzlich ist er nicht mehr der profane, sterile, nüchterne »Randbauer«. Auch dann nicht, wenn du vor ihm als Publikum hemmungslos deine Phantasie-Feuerwerke abspulst. Aber in so mancher Beziehung hat er eben doch keine Ahnung vom Leben, wie es wirklich ist, gell? Da kann er einfach nicht mit deinem Traum-Berserker mithalten.

»Traumberuf« – daß du nicht lachst, nicht wahr? Da wüßte Michael Kamm doch besser Bescheid. Und daß er meinte, du habest dich versprochen, als es um die »Ausgabeberaterin« ging – fast eine Beleidigung.

Wo doch eigentlich er der Idiot war, der diesen neuen Fachterminus noch nicht kannte. Also, da bleibst du doch lieber weiterhin bei dem Umerziehungsprojekt Kamm.

Was da noch fehlt, wirst du diesem – wie du meinst – selbstverliebten Fotografen schon noch beibringen.

Wenn er das mal wäre. Wenn er sich doch wenigstens ein bißchen mögen würde ... Dann wäre ja schon einiges gewonnen, aber nicht für dich. Denn ihr wäret dann vielleicht nicht zusammen.

Er ist so wenig in der Lage, sich selbst zu sehen, geschweige denn zu mögen, daß auch er wie ein Faß ohne Boden mehr und mehr und mehr Beweise für Liebe und Zuwendung von außen braucht.

Und so oder so wäre eine Beziehung zwischen euch das blanke Gift für dich.

Ich bin aber guter Dinge, daß du das auch noch begreifst. Die Blitze am nächtlichen Sichelbachschen Himmel mehren sich. Du weißt schon, diese Momente, wo plötzlich alles taghell erleuchtet ist, um danach komplett wieder im Dunkel zu versinken.

Und ehe du dich's versiehst, hast du eine gemeinsame Geschichte mit Kurt. Ich meine etwas, was du an ihm bewunderst und was dir bei all deinen Lovern nicht begegnet ist. Etwas, wofür du noch keinen Namen hast.

Bei nichts, was er tut und läßt, fühlst du dich bedrängt. Du weißt und siehst und fühlst zwar, was er will, aber er überläßt nicht nur die Entscheidung, sondern schon die Initiative dir.

Das ist ein kleiner, aber bedeutsamer Unterschied.

Meinst du nicht, es wäre endlich mal an der Zeit, dir selbst was Gutes zu tun? Dir mal einen Mann wie Puschen zu leisten?

Du hast dir doch nun wirklich oft genug die falschen Schuhe gekauft. Entweder sie erfüllten nicht ihren Zweck, oder aber sie drückten und zwickten.

Aha, gut. Also noch nicht. Vorläufig ist dir mit einem Randbauern als dankbarem Publikum gedient. Aber du weißt wie jedeR Schachgroßmeisterln, daß im Verlauf des Spiels die Randbauern schließlich zentrale Bedeutung gewinnen.

Dein Entschluß ist in Ordnung. Es ist wahrscheinlich auch lange her, daß du dir dieses Single-Leben zugestanden und zugetraut hast. Aber du siehst dich ja auch jetzt nicht als »richtige« Alleinstehende. Du läßt ja Michael Kamm sozusagen nur Zeit zum Nachdenken. In deiner Sicht der Wirklichkeit gehört ihr ja immer noch zusammen. Aber das hat noch nicht einmal »er« mitgekriegt, so gut hast du das geheimgehalten.

Egal, tummle dich mit deinen Spirenzchen im Hirn und mit Herrn Kurt. Es ist schon recht. Wer verlangt denn eigentlich, daß wir uns immer sofort für irgendwas entscheiden müssen? Niemand. Und wenn es einer täte, er hätte unrecht.

Wir können nicht alles sofort in Handlung umsetzen. Manchmal müssen wir auch unserem Unbewußten Zeit las-

sen. Und in vielen Fällen ist es nicht der gesunde Mittelweg, der den Ausweg in sich birgt, sondern die gesunde Ambivalenz. Und die müssen wir erst noch ertragen lernen. Du auch.

In diesen meistgehaßten Entscheidungssituationen, wo es exakt fifty/fifty steht, gibt es allerdings nur eines: Augen zu und durch. Wenn wir uns genau in der Mitte zwischen den Stühlen befinden, sollten wir uns möglichst zügig für einen entscheiden. Denn »wie man's macht, ist es sowieso verkehrt«. Und deshalb ist jede Entscheidung die richtige.

Kannst du eigentlich den Finger drauflegen, warum du denn letztlich doch mit dem Aktenwälzer schlafen wolltest? Eigentlich einfach so.

Scharf geworden, und er war da.

Und was du über die Härchen deiner rechten Körperseite zu erzählen weißt, hört sich doch eigentlich auch recht vielversprechend an. Oder?

KAPITEL 5

Aktendeckel und ein alter Stich

Er merkt es nicht, der dröge Dünne. Aber er ahnt es, daß er in Gefahr ist, von seinen gediegenen Bahnen aufs angenehmste abzuglitschen. Und wenn er ganz ehrlich ist, hat auch er eine Träne im Auge, wenn er den Duft von Rosenbeeten in der Nase hat und Krinolinenkleider rascheln hört.

Kurt Sichelbach ist ohne Zweifel dabei, sich den Clondyke jedenfalls teilweise anzuziehen. Ganz gegen alle seine Überzeugungen. Sicher, er fand Dagmar höchst begehrenswert. Und genauso sicher hing er schon lange nicht mehr an dem alten Glaubenssatz: »Wer zweimal mit derselben pennt, gehört schon zum Establishment.« Im Gegenteil. Er hat ihren Namen durchaus häufiger auf seinem ganz persönlichen Planer eingetragen. Aber daß diese merkwürdige Frau, die seiner Wesensart nun so etwas von überhaupt nicht entspricht, daß die ihm so durch seine sonst gut geschützten Gefühlsporen dringen konnte, damit hatte er wahrhaftig nicht gerechnet. Nicht im Traum. Er hatte sich sicher gefühlt, weil sie so total anders war als er. Und nun ist er in Gefahr, eben weil es so ist.

Denn Kurt liebt ihre Wirkung auf ihn. Er liebt es, wenn sie in ihren Phantasien schwelgt und ihn mitnimmt, ihn entführt aus einem tristen Realisten-Dasein. Er kann sogar der Situation mit dem Gerichtsvollzieher einen gewissen Unterhaltungswert abgewinnen – solange sein Auftreten nicht zur Gewohnheit wird.

Anfangs hatte Kurt Sichelbach geglaubt, alles in der Hand

zu haben. Die Belagerung der Feste Dagmar war strategisch klug angelegt und daher auch von Erfolg gekrönt. Jetzt aber zieht sie ihn, ohne es direkt anzupeilen, das merkt er ja, hinüber in ihre Welt. Sie nimmt ihm das Steuer aus der Hand. Und das überrascht ihn. Um es gelinde auszudrücken. Aber noch viel mehr wundert ihn, daß er sich so gar nicht beraubt fühlt.

Im Gegenteil. Er ist zwar Realist, aber wenn die spinnende tosende Dagmar nicht da ist, fühlt er sich auch nur als solcher. Und zum ersten Mal in seinem Leben fällt ihm auf, daß das irgendwie gar nicht guttut.

Im Vordergrund seiner Vorstellungen bestehen noch flüchtige Ideen, Dagmars Leben in Ordnung zu bringen. Sie an den Sinn von Steuererklärungen heranzuführen. Im Grunde seines Herzens oder was auch immer da zu ihm spricht, weiß er aber längst, daß er damit keinen Erfolg haben wird.

Und daß sie – trotz kleinem Unterschied und Penetration – längst tiefer in ihn eingedrungen ist als er in sie.

Alles scheint bislang nur eine Ahnung, eine Wahrnehmung am Rande zu sein. Und doch. Kurt ist schon wunderbar gefangen und weiß selbst nicht, ob er es so gewollt hat, und wenn ja, warum. Er fühlt nur, daß er sich hilflos gerne von all diesen Idiotien umschlingen und verführen läßt.

Verführen zu Träumen, die er ohne Dagmar nie geträumt hätte. Zu Situationen, in die er ohne sie niemals geraten wäre. Und vor allen Dingen zu für ihn ganz unerhörten und nie gekannten Gefühlen.

Kurt hatte sich nie ganz wohl gefühlt in der Gesellschaft von MannMännern. Denn die artete meist nach wenigen alkoholischen Getränken in irgendeine Art von Kumpanei aus, die ihm zutiefst zuwider war. In ihren Gesprächen über »Mädels«, Weltpolitik und Sport rezitierten die Beteiligten eigent-

lich immer nur aneinander vorbeilaufende Monologe, wobei jeder für den anderen nicht viel mehr sein wollte und sollte als ein Stichwortgeber. Wann immer er sich in solchen Runden verführen läßt, eine Frage tatsächlich zu beantworten – wie bei Michael Kamm –, bekommt ihm das bis heute regelmäßig schlecht. Entweder fängt er sich damit einen Vortrag ein, bei dem jedem die Zeit wie im Flug vergeht, nur ihm nicht. Oder er erntet eines oder sogar mehrere Etiketten – von »Stiesel« über »Langweiler« bis zu »typisch Jurist«. Andere Männer mögen offensichtlich Gespräche nicht. Jedenfalls nicht die Sorte, die er mag. Deshalb findet er auch Unterhaltungen mit Frauen »kultivierter«.

Frauen hatte es schon gegeben in Kurts Leben, aber sie waren bisher nicht sehr zahlreich, weil alle immer nur das eine wollten: Sex pur. Oder aber sie wollten das andere: ihn mit Haut und Haaren, Geld und Wohnung, Rentenanspruch und allem, was noch so zu haben ist an ihm. Keine der beiden Alternativen hatte ihm so recht behagt.

Klar war da mal was gewesen. Aber ebenso klar war, daß er nicht auf fünfundzwanzig kam – wie Dagmar. Vielleicht auf die Hälfte – obwohl er nicht genau mitgezählt hatte. Und obwohl Konkurrenz und Eifersucht natürlich nicht sein Ding waren.

Wie also hatte Dagmar es auf diese Zahl gebracht? War sie eine Lumpenlotte? Fiel sie auf jeden rein? Dann wollte er sich natürlich nicht in diese schändliche Reihe eingliedern lassen. Und trotzdem ist er bereits drin. Was soll er machen?

Es ist wie eine verschärfte Form von *penis captivus.* Ein *homo captivus* vielleicht. Mindestens fühlt Kurt sich zeitweise so. Aber das Merkwürdige ist: Er leidet so gut wie gar nicht darunter. Er genießt es sogar.

Vielleicht erfreut sich auch deshalb diese bekannte Phantasie über die den Penis einklemmende Scheide so all-

gemeiner Beliebtheit, speziell bei den Männern. Vielleicht wollen sie ja mal so richtig von uns hergenommen werden. Und da sie nicht recht wissen, wie sie denn ihre Wünsche an die Frau bringen sollen, hängen sie sich mit sturer Verbissenheit an die Idee von der Scheide, die in der Lage ist, nicht nur den Penis, sondern auch den ganzen daranhängenden Mann »festzunageln«.

Zurück zu Kurt.

Er weiß nicht mehr genau, was er zu Anfang von Dagmar gewollt hat. Vielleicht ist sie ihm gleich als Ausnahme aufgefallen. Vielleicht hat sie ihm aber auch damals, als er als Überraschungs-Ei in ihre Party geplatzt worden war, nur leid getan mit ihren Claqueuren und Charmeuren (besonders dem einen), die sie eigentlich gar nicht kannten.

Aber wie konnten sie auch? Denn an den anderen liegt ihr ja. Deshalb hatte sie vor ihnen ihre überaus gelungenen Inszenierungen losgelassen. O ja, er ist sich im klaren darüber, daß sie ihn anfangs nicht ernst, nicht einmal wahr-genommen hat. Vielleicht als Mensch, aber nicht als Mann. Und in gewisser Weise hatte sich das nicht verändert.

Eigentlich hat er mit Dagmar nie das Gefühl gehabt: Erklär mir einer die Frauen. Obwohl es nun gerade bei ihr genügend Anlässe dafür gäbe.

Er versteht sie und sich mit ihr, weil – irgendwie ist es mit ihr fast wie mit seinen Freunden, die er in Winsen an der Luhe hat zurücklassen müssen.

Da war also nicht direkt eine Lücke für sie, weil er eigentlich Freunde, männliche Freunde, (ja, ehrlich, so was gibt es in Norddeutschland) gesucht hatte. Aber das, was er suchte, gab es in dieser Form in Düsseldorf nicht.

Mal davon abgesehen, daß er die ständig notwendige Abgrenzung von Leuten für eine Vergeudung von Energie hält, war es ihm auch schlicht und einfach zu anstrengend, sich

durch zig Leute hindurchzuwühlen, in der vagen Hoffnung, vielleicht doch noch eines Tages auf die einzigen zwei zu treffen, die sich den Hohlraum im Kopf nicht haben versiegeln lassen.

Es gab hier nicht potentielle Freunde, es gab nur Szene-FürstInnen. Und dann gab es natürlich noch die AnhängerInnen. Früher hatte man so etwas Hofstaat genannt. Aber da hatte es auch noch richtige Könige und Königinnen gegeben, die Hof hielten.

Dagmar ist so eine Königin. Das Besondere an ihr ist nur, daß sie es noch nicht bemerkt hat. Und so hatte er Dagmar gefunden, obwohl er sie gar nicht gesucht hat.

Dann waren da außerdem noch ein paar Miefquirle und andere Schaumschläger, die aber noch nicht einmal als »Bekannte« taugten. Deshalb machte es ihn (wie wir bald erfahren werden) immer richtig fertig, wenn Dagmar plötzlich und unerwartet im Munde irgendwelcher Fremden zu seiner »Bekannten« mutierte. Obwohl er weiß, daß diese unverheiratete Begrifflichkeit schwierig zu handhaben ist für Staatlich Geprüfte Eheleute, empfindet er diese Beziehung schlicht als beleidigend. Schließlich stehen sogenannte Bekannte in der Rangreihe nur eine Stufe über »Unbekannten«, oder etwa nicht.

Da ist ihm doch der juristische »Lebensabschnittspartner« fast noch lieber. Hier macht man sich jedenfalls Gedanken über die Tatsache, daß Sprache, daß Worte etwas aussagen. Und das auch sollen.

Das Wort »BekannteR« ist zwar handlich, aber eine Verlegenheits-Hülse; »LebensabschnittspartnerIn« ist ein Monstrum, aber es trifft den Kern der Sache exakt, ohne zu diskriminieren. Was im Zusammenhang mit Partner- und Elternschaft allzu leicht passiert. Siehe die belastenden Begriffe »Einelternfamilien« oder »unvollständige Familien«.

Jedenfalls hatte Dagmar sich in seinen Augen von allen anderen wohltuend abgehoben. Als er sie zum ersten Mal sah, auf der Party, dachte er zwar, daß er es hier wieder mit einer verhinderten Hanseatin oder Grande Dame zu tun hatte. Dann aber hatten ihn ihre Nöte angeflogen, die außer ihm unbegreiflicherweise niemand zu bemerken schien. Er war vollkommen erledigt von der Dickfelligkeit der Anwesenden.

Und so war er in die Rolle des Fürsorglichen hineingeraten. Die steht ihm auch ganz gut. Er hat zwar auch sogenannte »männliche« Qualitäten, die aber eher »under cover«. Man bzw. frau muß schon sehr genau hinschauen oder über viel Phantasie verfügen, um hinter dem Versicherungsjuristen einen aufregenden Mann zu vermuten. Dagmar ist zwar mit ausreichend Phantasie begabt, hat sich aber nie bemüht, etwas in ihm zu entdecken. Die Gelegenheiten, die er bekam, um mit Liliensträußen, Rettungen in höchster Not und Geistesblitzen zu glänzen, waren mindestens so dünn gesät wie sein Haar. Und was er ansonsten vorzuzeigen hatte – seine Wärme, seine Fürsorge –, das glänzte nicht so fürchterlich.

Und was hast du eigentlich immer für Schwierigkeiten mit Geschenken, Mietnachlässen etc., liebe Dagmar?

Daß du – trotz aufgestellter rechtsseitiger Körperhärchen – nicht mehr mit dem Herrn von der Jurisprudenz schlafen willst, nachdem dieser den Gerichtsvollzieher abgefunden hat – nun gut.

Aber grundsätzlich ist die Sache doch Quatsch. Okay, Geld ist ein anerkanntes Zahlungsmittel; Raketenräder, Montgolfieren, Tand und Flitter nicht. Aber all das lindert bei Kurt S. die Schlingensiepenschen Herzschmerzen und entlastet ihn. Du hilfst ihm mit Phantasie, er dir mit Kohle.

Wir können all das, was wir einsetzen, nicht immer in gleicher Münze einfordern. Das ist auch nur eine schlechte kapitalistische Angewohnheit.

Dir liegt doch immer so viel an Gleichberechtigung – warum machst du von dir aus auch den Unterschied, ob Not am Mann oder an der Frau ist?

»Nehmen ist seliger denn Geben« – das sollten sich die Frauen endlich mal hinter die Ohren schreiben. Wir Frauen müssen unsere eigenen Weisheiten entwickeln, wenn wir uns weiterhelfen wollen. Denn für Frauen sind vollkommen andere Aufgaben schwer zu bewältigen als für die meisten Männer. Zum Beispiel diese: Lob oder Geschenke oder eine Gehaltserhöhung anzunehmen als Selbstverständlichkeit. Und nicht als milde Gabe oder als Verpflichtung zu einer wie auch immer gearteten Gegenleistung, und sei es auch nur das Erfinden von rauschenden Festen. Frauen gehören sich selbst und sind nicht käuflich. Aber alles, was sie zu bieten haben, hat einen Wert.

Kurt Sichelbach hast du natürlich von der oberen Büroetage wieder auf den Schulhof versetzt – fluchend, fröstelnd und verwirrt. Nicht mehr Herr seiner eigenen Lage; aber wie er das genießt! Und merkwürdigerweise habe ich bei ihm die ernsthafte Vermutung, daß er keiner dieser windigen »Feministen« ist, die immer viel besser als jede Frau wissen, was gut für Frauen ist und welche Bücher sie unbedingt lesen müssen.

Ich glaube, Kurt Sichelbach ist einfach eines dieser seltenen männlichen Exemplare, die Frauen genuin um Begabungen beneiden. Die sich heimlich und still ans Werk des Abkupferns machen. Die aber genauso davon ausgehen, daß wir von ihnen was gebrauchen können.

Und da sitzt er nun und läßt sich von Otto über Dagmars Abwesenheit hinwegtrösten, rührend besorgt um geschlos-

sene Fenster – ein Ideal an Fürsorglichkeit. Fast zu gut, um zu glauben zu sein. Aber er ist wahr. Es gibt solche Männer. Sie springen uns nur nicht so ins Auge. Und wenn, dann durch ihre Ideen. Zum Beispiel dadurch, nicht nur Blumen, sondern aus gegebenem Anlaß auch mal Wellensittiche für sich sprechen zu lassen.

KAPITEL 6

Die Kralle im Fleisch

Wer von uns hätte sich jemals Kurt Sichelbach als Muse vorstellen können?!

Ich nicht. Ich denke da immer eher an Erscheinungen wie Elke Koska, die Frau und Muse von H. A. Schult. Wobei in diesem Fall nicht so sehr das Geschlecht den Unterschied macht, sondern die Tatsache, daß sie aus sich selbst ein Kunstwerk gemacht hat, das an Originalität kaum zu wünschen übrig läßt.

Aber offensichtlich ist man als Frau bei dieser Sorte fürsorglichem Mann nie vor Überraschungen sicher.

Na schön, Kurt hat sich immer für Dagmars Arbeit interessiert, sie auch ernst genommen. Dagmar auch im Zweifelsfall mal aufgerichtet. Und er hat ihren Ehrgeiz angekurbelt, wie wir aus dem vorigen Kapitel wissen. Er hat ihr den Schubs in die Initiative verpaßt, den sie dringend nötig hatte. Von jemandem, der ihr sagte: »Paß auf, du bist gut. Mach was draus. Mach *mehr* draus!«

Und so ist sie dann – Kurt sei Dank – in die Puschen gekommen (eigentlich müßte es *aus* den Puschen heißen) und hat »den Rest« selbst erledigt. Es hatte nur noch dieses kleinen Kicks bedurft, sie in Gang zu setzen.

Statt wie unter Kammscher Herrschaft das Telefon zu hypnotisieren, greift sie höchstselbst zum Hörer. Statt sich in positiver Vorsatzbildung zu üben, fährt sie nach Hamburg, um sich vorzustellen. »Von Ehrgeiz zerfressen«, wie einige der

früheren begeisterten Mit-Dümpler naserümpfend kommentieren. Sie übernimmt wieder die Regie.

All dies ausgelöst durch die an sich vollkommen normale Tatsache, daß jemand sie und ihre Arbeit ernst nimmt.

Und der ihr endlich mal das »Think big« nahebringt. Das, was wir Frauen am dringendsten lernen müssen.

Mehr brauchen wir normal-behinderten Frauen eigentlich gar nicht, um uns erfolgreich durchzusetzen und in der Folge auch zu lieben: »Think Big« am Spiegel und uns selbst im Blick.

Wir sehen ja, was dabei rauskommt: nur Gutes.

Dagmar hat nicht nur wieder die Initiative ergriffen in ihrem Leben. Sie traut sich – musenkurtgeküßt – auf Neuland vor. Und erobert es.

Kurt »bemust« sie durch blanke Anwesenheit – siehe Otto von Bismarck auf seinem Kopf –, und Dagmar setzt es um. Und tatsächlich entpuppt sich dieser Mensch langsam, aber sicher als Hauptgewinn. Dagmar will es nur nicht so recht wahrhaben. Sie träumt, wie könnte es anders sein, immer noch vom Dumpfling Michael.

Allerdings hat sie sich in freiwilliger Selbstkontrolle schon auf die körperlichen Aspekte eingeschränkt. Wohl im Interesse einer erfolgreich lustvollen Erinnerungspflege. Alles andere hat sie in die Ablage verbannt.

Kurt S. ist längst »ihr« Kurt. Sie hat es nur noch nicht gemerkt. Besser: Sie weigert sich noch, es zu bemerken, da sie verschärft um den Traum vom glamourösen Leben fürchtet.

Deshalb weist sie diesbezügliche Vermutungen von Sabine Sträter, die ihr ja diesen Überraschungsgast eingebrockt hat, entschieden zurück. Aber sie muß schon die drei Affen spielen, um das zu tun. Um nicht zu sehen, daß sie bereits Besitzansprüche stellt. Um nicht zu hören, daß und wie

sie von ihm spricht. Und um nicht zugeben zu müssen, daß ihr Bild von der Liebe verdächtig auf der Kippe steht.

Deshalb wohl muß Dagmar so verzweifelt deklamieren, daß da nicht sein kann, was nicht sein darf. Deshalb muß sie beschwören, daß es gar nichts ist, was sie da fühlt. Daß sie nämlich gar nichts fühlt. Und doch strafen ihre Reaktionen ihre Worte Lügen. Sie wehrt sich verzweifelt gegen etwas, das sie als Banalisierung der Liebe empfindet. Gegen die Erkenntnis nämlich, daß ihr Leben niemals Spielfilm-Qualität erreichen wird.

Als Dagmar die Vorlage für das Poster fertigstellt, fühlt sie sich plötzlich erleichtert und befreit. Und zwar exakt in dem Moment, als sie vor Augen hat, was sie sich am Nachmittag nur hatte vorstellen können. Sicher hat diese Entspannung zu tun mit der Befriedigung, die sie dabei empfindet, endlich einmal kein Hirnschmalz produzieren zu müssen.

Dagmar verfremdet das Bild, das sich ihren Augen bietet. Aber sie stellt – ohne es zu wissen – das exakte Abbild ihrer Realität her. Und dieses Bild überdeckt in diesem Moment alle Abziehbilder, die sie im Kopf, im Herzen, im Bauch oder wo auch immer hat.

Sie sieht die Einheit der Gegensätze. »Schorfiges in Umflaumtem. Horn in Poren. Spitzes in Weichem.« Krallen in Haut. Montgolfiere und Anker. Gabriele Henkel und Misanthrop. Yin und Yang. Frau und Mann.

Und sie sieht Dagmar und Kurt.

Aber nur ganz kurz.

Noch bist du nicht ganz so weit, Dagmar, nicht wahr? Es sind immer noch kurze Blitze, die die wahren Konturen nur Bruchteile von Sekunden ahnen lassen. Aber je häufiger es blitzt, desto vollständiger wird das Bild.

Aber in deinem Innersten, glaube ich, bereitest du dich schon auf den Abschied vor. Auf den Abschied von Phantomen, die sich in deinem Leben mehr als breitgemacht haben.

Natürlich wirst du dich auch hier wieder auf die schönsten Rückfälle gefaßt machen dürfen. Aber wenn du erst mal die Kribbel-Liebe endgültig aus der Pflicht entlassen hast und mit ihr den Korsaren, dann kannst du dich deinem wirklichen Leben widmen und im Diesseits schon jubeln und schlemmen und spielen und vor allem dasein.

»Eine Frau, die sich befreit hat, besitzt emotionale Beweglichkeit. Sie ist in der Lage, sich auf etwas hinzubewegen, das ihr Befriedigung schenkt, und sich von allem abzuwenden, das ihr keine Befriedigung gibt.
Sie hat auch die Freiheit, erfolgreich zu sein: Sie kann sich Ziele setzen und alle Schritte unternehmen, um diese Ziele zu erreichen – ohne Angst vor dem Versagen. Ihr Vertrauen entspringt einer realistischen Einschätzung ihrer Grenzen und ihrer Fähigkeiten. . . .«

Colette Dowling: Der Cinderella-Komplex

Lieben willst du.

Sollst du auch. Kannst du ja auch. Aber nicht mehr mit all diesen 3-D-Bildern im Kopf, die dich nur verdummen.

Verabschiede dich endgültig von diesem blöden Kakadu! Und freu dich an Otto von Bismarck.

Vergiß Michael Kamm und genieße Kurt Sichelbach. Und vergiß die Frau, die du hättest werden *sollen,* und freue dich an Dagmar Eickhorn, so wie sie ist.

Nein, ich weiß, das ist nicht »dein« Kurt. Du hast es oft genug beteuert. Ihr paßt nicht zusammen. Ihr seid nie einer Meinung. Du findest ihn steril. Eure Beziehung ist rein seelisch-platonisch.

Lieben willst du. Mit feuchten Händen. Himmelhoch jauchzend zu Tode betrübt.

Und am liebsten alles auf einmal und ununterbrochen. Ja? Und wann, meine Liebe, willst du denn dann bitte schön die Zeit finden, das nächste Poster zu machen?! Wann eigentlich willst du arbeiten, wenn du ununterbrochen flimmerst?

Ganz abgesehen davon, daß diese Gefühlsorkane nicht zu Liebe, sondern zu einem ganz frühen Stadium von Verliebtheit gehören. Aber diesem Irrtum sitzt nicht nur du auf. Und es ist dies auch nicht das Problem von dir und einigen wenigen Privatpersonen, sondern von den meisten Menschen.

Verliebtheit geht – entgegen einem hartnäckigen Gerücht – NICHT automatisch in Liebe über. Verliebtheit ist nicht die Vorstufe zur Liebe. Verliebtheit hat mit Liebe ebensoviel oder -wenig zu tun wie mit Partnerschaft oder Ehe.

All unsere klugen Überlegungen und Debatten drehen sich daher oft nicht um die Liebesheirat oder -partnerschaft, sondern um Verliebtheits-Ehen oder -Partnerschaften. Das sind Ehen oder Partnerschaften, in denen die beteiligten Partner versuchen, den ursprünglichen Zustand der Verliebtheit so lange wie möglich zu konservieren.

Das heißt: Erst tun sie alles mögliche, um das erste ganz wunderbare Kribbeln des Unbekannten so schnell wie möglich wieder loszuwerden. Sie kommen, wenn möglich, ohne Verzug zum Vollzug.

Und wenn das dann geschafft ist, fangen sie an zu perfektionieren und zu konservieren.

Alles muß so bleiben, wie es ist. Nichts darf sich mehr entwickeln. Veränderung ist Mord. Starrheit wird zum Gütesiegel. Nach dem Motto: »Wir basteln uns eine Liebes-, Verzeihung: Verliebtheits-Konserve.«

Und genau da kommen wir unweigerlich in den Wald.

Es stimmt schon: Kein Gefühl der Welt ist so schön wie das Verliebtsein. Wenn die Knie schlackern, das Herz bubbert, die Schmetterlingsflügel an den Wänden der Eingeweide vorbeistreichen, und eineN bei der Erinnerung an die letzte Berührung kalte Schauer überlaufen und eine leichte Übelkeit befällt. Einfach zu schön, um wahr zu sein. Nein, halt: einfach zu schön, um von Dauer zu sein.

Und deshalb – die kluge Frau baut vor – hat sich Dagmar in ihrer Zeit vor dem Korsaren nicht in Männer, sondern lieber gleich in den Zustand verliebt. Und setzte ständig all ihre Kraft darein, ihn sich zu erhalten. Weil es, wie wir mittlerweile wissen, für sie auch ungefährlicher war.

Ganz nützlich waren ihr dabei diverse Partnerwechsel. Denn mit der Zeit wurde es einfach anstrengend, diesen wirklichen Ausnahmezustand in immer kürzeren Abständen immer künstlicher in immer den gleichen Situationen mit immer dem gleichen Partner herzustellen.

Und dann verliebte sie sich in Michael Kamm. Mit allem Drum und Dran.

Das erschwerte natürlich die freie Wechselei erheblich. Außerdem machte auch sie den verbreiteten Fehler, diese außerordentliche Körper-Geist-Psyche-Konstellation als Anlaß für eine Dauerbeziehung fehlzuinterpretieren. Dabei schwindet die Spannung doch ganz von selbst. Ohne daß wir etwas dazu beitragen müßten. So wie das Ozonloch eben immer größer wird, wenn wir einfach immer nur weiter auf Verordnungen »von oben« warten.

Wenn wir versuchen, das ungleiche Paar Verliebtheit und Alltag zusammenzubringen, töten wir etwas. Das Kribbeln im Zustand der Verliebtheit ist etwas, das zustande kommt durch den Widerspruch zwischen »sich hingezogen fühlen« und »nicht zusammen sein«, zwischen »unbekannt« und »vertraut«, zwischen »haben wollen« und »nicht haben«.

Wenn ein Wunsch erfüllt wird, ist die Sehnsucht überflüssig und damit die Spannung weg. Schon gar, wenn die Realität anders aussieht, als nüchternste Träume es erlaubt hätten. Jeder von uns kennt dieses Phänomen. Aus der eigenen Liebesgeschichte und auch aus dem praktischen politischen Anschauungsunterricht, Thema Wiedervereinigung. Wie haben wir alle auf die Schandmauer geschimpft, als sie noch stand. Und zu Weihnachten stellten wir immer Kerzen in die Fenster. Als Erinnerung an unser höchstes Ziel. Und jetzt?

Man kann kaum glauben, daß der sehnlichste Wunsch der Deutschen in Erfüllung gegangen ist. Die einen können die anderen gar nicht schnell genug abwickeln. Das ist im nachverliebten Zustand zwischen zwei Menschen nicht viel anders.

Hier wie da fehlt es an kreativem Denken. Denn ohne das gibt es für die komplexen Fragestellungen von heute keine Lösungen mehr – weder auf der individualpsychologischen noch auf der gesamtgesellschaftlichen Ebene.

Stillhalten und Erdulden sind die falschen Methoden.

Aber dein Kribbeln, in der Situation mit Sabine, meine liebe Dagmar, hatte auch noch ganz andere Ursachen. Na? Graust es dir? Ahnst du es schon? Trete ich dir zu nahe?

Du hast es schon richtig erfaßt: Egal, wie oft du Sabine Sträter nackt in irgendwelchen Umkleideräumen gesehen hast, egal, wie oft ihr euch schon geherzt und geküßt habt – dieses hier ist eine vollkommen neue Situation.

So wie nach der Trennung von Michael Kamm. Es hatte dir früher nie etwas ausgemacht, ohne ihn zu schlafen. Nachdem aber diese endgültige Verabschiedung erfolgt war, kriegte das »Allein-im-Bett-Sein« eine völlig andere Bedeutung.

Irgendwie endgültig. Symbolisch.

In beiden Fällen hast du die Situation verändert.

So auch jetzt mit Sabine. Ihr seid in diesem Moment nicht zwei Freundinnen, die sich zufällig zusammen aus- oder umziehen. Sondern zwei Frauen, die etwas im weitesten Sinne Sexuelles miteinander vorhaben.

Frauen tun häufig »Sexuelles« miteinander, viel häufiger jedenfalls als heterosexuelle Männer. Sie küssen, sie umarmen sich, halten sich, sprechen über ihre Sexualität. Da aber derlei Dinge in unserem bisherigen eingeschränkten Verständnis von Sexualität nicht vorkommen, sind wir befangen und kriegen, wie Dagmar, das große Flattern, wenn uns der sexuelle Charakter dieser Beziehungen bewußt wird.

Aber das ist noch nicht alles zwischen dir und Sabine Sträter. Schließlich habt ihr auch eine ganz fest umrissene Rollenverteilung.

Du bist die Fordernde. Du willst etwas von ihr, nämlich, daß sie sich auszieht. Du bist Subjekt. Und du spürst, was Subjektsein in dir auslöst. Und du kannst es um so besser genießen, als du Sabine nicht zu deinem Objekt machen mußt.

Und irgendwie schlägst du dich ganz wacker, finde ich. Du merkst, daß da bei dir ganz vieles losgeht, aber du weichst dem nicht aus. Wahrscheinlich ist dein Flimmern ein Cocktail aus Erregung und Unsicherheit über viele Dinge: über die erste selbstbestimmte Arbeit deines Lebens, das erste ernsthafte Messen an der Realität, die erste bewußt herbeigeführte ungewohnte sexuelle Nähe mit einer Freundin. Und zum ersten Mal seit langem wieder das Gefühl, nicht Objekt, sondern Subjekt zu sein.

Aber die Angst ist wohl doch noch zu groß. Und deshalb springt dich, wie so oft in angstbesetzten Situationen, ein kreativer Ausweg an. Du brauchst die alkoholische Enthemmung nicht mehr, die sowieso die Schmetterlinge im Bauch nicht hatte besiegen können.

Vielmehr kannst du dich nun auf die Umsetzung deiner Vision konzentrieren. Und auf die Debatte über die fehlenden Schmetterlinge in Beziehung auf Kurt Sichelbach.

Erinnerst du dich noch? Das ist der Mann, mit dem du zum ersten Mal ein Zusammenleben wagen willst. Das hältst du zwar sogar vor dir selber noch geheim, aber wir werden später noch erfahren, daß du in konspirativen Gesprächen mit Usch bereits vorsichtig Partei für ein solches Experiment ergriffen hast.

Du denkst zwar im Kopf deine Angst um Unabhängigkeit, aber im Bauch hast du sie nicht. Beide Seiten willst du ausleuchten. Und das tust du interessanterweise umgekehrt: die Kopf-Seite mit deiner Bauch-Freundin und die Bauch-Seite (in bislang noch geheimgehaltenen Konferenzen) mit der Kopf-Freundin.

Deshalb denke ich, du hast dich schon entschieden. Du kannst auf diese Art und Weise deine Ambivalenzen aussprechen, ohne um die Validität deiner Argumente fürchten zu müssen.

Kurt ist übrigens auch der Mann, der die begriffliche Welt deines Otto von Bismarck in mühevoller Kleinarbeit um das entscheidende »Schliepich« erweitert hat. Den Vogel belastet es in seiner naturgegebenen Ignoranz nicht weiter, als Postillon d'amour mißbraucht zu werden.

Und übrigens ist das auch der Mann, mit dem du nie einer Meinung bist; der Mann, dem du (als Ausgleich für finanzielle Leistungen seinerseits) eine Einladung nach Venedig in Aussicht gestellt hast, und der Mann, auf dessen Schoß du dich auch mal zusammenkringeln kannst, wenn dir das Geschehen außerhalb deiner vier Seelenwände langsam, aber stetig immer mehr ins Bewußtsein rückt.

Ein Mann, der dir nicht Kraft raubt, sondern sie dir läßt und gibt. Ein Mann wie Milch und Honig.

KAPITEL 7

Satin und Mummelsocken

Statt reiner Seide nur Baumwoll-Satin. Statt Herzflimmern nur Einkringeln. Statt erotischer Junger-Neufundländer-Spiele nur warme, einschlaffreundliche Füße. Statt Erregung Geborgenheit. Statt Coolness Wärme. Statt Wanderschaft Zuhause. Verläßlichkeit. Gewohnheit. Trott. Alltagstrott.

Und ausnahmsweise einmal Flimmerflitter, Einladungen à la Gräfin Schönfeldt, Glanz und Gloria und ein verruchter Traum von einem Kleid für die Heldin. Mit einem atembefreienden Dekolleté.

Dreißig geladene Gäste zum kalten Büfett. Einsames Glanzlicht in tristem Alltags-Einerlei.

Dagmar wütet und brütet in der Küche.

Zweiunddreißig Personen.

Da steht sie nun mit ihrem Traum vom wahren Film-Dasein im Kopf und der zu bearbeitenden Sellerieknolle in der Hand und fragt sich, wie sie die Enttäuschung ihres Lebens bewältigen soll. Statt glühender Liebesschwüre, verzehrender Sehnsüchte und lodterndem Verlangen läuft in der jetzt gemeinsamen Wohnung von Dagmar und Kurt ein ganz anderer Film ab. Der uns allen sattsam bekannte Film der Filme.

Der, den wir alle kennen. Der, den wir alle nicht wollen, der aber dennoch täglich gespielt wird.

Hattest du behauptet, die Leute würden nach zehn Minuten gähnender Langeweile das Kino verlassen? Ich schwöre, die Frauen bleiben sitzen bei diesem Programm.

»Live Is Life«.

»Man« hat sich Gäste eingeladen. »Man« will die Lebensabschnittspartnerschaft mit einem Tusch bekanntgeben. Und »frau« steht in der Küche und tobt.

Hatte Usch dich nicht nachhaltig gewarnt vor der alten Frauenfalle?

»So wiederholt sich immer von neuem das alte Rollenspiel auf dem Hintergrund der von der Bibel festgelegten Ungleichheit der Geschlechter, und immer von neuem wird den Frauen das Bewußtsein von der eigenen Kraft und Würde erschwert, indem man ihnen Schuldgefühle anlastet. Dabei wäre es doch so einfach, eine partnerschaftliche Gleichberechtigung auf der menschlichen Ebene herbeizuführen.
Adam und Eva waren doch nicht nur durch ihre Geschlechtlichkeit bestimmt und getrennt, sondern gleichzeitig verbunden durch ihr Menschentum.«

Ingeborg Weber-Kellermann in: Almuth Massing/Inge Weber: Lust & Leid

Wüte nicht still vor dich hin, Dagmar. Entweder du läßt jetzt die Knolle Knolle sein und die Forellenfilets und was da sonst noch auf Bearbeitung wartet. Oder du machst, was du dir vorgenommen hast, und schlägst dich nachher mit Kurt. Der heiße Tip, Wut durch Schlagen der Sahne oder heftige Tritte gegen den Papierkorb loszuwerden, funktioniert nicht. Das müßte dir eigentlich noch von dem letzten Katastrophen-Fest mit Michael Kamm in den Knochen stecken. Damals wolltest du dir die große schwarze Wutblase im Bauch bis zum dritten Stock abarbeiten, die aber dann doch erst an »Susi-Schätzchen« zum Platzen kam. Wut bleibt nun mal Wut. Da nützt Körperertüchtigung relativ wenig und Gewalt gegen Lebensmittel gar nichts.

Außerdem kennst du doch diesen deinen Zustand vor irgendwelchen selbstverantworteten Festen. Der Vorbereitungsstreß beschert dir offensichtlich regelmäßig die Muße, dein Leben und alles, was dir wichtig ist, grundsätzlich in Frage zu stellen.

Trotzdem: War das damals nicht haargenau dasselbe? Sind das nicht exakt die gleichen Bilder?

Nein. Sind sie nicht. Bei näherem Hinschauen kann man und auch frau durchaus zufriedenstellende Unterschiede feststellen.

Ich weiß, Zufriedenheit ist nicht exakt das, was du dir als Lebensgefühl bestellt hattest. Und ich weiß auch, daß du momentan weder in der Stimmung noch in der Lage bist, diese beiden Situationen zu vergleichen. Deshalb tu' ich das mal für dich.

Es sieht alles ganz ähnlich aus. Dagmar Eickhorn in wütenden Vorbereitungen zu einem Fest nach ihrem Geschmack. Irgendwo im Hintergrund ein Mann. Ein Riesenkrach.

Ja, und das war es dann auch schon mit der Ähnlichkeit.

Ich kann dir jetzt nicht alle Unterschiede aufzählen, aber grundsätzlich fällt auf, daß Kurt deine Fest-Idee nicht nur »mitträgt«, sondern auch plant und rennt und schleppt. Als Michael damals diese Aktionen deinerseits belächelte und ersatzweise ein Schmalzstullen-Fest vorschlug, fandest du das gar nicht komisch. Heute nimmst du Kurts Schlepperei nicht ernst.

Nun gut. Das allein sagt ja auch noch nichts. Es gibt mittlerweile einige Männer, die anläßlich einer solchen Festivität »helfen«. Die halten dann aber auch anschließend ihr Jahrespensum für erledigt.

Kurt hingegen sorgt täglich und vor allen Dingen zuverlässig dafür, daß der Kühlschrank zu jeder Tages- und

Nachtzeit mit den wesentlichen Dingen gefüllt ist. Wenn das nicht Fürsorge ist.

Also: Kurt raspelt zwar nicht Seite an Seite mit dir Sellerie, aber das muß er auch nicht.

Genausowenig, wie er dich fragen muß, ob er seinen Namen mit K oder C schreibt. Und ob es ihm gefallen darf, sich den von dir angehefteten Clondyke auch offiziell in der erprobten, angemessen unernsten Weise zu benutzen.

Du willst streiten. Das ist auch gut so. Gerade jetzt ist es verständlich, wenn dich blinde Panik überfällt. Schließlich ist diese Veranstaltung so etwas wie die offizielle Bekanntgabe eurer »Verbindlichkeiten«. Und da liegt es schon auf der Hand, daß du Angst kriegst. Denn eigentlich wolltest du diesen Mann weder haben noch mit ihm zusammenwohnen.

Weil ihr einfach nicht zusammenpaßt, nicht wahr? Und du zählst dir selbst alle eure Unstimmigkeiten vor. Und wahrhaftig: weit und breit kein Thema, wo ihr einer Meinung seid; weder E- noch U-Musik, weder Kunst noch Kitsch, weder Becker noch Edberg.

»Eine Liebesgemeinschaft ist gekennzeichnet durch ein spannungsvolles, dialektisches Verhältnis, in dem die Gestalt des gemeinsamen Selbst einer dauernden Auseinandersetzung unterworfen ist. Die Partner formen sich gegenseitig durch Widerstand und Standhalten, aber auch durch Hervorrufen und Herausfordern.«

Jürg Willi: Ko-Evolution

Die ganze Beziehung rückt dir einfach und verständlicherweise zu nah. Und deshalb tust du alles in deiner Macht Stehende, um wenigstens auf diese Art und Weise wieder ein bißchen Distanz zwischen euch zu schieben. Und dabei be-

dienst du dich deiner Wahrnehmung. Du siehst einfach nur noch die eine, die negative Seite: das Ehepaar, das gemeinsam nichtssagend vor dem Fernseher hockt. Nur noch die Persiflage all dessen, was du sowieso nie gewollt hast.

Nichts Positives gilt mehr. Weder die gelegentlichen Schnäppchen noch die Gespräche, die »Premieren« und auch nicht eure Unabhängigkeit.

In diesem Moment hast du einfach Angst, daß du mit diesem Fest alle Hoffnungen fahren lassen mußt auf den wunderschönen, weißen Kakadu des Lebens. Und daß du dich für den Rest deiner Tage mit einem unterbelichteten Wellensittich zufriedengeben mußt.

Zu schade, daß du dich nicht freuen kannst an eurer Unterschiedlichkeit. Eigentlich müßtest du hüpfen und jubilieren, daß du jemanden gefunden hast, der deine Interessen teilt, ohne deiner Meinung zu sein. Euch wird – mit etwas Glück und gutem Willen – nie der Gesprächsstoff ausgehen.

Ihr seid nicht wie andere Paare in Gefahr, auf diesem »Wir-sind-eine-vollkomene-Einheit«-Glatteis auszuglitschen. Keine Gefahr, daß ihr einen Zustand der Verschmelzung anstreben könntet, an dessen Ende sich dann doch wieder nur zwei Nichtse gegenüberstehen und durcheinander hindurchblicken.

Du hast einfach Angst vor der Bedeutung dieser von dir selbst geblasenen Fanfare.

Natürlich gibt es im Zusammensein mit diesen oft so nervtötend andersartigen Männern wirklich Dinge, die wir nicht ertragen können, wollen oder gar müssen. Natürlich. Zum Beispiel hast du recht mit der inneren Uhr der Männer. Die Mehrheit hat eine solche eingebaut. Und richtet sich auch strikt nach ihrem Glockenschlag. Das weißt du aus eigener leidvoller Erfahrung. Und du hast auch recht damit, Dämme zu bauen, damit du nicht überflutet wirst. Aber du

brauchst nicht aus Sicherheitsgründen jetzt schon mit den Pump-Übungen anzufangen.

Und übrigens, weil du hier deine Mutter noch mal ins Spiel bringst: Wenn sie die Chance gehabt hätte, auch mit Kind ein eigenes Leben zu leben, hätte sie vielleicht auch nicht den Fehler gemacht, »immer nur *dein* Bestes« zu wollen.

Dann hätte sie vielleicht doch hin und wieder mal an sich selbst denken können und nicht ständig an und für dich. Folglich wäre sie mehr bei sich als bei dir gewesen und hätte dich nicht so besetzen müssen.

So aber konnte sie dir »das Beste«, nämlich ein Gefühl für dich selbst zu entwickeln, nicht lassen. Weil sie selbst es nicht hatte.

»Je positiver und geklärter die Beziehung einer Frau zur persönlichen Mutter und je weniger komplexhaft sie an den Vater gebunden ist, um so mehr hat sie die Chance, ein gesundes Selbstvertrauen und Selbstbewußtsein zu entwickeln. Sie wird so in größerer Unabhängigkeit ihr eigenes Ziel verfolgen und dem Mann im Berufsleben eine gleichwertige, kooperative Mitarbeiterin und gute Kameradin sein. Was sie verbindet, sind gleiche Interessen und Aktivitäten.«

Gisela Rieß in Peter Michael Pflüger (Hrsg.): Der Mann im Umbruch

Deine Mutter war sicher auch bis zu ihrem Tod der Meinung, daß sie immer nur »dein Bestes« wollte. Ihr Urteil, du seist als Frau »nicht gut genug«, also im Urzustand ungenügend, sollte dich vielleicht zu Höchstleistungen anstacheln.

Fatal an der Sache war, daß sie dir gleichzeitig die Aussichtslosigkeit aller weiblichen Bemühungen vorlebte.

Und so stehst du eben stellenweise heute noch in der Kü-

che oder sonstwo und hast Angst, daß du irgendwas nicht schaffst. Dabei schaffst du immer alles.

Und du hast dir noch nie die Chance gelassen zu merken, daß du gar nicht immer alles schaffen mußt.

Ich würde zu gerne mal wissen, ob du diese Dagmar Eickhorn, wie sie heute ist, ob du die eigentlich magst. Mit all ihren Macken und Nücken.

Oder muß »man« ihr erst die perfekte Rolle auf den Leib schreiben und sie in die richtige Umgebung setzen, damit sie dir gefällt?

Ich bin gespannt, ob ich die Antwort noch kriege.

Dein Wohnzimmer jedenfalls ist heute ein einziger Goldrausch, das Eßzimmer erglänzt in Silber, die Diele ist ein Spiegelkabinett ... Du hast dein Mogelmotiv, das dich schon so lange begleitet und quält, als Dekoration arrangiert. Du gibst dich so deutlich zu erkennen. Du müßtest dich nur lesen können. Verabrede dich doch mal mit dir. Dann wirst du dir schon erklären, warum du immer alles bis ins letzte ausfeilst, nichts dem Zufall überläßt.

Vielleicht ist auch aus diesem Grund dein Job bislang der richtige für dich gewesen. Du bringst – aus Notwehr geboren – ein genuines Gefühl für Mogelpackungen und -motive mit. Denn du warst zwar dein Leben lang Frau, aber niemals weiblich genug.

Deshalb tust du dich heute schwer mit frauenbewegten Frauen wie Usch. Auch wenn du sie magst. Aber irgendwie ist sie wie deine Mutter. Beide sagen dir: »Du bist zwar biologisch eine Frau, aber irgendwie keine richtige. Du bist eine falsche Frau. So, wie du bist, bist du falsch. Werde erst mal wie wir/ich, dann sehen wir weiter.«

Und jede behauptet, es nur gut mit dir zu meinen. Und du sträubst dich natürlich gegen die neue Ersatzmutter, die

ebenso genau weiß, was gut für dich ist, wie früher dein wahres Mütterlein.

Die Hilfe deines Vaters ist vielleicht gut gemeint gewesen, hatte auch euer gegenseitiges Einverständnis gestärkt. Da der Herr Vater aber leider nicht weiblichen Geschlechtes war, konnte er nur seiner Liebe zum weiblichen Geschlecht (ausgiebig) frönen, deiner Liebe zur Weiblichkeit aber nicht auf die Sprünge helfen.

Und da stehst du dann in der Küche und schwankst hin und her. Immer hin und her. Du beweihräucherst Usch, dann verfluchst du sie wieder. Sie hat recht, aber sie soll dich nicht bevormunden, nicht wahr? Sie warnt dich vor der immer gleichen Frauenfalle, und sie beschimpft dich als Macho-Weib. Und mit beidem hat sie recht. All dieses weißt du aber auch selbst. Auch die »Gratis-Nutte« ist dir nur allzu bekannt. Aber wer steht schließlich immer wieder da und kocht? Vor Wut?

Eben. Deshalb kommt Usch nicht auf die Idee, du könntest selber die Augen offenhalten. Weil du eben immer wieder kochst. Und sei es auch nur voller Wut.

Und dann machst du eben doch wieder »alles perfekt«.

Heute wie einst ein Streit mit dem aktuellen Liebsten. Damals verflüchtigte sich der Herr in einem äußerst wirkungsvollen Allein-Abgang. Aber nur, um dir dann nachher die Show zu stehlen. Heute: Krach und Türenknallen, aber weder männliche noch weibliche Zickigkeiten – im Gegenteil: Kurt ist für dich plötzlich attraktiv. Es folgt eine spontane Zusammen-Liebe.

Der Nippes lagert nicht mehr im Keller, die Schundabteilung wurde im Schlafzimmer eingeschlossen. Du hast also mittlerweile deine intellektuellen Schwachstellen in deinem Lebensbereich zugelassen, wenn auch geschützt vor den

Blicken etwaiger Kritiker. Aber sie dürfen mehr zu dir gehören als früher. Und Kurt ist eingeweiht.

Bravo.

Ich bin hochzufrieden mit dir, meine Liebe.

Du machst dich. – Ein wunderbarer Satz. Er stimmt doppelt. Wenn du so weitermachst, wirst du sogar eines Tages mit dem vorbeugenden Boxen aufhören können.

Du aber bist ganz offensichtlich nicht so glücklich wie ich. Und das kommt daher, daß du mehr den Gang der Dinge als deine eigene Entwicklung im Auge hast. Und der gefällt dir absolut nicht.

Genau so, wie du immer noch wild entschlossen bist, zu Michael Kamm zu passen, genau so wild bist du entschlossen, zu Kurt *nicht* zu passen. Und erst recht nicht zu Curt mit C. Dem Angeber. Dem Aufschneider. Der es wohl nötig hatte mit seinem armen, kleinen Ego. Und überhaupt war der Kerl intolerant bis zum Geht-nicht-Mehr.

So stimmt es ungefähr, nicht? Ich habe noch ein paar verbale Boxhiebe weggelassen.

Merkst du eigentlich, daß du so wütend bist, weil du deine eigenen Unsicherheiten in ihm wiederzuentdecken glaubst?

Auch das noch – zusätzlich zu all der neuen Nähe auch noch solch fatale Ähnlichkeiten.

Du schimpfst und brodelst vor dich hin, bis Kurt kommt. Und ich bin sicher, du hättest jeden Anlaß willkommen geheißen, deine Wut abzulassen. Zur Not taten's eben die »C«s auf den Visitenkarten.

Was ist das? Ein letztes Aufbäumen der Wut, weil du weißt, daß du an diesem Mann klebenbleiben wirst? Weil du gemerkt hast, daß deine Gefühle für den Aktenschieber stärker geworden sind statt schwächer?

»Eine aus Liebe entstandene Lebensgemeinschaft wie die Ehe aber hat darüber hinaus noch ganz andere Qualitäten, die heute weitgehend negativ gewertet werden. Die Ehe – so wird gesagt – sei ein Gefängnis, die Bindung sei gekoppelt mit Stagnation im Wachstum, mit Besitzanspruch, Gewohnheitsrechten, Abhängigkeit und Repression ... Ich kann frei wählen, ob ich mich zum Teil einer Lebensgemeinschaft machen oder ich mich aus ihr heraushalten oder aus ihr aussteigen will.«

Jürg Willi: Ko-Evolution

Mit diesem Unauffälligen ist es anders als mit allen anderen. Du hast ihn nicht gewollt. Deshalb hast du mit ihm geschlafen. Deshalb auch bist du in seine Wohnung gezogen. Weil da keine Gefühle für ihn waren, die dich hätten gefährden können. Keine Sehnsucht nach Verschmelzung, nach Selbstauflösung. Im Gegenteil. Der Durst nach Selbstbehauptung war immer größer geworden. Und jetzt das. Es war ja auch wie verhext. Es wurde einfach alles immer besser statt schlechter. Ohne daß du etwas dazu tatest. Ja, eigentlich sogar ohne daß du es richtig gemerkt hättest.

Und in dem Maß, wie es euch miteinander besser ging, wurdest du härter. Deutlicher. Einmischungsfreudiger.

Dein Dampfkessel pfeift wirklich. Nicht nur, daß du den armen Kurt beschimpfst. Als intoleranten, spielverderbenden Blödian und vieles andere mehr.

Du versteigst dich sogar zu einer generellen Kritik an Männern. Du behauptest einfach, sie könnten etwas nicht. Zum Beispiel Boris Becker fotografieren (oder verstehen?). Und es kommt dir in den Sinn, daß es Männer sind, die die Natur und die Zukunft der Menschheit riskieren.

Das ist natürlich wirklich nicht mehr die Frau, die deine Mutter gern in dir gesehen hätte. Das ist – bei aller Liebe –

auch nicht mehr das Mädchen, dem dein Vater früher oft und gerne beigestanden hat. Weil er es immer so liebte, wenn Klein-Dagmar beim Papi auf den Schoß gekrabbelt kam. Und das wußtest du. Und weil das die schnellste und sicherste Art war, deinen Willen durchzusetzen, saßest du eben oft auf seinem und später auch auf anderen Schößen.

Das ist heute anders. Du willst nicht mehr auf den Schoß. Und du bist noch nicht ganz soweit, hin und wieder mal auf den Arm zu wollen. Aber:

Du hörst nicht mehr zu.

Du bist ungerecht.

Du mischst dich ein in Dinge, die dich nichts angehen.

Und dann gehst du ab und wendest dich dir selber zu. Göttinnengleich.

Du verstehst, was ich meine?

Vor einem halben Jahr hättest du in einer vergleichbaren Situation Kurt nicht aus deinen Klauen entlassen. Du hättest ihn niedergestritten wie damals Michael Kamm. Heute kannst du es dir sozusagen leisten, mit Streiten aufzuhören.

Wer hätte das gedacht.

Überhaupt kannst du schon auf einiges an äußerlichem Brimborium verzichten. Die Schmink-und-Schmück-Prozedur dauert nicht einmal mehr halb so lange. Weil du so viel wegläßt. Wir wollen mal großzügig darüber hinweghören, daß du behauptest, *nur* durch deine Persönlichkeit wirken zu wollen. Und das in einem solchen Kleid . . .

Aber wer zugibt, von anderen lernen zu können, wer gar zugibt, von Kurt Sichelbach lernen zu können, beispielsweise energiesparenden Umgang mit dummen Fragen – der darf auch mal übers Ziel hinausschießen.

Du fühlst dich stark.

Und du bist es auch.

Du hast viel von deiner ursprünglichen Stärke wiederge-

wonnen, seit du dich von deinem Energiefresser befreit hast. Nun kann ich nur für dich hoffen, daß du ihn nicht wieder an deinen Stromkreis anschließt.

Wenn du dich jedenfalls in Sekundenschnelle ganz für dich allein in dieses Gefühl des Schwebens bringen kannst, obwohl du unmittelbar zuvor ein Desaster an Gefühlen in dir hattest – dann hast du wirklich was geschafft.

Du hast erfahren, daß Beschäftigung mit dir selbst dich ins Gleichgewicht bringt.

Und vor allen Dingen: Du kannst dich auseinandersetzen, ohne dich anschließend vor dir selbst herabsetzen zu müssen. Was für ein Sieg! Dich selbst nie wieder mit fettigen Nudeln oder sonstigen Verdrängungsaktionen bestrafen zu müssen.

Und deshalb blitzt es auch bei dir. Nicht weil er dich begehrt, sondern weil du dich begehrst.

Endlich bist du, fühlst du dich wie du selbst. Und zwar wie drei der großartigsten Filmfrauen auf einmal. Endlich nimmst du das Spiel als Spiel in dein Leben hinein. Zum ersten Mal weißt du, daß du »nur« spielst, und genießt es trotzdem.

Wunderbar.

Ich muß schon sagen, allmählich verdichten sich doch deine Gelegenheits-Erkenntnis-Blitze zu einem fast schon dauerhaften (Nord-)Licht.

Ich frage mich nur, was zum Schluß der Blödsinn mit Herrn Kamm wieder soll. Zum krönenden Abschluß, als alles wieder wunderschön ist. Du stehst befriedigt, glücklich, schön und vor allen Dingen in deinem Element neben »deinem« Kurt. Ausgerechnet da bedauerst du, daß Herr Kamm nicht auf der Tribüne sitzt.

Baut dich das irgendwie auf? Findest du das irgendwie »normal«? Ja, ich weiß, das Wort wollten wir streichen, aber in Anführungszeichen erlaube ich es mir. Aber nur mir. Ich

meine, es ist ja schon mal gut, daß du ihn schon wieder ein Stück weiter weggerückt hast. Erst war es der ganze Kerl, dann später sein Körper, und jetzt sitzt er nur noch als Zuschauer auf der Tribüne. Das ist immerhin ein Fortschritt. Aber trotzdem: Wenn schon deine Gedanken unbelehrbar um einen Mann kreisen müssen, warum in Gammas Namen ausgerechnet um diesen?!

Nun gut, ich sehe ein, du steckst immer noch in der Scarlet-Haut. Ich hatte schon gedacht, du hättest inzwischen die Silberknöpfchen zum Rausschlüpfen gefunden. Na schön: Du hast sie zwar gesehen, gedenkst aber noch nicht, sie zu benutzen.

Sie – Scarlet – hat schließlich auch an Ashley hingeliebt, seit sie wußte, daß sie ihn nicht kriegen würde.

Warum sollst du das nicht auch tun?

Klar.

Aber ich werde langsam sauer. Denn eigentlich bist du schon lange auf dem richtigen Weg. Von Rhett zu Kurt und von Scarlet zu dir.

Hörst du mir eigentlich auch zu?

Ach nee, das geht ja nicht. Hab ich vergessen.

Aber das macht nichts. (Fast) alles, was ich dir gesagt habe, hättest du auch selbst rausfinden können. Aber du hörst einfach nicht auf dich selbst. Und das Problem dabei ist: Niemand anders kann dich dazu bringen, dir selber zu vertrauen.

Dich selber wahrzunehmen und dir zuzuhören, dabei können dir andere helfen. Aber die Konsequenz zu ziehen, dir selbst deine wichtigste Ratgeberin zu sein – das kannst nur du veranlassen.

KAPITEL 8

Die Retterin der Verwetteten

Pfffffffffffffft. Ein Ballon, aus dem die Luft entweicht, kann nicht mehr fliegen. Ein leerer Ballon ist nichts weiter als ein lappiger, pappiger Fetzen Gummi, zu nichts mehr zu gebrauchen. Die Luft ist raus aus der Illusion. Ich habe das wirklich nicht geahnt, daß es dich hier noch mal so richtig voll erwischt. Aber wahrscheinlich ist dies das schwerste Kapitel für dich. Und es ist an der Zeit, ein paar liegengebliebene Männer aufzuarbeiten.

In einem satten halben Jahr hat sich einiges bewegt: Du wohnst erstmals – auf Bitten des besagten Herrn – überhaupt mit einem Vertreter des anderen Geschlechts zusammen. Deine Finanzen sind auf dem Wege der Sanierung, da eben jener Herr sich glücklich schätzt, seine harten Deutschmarks mit dir zu verjubeln. Und in Kürze wirst du so gnädig sein, mit eben jenem realistischen Traumtänzer ins Land deiner Liebe zu fliegen.

Kurz und knapp: Es geht dir so gut wie nie. Und kaum geht es dir so gut, bricht das schwerste Kapitel deines Lebens an.

Nicht nur, daß dein Vater dir eine herbe Enttäuschung bereitet, der als treuer Mitstreiter aus längst vergangenen Tagen plötzlich mütterliche Töne anschlägt. Wahrscheinlich hat auch er sich noch immer nicht von deiner Mutter befreit. War er nicht damals nach ihrem Tod plötzlich von seiner Frauen-Verehrung abgefallen?

»Aus welchem Grund auch immer Leben jäh unterbrochen wird oder ein Ende nimmt, immer gibt es zwei Gründe zum Weinen und Klagen: Einmal weint man um das Leben, das ab jetzt mit dem geliebten Menschen nicht mehr gelebt werden kann, zum anderen um das Leben, das möglich gewesen wäre, aber aus erklärlichen oder unerklärlichen Gründen nicht gelebt wurde.«

Jorgos Canakakis: Ich sehe deine Tränen

Nicht genug damit – im Angesicht der Entweihung der Südstaaten-Erde mit einem vollkommen ungeliebten und total unwichtigen Mann mußt du ausgerechnet der männlichen Verkörperung aller deiner Liebesträume wiederbegegnen. Und damit immer noch nicht genug: Der Mann aus den Movies liegt dir zu Füßen. Du bist am Ziel deiner Wünsche angelangt.

Du brauchst dich also nur noch zu bücken, um ihn aufzusammeln. Er ist erledigt. Du hast gewonnen.

Du bist die Königin.

Bist du auch. Aber nicht, weil du Michael Kamm haben kannst.

Sondern weil es »Pffffft« macht. Endlich ist die Luft raus aus diesem Heißluft-Ballon. Und vor allen Dingen völlig geräuschlos und unauffällig. Das hattest du nicht erwartet, was?

Nein. Und du willst es auch nicht merken. Denn es ist ja doch für eine kluge Frau recht kränkend einzusehen, an eine Luftblase, an eine gute Filmidee hingeliebt zu haben.

Du merkst es auch jetzt noch nicht.

Das ist schon eine tolle Sache an uns Frauen: Wenn wir uns etwas in den Kopf gesetzt haben, halten wir daran fest, komme, was da wolle.

Das Problem ist nur, daß wir uns oft die für uns falschen Dinge in den Kopf setzen. Die aber dann gnadenlos verfolgen.

Wie du mit deinem »Schwertfeger« Michael Kamm.

Wenn wir damit aufhören und uns nicht mehr ständig gegenseitig diese oder andere Knüppel zwischen die Beine werfen, dann sind wir unschlagbar.

Das ist wie beim »Malefiz«. Wenn einer auf der Gewinnerstraße ist, müssen alle anderen gegen ihn spielen, und nicht die eine gegen die andere. Damit nehmen wir uns den Sieg.

So einfach ist das.

Nun auch wieder nicht.

Natürlich gibt es auch Frauen, mit denen wir nicht können. Aber die müssen wir dann auch mal allein spielen lassen. Auch hier muß ein Schlußstrich möglich sein.

»Zwar hat die Aufbruchzeit seit Ende der 60er Jahre viele Frauen gelehrt, Sicherheit unter anderen Frauen zu finden, und zwar weitaus stärker, als dies vor Beginn der neuen Frauenbewegung in der Öffentlichkeit der Fall war. Doch nach wie vor ist das Dilemma von Nähe und Distanz, positiver und negativer Macht, Gefühl und Objektivität ungelöst.«

Gisela Anna Erler: Frauenzimmer

Wir müssen das Bewußtsein pflegen, daß auch und gerade die Zeit von Frauen kostbar ist. Die, die uns umgeben, scheinen das immer wieder zu vergessen. Und zwar, weil wir sie – unsere Zeit – immer wieder zur Verfügung stellen.

Wir sind ja immer so entsetzlich beflissen . . .

Wir sind immer da, hören zu, kommen, trösten, verzeihen, bügeln aus, gerade so, als hätten wir nichts anderes zu tun auf dieser Welt.

Und wir meinen, wenn wir uns unentbehrlich machen, sind wir es bis zuletzt. Wie im Film. – Von wegen. Wer sich unentbehrlich macht, wird lästig.

Wir müssen dieser Art von Energieverschwendung schleunigst ein Ende setzen. Auch hier können wir von Männern lernen. Wenn »er« sich nicht beteiligen/unterhalten/auseinandersetzen will, dann merken wir das (über-)deutlich. Weil unser Sender immer auf »Empfang« steht.

Und seiner meist auf »Senden«.

Und wir kommen mit der Sendetastatur noch nicht zurecht. Wir haben auch Angst vor der Einarbeitung, weil wir befürchten, keine Empfangsbereiten zu finden.

Wenn wir uns so etwas wie einen inneren Anrufbeantworter einbilden könnten – das wäre schon für den Anfang nicht schlecht.

Bei Abruf von ZeitvergeuderInnen schaltet er sich einfach ein. »Keine Zeit – keine Zeit – keine Zeit – . . .«

Formelhaftes macht immer alles leichter, wie wir mittlerweile wissen.

Und nebulös abwimmeln ist immer gut, müssen wir auch noch lernen. Am besten ist natürlich, wenn wir *wirklich* so beschäftigt sind. Ganz für uns selbst. Und ohne Bezug auf andere. Denn diese Bezogenheit blockiert fast ständig unser Hirn.

Du gehst also zum ersten Mal wieder ins Bim's, weil du dich gut fühlst. Ge- und erwachsen.

Herr Kamm kommt zu deinem Tisch gestürzt. Du erkennst ihn aber nicht. Weder von weitem noch aus nächster Nähe. Obwohl du ihn ja eigentlich dort hättest vermuten können. Du fühlst ihn natürlich auch nicht.

Erst als er dich anspricht, erkennst du ihn. Michael Kamm mit Glatze. Und woran denkst du als erstes? An dein fehlendes Ohrgehänge. Wenn das nichts über eure (Nicht-)Beziehung aussagt.

Und dann lernen wir dich von deiner tödlich-aggressiven Seite kennen. In diesem Bruchteil einer Sekunde stürzt deine

Filmkulisse in sich zusammen. Und deshalb – wenn du ihn schon nicht lieben kannst, soll er jedenfalls todkrank sein. Du wünschst ihm die Pest und Schlimmeres an den Hals. Schwelgst sogar kurz in der größenwahnsinnigen Phantasie, du habest ihm sein grausames Schicksal angehext.

In diesem Moment erst ist der Mann aus den Movies für dich »gestorben«. Erledigt. Spielt keine Rolle mehr.

Du läßt ihn sterben, streichst seine Rolle aus deinem Leben.

Auf den ersten Blick hat vielleicht manch einer sich gedacht: Aha, da sorgt sich die typische, altbekannte, fürsorgliche Krankenschwester ... Nichts da. Tod, Hölle und Zerstörung lodern aus dir heraus.

Nichts nimmst du wahr. Siehst nicht seine strotzende Gesundheit, seine blendende Laune, seine Anbaggerei. Du bist fest entschlossen, mit deinem Traum auch ihn sterben zu lassen.

Wenigstens Tod, wenn schon nicht Liebe.

Und schon wieder bist du im Film. Diesmal als Jackie K.

Dann erzählt dir der Schlawiner die Geschichte, wie er sich aus Trauer um dich seinen schönen Kopf hat verhunzen lassen.

Und jetzt ist der Himmel doch kurz vor dem Einstürzen. Und die dicke Baß-Saite sagt ausgerechnet: »Yannng!«

Nicht mal das kleinste bißchen Tragik ist dir in diesem Härtefall vergönnt. Obwohl – wenn du wüßtest, was ich weiß, und was Kurt und auch Bodo wissen, hätte es vielleicht doch noch zu einer tragischen Ausweitung der Geschichte kommen können ...

Aber so passiert nichts. Gar nichts.

Du begreifst noch immer nicht, daß du den falschen Film geträumt hast. Daß du im falschen Traum warst. Daß du überhaupt – was Liebe anging – immer nur im Film statt im Leben verweilt hast.

Zu Hause erwartet dich der »Wie-lief-es-denn-heute«-Mann, völlig ungerührt von der Kammschen Trauer-Glatze. Da du nicht weißt, daß er Notar gespielt hat bei der Wette, die Michael Kamm um sein Haupthaar brachte, weißt du auch nicht zu würdigen, daß er den Mund hält. Obwohl er jetzt und hier seinen größten und einzigen Rivalen gemütlich vom Sessel aus in die Pfanne hauen könnte.

Aber das ist, wie wir ja schon wissen, nicht der Sichelbachsche Stil. Und der hat sich trotz diverser »C«s nicht verändert.

Und während Dagmar sich zurückzieht, um schwerwiegende Entscheidungen zu suchen, schauen wir noch mal zum Papa Erich Eickhorn. Von einer Bodenstation zur anderen.

Nie hatte er fliegen gelernt. Immer hatte er davon geträumt, aber es war ein Traum geblieben. Alles, was er durfte, war, die Leinen aufzufangen. Wenigstens am Boden durfte er sie halten, die alten Zeppeline, und so ihre Kraft spüren. Und wie der Vater, so auch der Kurt.

Er ist die aktuelle Bodenstation der Montgolfiere Dagmar. Aber im Gegensatz zu ihrem Vater darf er ab und zu mal mitfliegen.

Was Erich Eickhorn im realen und im übertragenen Sinne nie erleben konnte. Es hatte sich so viel verändert in den letzten Jahrzehnten. Wenn Erich Eickhorn als Junge noch stolz war, die Halteleinen auffangen zu dürfen, so benutzte jetzt seine Tochter die Fliegdinger wie andere Leute den Bus. Nun ja. Nicht ganz. Schließlich konnte sie als seine Tochter auch nicht so recht darauf vertrauen, daß das alles funktionierte.

Und es versprach immer mehr und immer »normaler« zu werden – und immer weniger schön. Der Traum des alten Herrn, am Flughafen zu sitzen – vielleicht gut für ihn, daß er es nicht mehr konnte. So bewahrt er sich seine Phantasien.

Heute zum Beispiel überlagern auch hier die Bilder die Ballons. Heute steigen diese unwirtschaftlichen Dinger nur noch zu wirtschaftlichen Zwecken auf. Und sie sind nicht geschmückt mit Tüll und Tand der Freude, sondern mit Werbung. Wir wissen es einfach nicht mehr besser. Schade.

Irgendwie ist es rührend, sich den alten Herrn mit Kinderaugen am Flughafen vorzustellen. Rührung auf der einen, Generationskonflikt auf der anderen Seite. Kein Wunder, daß die Verständigung zwischen Alt und Jung nicht mehr klappt. Wir nennen die Alten zwar Senioren, aber sie sind trotzdem ihrer Würde beraubt, da sie uns nicht einmal mehr mit gutem Rat zur Seite stehen können. Und das ist eine ungeheure Kränkung.

Sie können uns nichts mehr geben. Weder Beispiel noch Ratschläge. An Erich Eickhorn wird die Tragik, den unser über alles geschätzter rasanter Fortschritt mit sich bringt, überdeutlich.

Wir alle sind wohl oder übel PionierInnen. Aber niemand nennt uns so.

Wir haben nicht nur keine Modelle.

Weder in der Literatur noch im Film, und auch nicht im richtigen Leben. Denn alles, was vorher war, hat heute keine Gültigkeit mehr.

Wir haben auch keine Orientierung.

Aber etwas ist noch viel schlimmer: Niemand, nicht einmal wir selber, nimmt unsere Orientierungsversuche ernst.

Dabei müssen wir uns (fast) alle Regeln und Normen neu erschaffen. Und hätten Ermutigung bitter nötig.

Aber wir nehmen uns ständig selbst den Wind aus den Segeln.

Auch Dagmar kämpft. Auch ihr Vater stellt ihr die »blöde« Frage, was denn ihr Mann dazu sagt, daß sie so oft weg ist.

Sie hält eigentlich viel von ihrem alten Herrn, und so macht diese Frage sie fuchsteufelswild. Und noch viel mehr die »kupplerischen Absichten« ihres Vaters.

Der alte Froschkönig.

Er läßt sich nicht so einfach abschieben, will sich aufregen und tut es auch. »Seit Jahren sehe ich zu, wie du dein Leben verpfuschst.«

Er hat die Rolle der Mutter voll übernommen. Mischt sich ein. Hat sich niemals vornehm zurückgehalten. Er weist Dagmar darauf hin, daß er einen Anspruch hat auf Enkel(Innen).

Und schon wieder fetzen sich Eickhorn jun. und sen. Wie gehabt. Aber wie immer – trotzdem oder gerade deshalb – in gegenseitiger Hochachtung.

Hast du es da gelernt? Dein Vater und du, ihr habt euch bekanntlich gerne gestritten. Bei ihm hast du dir deine ersten Sporen als Streithenne verdient. Aber andererseits – kann ja eigentlich nicht sein. Du hast ja immer mit ihm zusammen gegen deine Mutter . . . und nicht gegen ihn. Egal. Mit seiner Eingangsfrage tritt er in ihre Fußstapfen.

Jetzt hast du Kurt. Mit ihm wohnst du zwar in einer Wohnung. Aber das geht wahrscheinlich auch nur, weil du oft unterwegs bist.

Du liebst es, unterwegs und ohne ihn zu sein. Und du liebst es, wieder zu ihm nach Hause zu kommen.

Da die meisten Frauen nicht in der privilegierten Lage sind, als bezahlte Dauerreisende unterwegs zu sein, müssen sie sich etwas anderes einfallen lassen, um sich diese Nähe/Distanz-Kombination zu ermöglichen. Zum Beispiel durch getrennte Wohnungen. Nicht nur dann, wenn aus beruflichen Gründen verschiedene Wohnorte notwendig sind, oder man oder frau sich noch nicht so sicher ist. Im Gegenteil.

»Viele Frauen sind nicht mehr bereit, sich über bestimmte traditionelle Konfliktstoffe (zum Beispiel über Hausarbeit) mit ihren Partnern auseinanderzusetzen, wollen keine soziale Energie mehr in überständige oder überflüssige Diskussionen investieren ... So souverän die Frauen allerdings agieren, benötigen sie offensichtlich doch deutliche Zeichen für die einmal eingenommene Haltung. Auch dies ist eine Funktion der getrennten Wohnungen – machen sie doch immer wieder unmißverständlich klar, daß nicht mehr verhandelt wird, sondern jeder für sich und sein Wohlbefinden primär allein verantwortlich ist.«

Dorothee Schmitz-Köster: Liebe auf Distanz

Für Frauen sowieso. Denn sie ersparen sich viele Debatten mit dem Partner und viele innere Auseinandersetzungen über »die Pflichten einer Frau«. In getrennten Wohnungen ist jeder für sein eigenes Wohlergehen zuständig. Und wenn diese dann noch so nah zusammen sind, daß ein Treffen kein Treffen, sondern ein Vorbeischauen ist, dann ist das optimal.

Habe ich eigentlich schon gesagt, daß wir die beiden jetzt ruhig fliegen lassen können? Nein?

Dann wird es höchste Zeit.

KAPITEL 9

Nordlicht

Ist der Knoten geplatzt? Das Liebesbrett vorm Kopf entfernt?

Ich glaube ja.

Es scheint, als habe sich nun endlich doch die Menge deiner Einzel-Blitz-Erkenntnisse zu einem dauerhaft strahlenden Nordlicht verdichtet.

Und was mich schon die ganze Zeit so brennend interessiert hat – jetzt weiß ich's. Du kannst jetzt und willst vor allen Dingen auch endlich mit dir leben.

In erster Linie mit dir.

Und dann auch mit Kurt.

Weil du dich für dich entschieden hast, kannst du auch mit Kurt. Trotz – oder vielleicht wegen – aller »C«s.

Und weil du endlich weißt, daß du so, wie du bist, gut genug bist, kannst du dich auch bei ihm für getanes Unrecht entschuldigen.

Ich will damit beileibe nicht sagen, daß Frauen, die sich entschuldigen, auf dem besten Wege sind, autonom zu werden und zur Liebe zu sich selbst zu finden. Im Gegenteil. Die Fähigkeit, uns zurückzunehmen, haben wir meist so im Überfluß, daß wir eigentlich einen großen Batzen davon über Bord werfen könnten.

»Die passive Unterwerfungshaltung von Frauen ist oft verbunden mit untergründigen Vorwürfen und der Nei-

gung, anderen Schuldgefühle zu machen, und diese dadurch in permanenter Abhängigkeit zu halten.«

Margarete Mitscherlich: Das Ende der Vorbilder

Aber für dich bedeutet es eine wirkliche Errungenschaft. Dein rausgesprudeltes »Tut mir leid« an Kurts Adresse heißt doch nichts anderes, als daß du dich endlich, endlich mit ihm auf einer Stufe siehst.

Obwohl du ihn liebst.

Herzlichen Glückwunsch zu dir selbst.

Zum ersten Mal sehen wir dich im Zusammenhang mit einem Mann wie eine erwachsene Frau agieren, wie eine Partnerin. Du entschuldigst dich bei Kurt, obwohl er ein Mann ist. Obwohl er – was noch erschwerend hinzukommt – dein Mann ist.

Einfach, weil du im Unrecht bist.

Hört sich alles leicht an. Ist es aber nicht. Weißt du selber.

Früher konntest du dich nicht entschuldigen, weil du zu unsicher warst. Du konntest keinen »Einzelfehler« zugeben, weil an dir sowieso alles falsch war. So hattest du es jedenfalls gelernt.

Und damit stehst du gar nicht so allein. Viele Menschen, egal, ob Mann oder Frau, haben sich noch nie in ihrem Leben für etwas entschuldigt. Sie können es nicht, weil sie fürchten, damit das ganze Gebäude ihrer Schein-Sicherheit zum Einsturz zu bringen.

Deine Entschuldigung bedeutet, daß du dich endlich auf dich selbst verlassen kannst.

Was nicht heißt, daß du keine Fehler mehr machen wirst. Das wirst du weiterhin tun, beruhige dich. Und du wirst weiterhin nicht immer wissen, ob das jetzt einer war oder nicht.

Natürlich wirst du mit Kurt weiterstreiten.

Und natürlich müssen Frauen weiter mit Männern kämp-

fen. Aber du machst jetzt kein Schattenboxen mehr, sondern Muskeltraining. Geistes-Körperertüchtigung.

Die Szene am Flughafen ist einfach so schön, daß ich gar nicht mehr so viel mitmischen möchte.

Zumal Otto von Bismarck bereits alles Wesentliche zu Protokoll gegeben hat zum Thema Liebe.

Wie kann man oder frau oder vogel das Problem der Liebe besser ausdrücken als mit einem abwechselnden »Eierkopp« und »Schliepich«?!

Geht einfach nicht besser.

Ich wünschte, jedeR hätte so einen ausdrucksstarken Vogel wie Dagmar Eickhorn.

Dann endlich würde mein Berufsstand überflüssig.

Das ist ja sehr merkwürdig am Selbstverständnis von PsychotherapeutInnen. Offensichtlich ist der berufsmäßige Optimismus uns allen so sehr in Fleisch und Blut übergegangen, daß wir hoffen, unsere therapeutischen Erfolge als Berufsgruppe überleben zu können.

»Die Psychologen haben das Unbehagen und die geistige Verwirrung unserer Zeit ausgebeutet. Sie haben aus dem ungeheuren Bedürfnis der Menschen nach Einsicht in geistige Gesundheit und Selbsterkenntnis Kapital geschlagen.«

Rollo May in Jürg Willi: Ko-Evolution

Die etablierte Psychologie hat so gut wie alle in gefühlsmäßige Analphabeten verwandelt.

Plötzlich wollten wir alle kleine Hobby-PsychologInnen sein. Wir ließen uns begeistert von unseren Intuitionen und unserer Naivität wegverführen. Wir begaben uns mit psychologischen FremdenführerInnen auf die Suche nach uns selbst. Und dabei sind wir uns rettungslos verlorengegangen.

Zusätzlich zu allen von außen verursachten Ängsten konnten wir uns jetzt nicht einmal mehr auf unsere Reaktionen verlassen. Denn wir lernten, daß sie »neurotisch«, »irrational« oder noch Schlimmeres waren.

Und niemand sagte uns, daß in unserer Zeit irrationale Reaktionen manchmal sogar die vernünftigeren sind.

Niemand sagte uns, wie wichtig Naivität sein kann.

Das Abtauchen in die Psychologie war ohnehin schon eine Verzweiflungstat. Denn wir wollten nicht mehr sehen, was um uns her vorging. Wir taten einfach so, als gäbe es keine dritte Welt, keinen Hunger, keine Folter, keinen Völkermord. Die täglichen Kriege auf der Welt waren für uns »kleine« Kriege, weil weit weg und nicht präsent in den Medien. Wir wollten nicht wissen, daß da in Wirklichkeit Menschen starben.

Die Experten sagten, so schlimm sei das ja auch nicht, Ozonloch, Waffen-Exporte, sterbende Meere und auf Jahre hinaus brennende Ölquellen. Erstens sei es ganz woanders in der Welt, und zweitens rein parteipolitisch motivierte Panikmache. Und wir waren dankbar, die Augen weiter geschlossen halten zu dürfen, denn wir fühlten uns doppelt ohnmächtig und hilflos: Wir konnten nicht nur nicht verändernd eingreifen, wir wußten nicht einmal mehr, wer im Recht war. Atomstrom-Gegner oder -Befürworter; Umweltschützer oder Beschwichtiger; der kleine oder der große Kriegsverbrecher.

Und aus lauter Verzweiflung ließen wir uns immer tiefer in den Psycho-Boom fallen, uns von der schon in den USA bewährten Welle an erfolgversprechendere Ufer tragen. Mit dem Mut der Verzweiflung und der dazugehörigen Vehemenz stürzten wir uns in ungeheure Aktivitäten, um jedenfalls unser seelisches Haus, unsere Partnerschaften in Ordnung zu bringen.

Hier wartete ein Tätigkeitsbereich auf uns, der versprach, uns auf Jahre hinaus beschäftigt zu halten. So daß für undenk-

bare Katastrophen kein Raum mehr sein konnte in unserem Fühlen und Denken.

»Unser blinder Optimismus und das herrschende Prinzip der falschen Hoffnung lassen uns die Gefahr nicht mehr sehen. Es ist wie bei der ersten Phase der Trauer: Wir stecken im »Nicht-wahr-haben-Wollen.«

Jorgos Canakakis: Ich sehe deine Tränen

Längst ging es bei diesem Ausmaß von Beschäftigungstherapie nicht mehr nur darum, überholte, sinnentleerte oder leidenschaftslos gewordene Partnerschaften neu zu gestalten, mit neuen Inhalten zu füllen. Es ging vor allen Dingen darum, Ängste abzuwehren. Es ging darum, uns selbst zu beweisen, daß wir sehr wohl in der Lage sind, etwas zu bewegen. Eine anscheinend aussichtslose Situation in unserem Sinne zu verändern. Es ging darum, nicht untätig herumzusitzen, sondern überhaupt irgendwas zu tun.

Und jedes neue Buch, jede neue Erkenntnis ließ uns weiter abtauchen. Aber wir fanden nicht nur Erleuchtendes, Erhellendes, sondern auch Verwirrendes.

Und zum Schluß hatten wir auch noch das Gefühl verloren, uns in unserem eigenen Leben auszukennen. Wir konnten nicht mehr auf uns selbst hören. Wir fühlten uns für unser eigenes Leben nicht mehr zuständig.

Eine banalisierte Psychologie hatte uns durch einen vollständig psychologisierten Alltagsdschungel von unseren menschlichen Fähigkeiten weggeführt. Aber wir waren nicht, wie erhofft, bis zum Profi-Wissen durchgedrungen, sondern waren uns unterwegs verlorengegangen.

»Wissenschaftliche Theorien können niemals eine vollständige und definitive Beschreibung der Wirklichkeit

liefern. Sie werden stets nur Annäherungen an das wahre Wesen der Dinge sein. Um es ganz grob zu sagen: Wissenschaftler befassen sich mit begrenzten und annähernden Beschreibungen der Wirklichkeit.«

Fritjof Capra: Wendezeit

Müssen wir jetzt auch noch an uns selbst verzweifeln? Gott sei Dank nicht.

Es ist bei uns nicht anders als bei Dagmar.

Auch sie ist anfangs zu beschäftigt, um über den eigenen Tellerrand zu schauen. Auch sie registriert die Nachrichten nur am Rande. Und empfindet dann eine gewisse Empörung über die Zumutung, daß die Inhalte von Tag zu Tag erschreckender werden. Sie nimmt es aber zu diesem Zeitpunkt hin wie eine extraterrestrische Zumutung.

Sie ist so bienenfleißig mit der Umformung der Drohne Kamm beschäftigt, daß sie nicht einmal Zeit hat, sich um sich selbst und ihre Arbeit zu kümmern. Geschweige denn um das, was auf der Welt außerhalb der Schlickenrather Straße noch alles passiert.

Je stärker sie sich aber sich selbst zuwendet, desto bewußter wird ihr auch ihre Stärke. Desto sicherer weiß sie, daß sie Veränderungen bewirken kann. Und muß.

Weil sie sich ihrer selbst sicherer, bewußter geworden ist, ist sie so stark, sich an jemanden – in diesem Falle Kurt – anlehnen zu können.

Und weil sie das von Zeit zu Zeit tut, kann sie sich weit aus dem Fenster lehnen, um nach draußen zu sehen.

Liebe und Erkennen gehören zusammen.

Wo Liebe ist, kann auch Erkenntnis sein. Und wo Erkenntnis ist, kann auch mehr Liebe sein. Je mehr wir verstehen und erkennen, desto fähiger werden wir zur Liebe.

Wenn wir uns innen zusammenkringeln können, um Kraft

zu tanken, können wir uns auch besser mit der Außenwelt auseinandersetzen. Nicht notwendigerweise durch politische Arbeit, sondern einfach durch ehrliches, engagiertes Auftreten. Denn auch das hat politische Wirkung. Und wenn wir diese Auseinandersetzung nicht verweigern, wächst unsere Achtung vor uns selbst.

Ein kleines Schlußwort sei mir gestattet, liebe Dagmar.

Lange hat es gedauert, findest du nicht auch?

Ich habe ja von Anfang an gewußt, daß dieser »Rhett-Butler«-Wind alles mögliche in deinem Kopf über den Haufen gefegt hat, aber daß die Verwüstung so unübersehbar war, damit hatte auch ich nicht gerechnet. Du etwa?

Aber es stimmt schon: Bei einem gewissen Grad von Verunsicherung genügt schon der leiseste Windhauch, um einen umzupusten.

Gib's zu, bei dir fing das Nordlicht auch erst an zu leuchten, als du Curt beim »C« gerufen hast.

Stimmt's?

Macht nichts. Besser spät als nie.

Und jetzt – tu mir den Gefallen und mach keinen falschen Fehler . . .

Ich glaube, daß du jetzt getrost mit Kurt losfliegen kannst. Denn ihr seid so unabhängig voneinander, daß ihr euch nur guttun könnt. Egal, was aus eurem Happy-End wird.

Also lebe dich und liebe dich. Auch ruhig mit Kurt.

Und denk daran: Es gibt eigentlich nichts, was einen Mann geeigneter erscheinen läßt für eine Liebe als Unauffälligkeit, Ruhe, Gelassenheit und Humor. Mit anderen Worten: wirkliche Selbst-Sicherheit.

»Der ›neue Mann‹, den ich hier im Blick habe, ist weder ›Macho‹ noch ›Softy‹, auch keine Mischung aus beiden

oder etwas dazwischen. Er fällt aus den traditionellen Formen der Männlichkeit völlig heraus, und insofern ist er wirklich neu.«

Helmut Kentler: Leihväter

Mit einem solchen Mann verlierst du die Liebe zu dir selbst nicht aus dem Auge. Und die mußt du erst mal gewinnen, bevor du dich an die andere machen kannst.

Vergiß alles andere. All die attraktiven Charakterzüge, die stets als erstes ins verliebte Auge springen, entpuppen sich ein paar Alltage später als Nägel zum Sarg dessen, was man oder frau fälschlicherweise für Liebe gehalten hat.

Freu dich des Lebens und der Liebe.

Natürlich geht das auch alleine.

Aber zu zweit macht es mehr Spaß und ist nicht ganz so anstrengend.

Und wenn es schon unbedingt Film sein muß: Mach deinen eigenen.

Spiel und führe Regie.

Laß dir von niemandem was erzählen.

Tu das, wovon dir jeder abrät, der etwas von der Sache versteht.

Sei die, die mit sich selbst tanzt.

Dann gewinnst du alles.

Vor allem aber die Liebe zu dir selbst.

UND NOCH ETWAS . . .

Es war einmal eine Frau, die hatte eine merkwürdige Angewohnheit. Immer, wenn sie ungestört sich selbst und ihren Gedanken überlassen war, dachte sie unentwegt: »Ich liebe dich.« Und immer wieder: »Ich liebe dich.« Einfach so. Hintereinander weg. Immer wieder. Niemand war da. Und sie dachte auch an niemanden dabei. »Ich liebe dich.«

Manchmal sagte sie es auch laut vor sich hin. Wie eine Zauberformel. Und dann erschrak sie über sich selbst.

»Ich liebe dich.«

JedeR von uns hat diese drei Worte schon mal als Währung im Tauschgeschäft eingesetzt. Um Geborgenheit, Sicherheit, Liebe oder ganz etwas anderes einzukaufen. Denn dieser Satz »Ich liebe dich« bedeutet meistens sein eigenes Gegenteil, nämlich: »Ich möchte, daß du mich liebst.«

Und insofern unterscheiden wir uns alle gar nicht so erheblich von dieser Frau.

Zugegeben, ihr Versuch, Ängste in den Griff zu kriegen, sich selbst in Sicherheit zu wiegen, ist nicht unbedingt beispielhaft und gewiß auf Dauer nicht erfolgversprechend. Aber so abwegig, wie es auf den ersten Blick aussieht, ist ihre Art, mit der Angst fertig zu werden, auch wieder nicht.

Im Gegenteil. An ihrem Beispiel wird geradezu unheimlich deutlich, wieviel Normalität in all dem steckt, was uns unnormal erscheint, und wie unnormal wir sogenannten Normalen sind.

Wir benutzen diese drei Worte oft genauso formelhaft, ebenso mechanisch.

Und auch wir sehen oft kein Gegenüber.

Und so ist es. Es ist nicht eineR krank und eineR gesund, nicht eineR normal und eineR verrückt, nicht eineR homosexuell und eineR heterosexuell, nicht eineR Mann und eineR Frau.

Wir sind und haben alle von allem etwas. So leid es uns auch den meisten Teil der Zeit tun mag.

Und wenn wir nicht solche Angst davor hätten, könnte es phantastisch sein.

LESELISTE

Günther Anders, Das Günther Anders Lesebuch, Zürich 1989

Günther Anders, Die Antiquiertheit des Menschen, München 1985, 1986

Günther Anders, Hiroshima ist überall, München 1982

Felicitas Bachmann, Vom Ja-Sagen und Nein-Meinen, Reinbek 1988

Cheryl Benard und Edit Schlaffer, Der Mann auf der Straße, Reinbek 1980

Cheryl Benard und Edit Schlaffer, Laßt doch endlich die Männer in Ruhe, Reinbek 1990

Gisela Bleibtreu-Ehrenberg, Angst und Vorurteil, Reinbek 1989

Elmar Brähler und Annelene Meyer, Partnerschaft, Sexualität und Fruchtbarkeit, Berlin/Heidelberg 1988

Roswitha Burgard, Wie Frauen »verrückt« gemacht werden, Berlin 1978

Jorgos Canakakis, Ich sehe deine Tränen, Zürich 1987

Fritjof Capra, Wendezeit, Bern/München 1985

Janine Chassequet-Smirgel, Kreativität und Perversion, Frankfurt/M. 1986

Phyllis Chesler, Frauen – das verrückte Geschlecht, Reinbek 1977

Gisela Danz und Maria Theobalt, Frauen – Verhütung – Sexualität, Braunschweig 1987

Elizabeth Gould Davis, Am Anfang war die Frau, München 1977

Simone de Beauvoir, Das andere Geschlecht, Reinbek 1968

Sonja Distler, Mütter, Amazonen und dreifältige Göttinnen, Wien 1989

Klaus Dörner und Ursula Plog, Irren ist menschlich, Loccum 1983

Colette Dowling, Der Cinderella-Komplex, Frankfurt/M. 1981

Kathrin Ehbrecht und Christiane Gatzemeier, Macht und Liebe, Braunschweig 1989

Havelock Ellis, Mann und Weib, Leipzig 1894

Gisela Anna Erler, Frauenzimmer, Berlin 1985

Michèle Fitoussi, Zum Teufel mit den Superfrauen, Zürich 1989

Michel Foucault, Sexualität und Wahrheit, Frankfurt/M. 1977

Viktor E. Frankl, Der Mensch vor der Frage nach dem Sinn, München 1979

Frauenhandlexikon, herausgegeben von Johanna Beyer, Franziska Lamott und Birgit Meyer, München 1983

Marina Gambaroff, Sag mir, wie sehr liebst du mich, Reinbek 1987

Carol Gilligan, Die andere Stimme, München/Zürich 1984

Herb Goldberg, Man(n) bleibt Mann, Reinbek 1986
Georg Groddeck, Das Buch vom Es, Wien 1923
Georg Groddeck, Der Seelensucher, Leipzig/Wien/Zürich 1921
Arno Gruen, Der Wahnsinn der Normalität, Kempten 1987
Arno Gruen, Der Verrat am Selbst, München 1984
Frigga Haug und Cornelia Hauser, Der Widerspenstigen Lähmung, Berlin 1986
Frigga Haug, Erinnerungsarbeit, Hamburg 1990
Heide Hering, Weibs-Bild, Reinbek 1979
Heidrun Hesse, Vernunft und Selbstbehauptung, Frankfurt/M. 1984
Interdisziplinäre Forschungsgruppe Frauenforschung, La Mamma, Köln 1989
Robert Jungk, Der Atom-Staat, München 1977
Robert Jungk, Die Zukunft hat schon begonnen, München 1990
Robert Jungk, Zukunft zwischen Angst und Hoffnung, München 1990
Verena Kast, Trauern, Stuttgart 1982
Verena Kast, Wege zur Autonomie, Olten 1985
Helmut Kentler, Leihväter, Reinbek 1988
Christa Köppel und Ruth Sommerauer (Hrsg.), Frau – Realität und Utopie, Zürich 1984
Anke Kuckuck und Heide Wohlers (Hrsg.), Vaters Tochter, Reinbek 1988
Elisabeth Luckmann, Sei doch (k)ein Frosch, Reinbek 1989
Hans Luger, KommRum, Hamburg 1989
Ulrike Martiny, Ich lebe allein, in: Frauen, Heft 2, Psychologie heute Spezial
Almuth Massing und Inge Weber, Lust und Leid, Berlin/Heidelberg 1987
Anja Meulenbelt, Scheidelinien, Reinbek 1988
Margarete Mitscherlich, Das Ende der Vorbilder, München 1978
Peter Michael Pflüger (Hrsg.), Der Mann im Umbruch, Olten 1989
Ingrid Riedel, Demeters Suche, Zürich 1986
Gunter Schmidt, Das große Der Die Das, Reinbek 1988
Dorothee Schmitz-Köster, Liebe auf Distanz, Reinbek 1990
Volkmar Sigusch, Die Mystifikation des Sexuellen, Frankfurt/M. 1984
Monika Simmel (Hrsg.), Weibliche Sexualität, Braunschweig 1987
Christina Thürmer-Rohr, Vagabundinnen, Berlin 1987
Susanne von Paczensky und Renate Sadrozinski, § 218: Zu Lasten der Frauen, Reinbek 1988
Berit Waal, Wer sagt, daß wir perfekt sein müssen, Hamburg 1989
Anne Wilson Schaef, Im Zeitalter der Sucht, Hamburg 1989
Jürg Willi, Ko-Evolution, Reinbek 1985
Jürgen Wippich und Ingrid Derra-Wippich, Frank Farelly, Konstanz 1989